古典名著普及文库

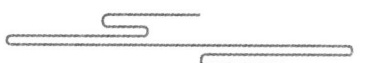

潜夫论

张 觉 尤婷婷 杨 晶 导读 注译

岳麓书社·长沙

图书在版编目(CIP)数据

潜夫论/张觉,尤婷婷,杨晶导读注译.—长沙:岳麓书社,2021.3
(古典名著普及文库)
ISBN 978-7-5538-1395-0

Ⅰ.①潜… Ⅱ.①张…②尤…③杨… Ⅲ.①古典哲学—中国—东汉时代②政论—中国—东汉时代③《潜夫论》—译文④《潜夫论》—注释Ⅳ.①B234.934

中国版本图书馆CIP数据核字(2020)第194622号

QIANFU LUN

潜夫论

导读注译:张　觉　尤婷婷　杨　晶
责任编辑:刘书乔
责任校对:舒　舍
封面设计:罗志义

岳麓书社出版发行
地址:湖南省长沙市爱民路47号
直销电话:0731-88804152　0731-88885616
邮编:410006

版次:2021年3月第1版
印次:2021年3月第1次印刷
开本:890mm×1240mm　1/32
印张:10.625
字数:296千字
ISBN 978-7-5538-1395-0
定价:30.00元

承印:长沙鸿发印务实业有限公司

如有印装质量问题,请与本社印务部联系
电话:0731-88884129

出版说明

中国古典名著是中华优秀传统文化的重要载体，今天人们要学习传统文化，如果说有所谓捷径可寻，那恐怕就是直接阅读古典名著了。长期以来，为大众读者出版古典名著的普及读物一直是本社的重要使命。约三十年前，我们便出版了"古典名著普及文库"，收书五十余种，七十余册，蔚为大观。这套书命名为"普及"，首先是因为采用了简体字横排的排版方式。当时的古典名著图书，以未经整理的影印本和繁体竖排本居多，大众读者阅读有障碍，故本文库的推出，确有普及之效。其次，我们提出要让读者"以最少的钱买最好的书"，定价远低于当时同类型品种。基于此，这套"普及文库"迅速流向读者的书架，销量极大，功在普及不浅。

当年这套书，所收各书都是文言文全本，无注释，不翻译，对于今天的大众读者来说，已经很难起到普及作用了。而且，读者如果仅仅出于品鉴、入门的需要，也无须通读大部头的全本古籍。因而，我们推出这套全新的"古典名著普及文库"，在选目上广泛听取国内名校学者们的建议，收录经、史、子、集四部之中第一流的名著一百余种，邀请学有专攻的学者精心注释、翻译，并加以导读。篇幅大的经典，精选菁华，篇幅适中的出版全本，个别篇幅小的，则将主题相近的品种合刊为一册。

我们希望有更多的人能够买得起、读得懂中国的古典名著，接受中华优秀传统文化的滋养。这一套轻松好读又严谨可靠的普及文库，便是我们努力实践这一理念的结果。

前　言

东汉王符所著的《潜夫论》不但对东汉时期的政治、经济、军事、教化等各个方面作了真实的揭示与深刻的批判，而且对政治策略、文德教化、经济方针、边防建设、人才选用、修学立身、交际处世、宇宙本原、人类起源、远古帝系、姓氏源流、上古制度、卜筮祝咒、看相占梦等都作了颇有价值的探讨与剖析。应该说，《潜夫论》不但是一面真实反映东汉社会的镜子，而且是一座丰富多彩、包罗万象的学术宝库。所以，它不但是一部研究东汉时代的学者所必须关注的要籍，而且是一部每一个想了解和研究中国古代文化的人必须阅读的小百科全书。

王符，字节信，东汉安定郡临泾县（今甘肃镇原）人。他虽因庶出而受到乡里之人的鄙视，但从小就很有志气，勤奋好学。他不但精通儒家经典，而且也通晓诸子百家及各种史籍，甚至还精通各种方术杂占之书，并能将各家著作融会贯通且结合社会实际而形成一家之言。应该说，他既是一位博学多识的鸿儒，同时也是一位对社会现实具有清醒认识的思想家。但是，由于东汉和帝、安帝以后官场日益腐败，仕进得依靠奉承巴结当权者，而王符秉性正直，偏偏不同于流俗，不会阿谀奉承，所以他即使才高学深，也一直没有做上官而闲居在家。对此，他十分愤慨。为了实现自己的抱负而使自己不朽于世，他便在不能立德、立功的境遇下发愤著书，写了很多针砭时弊、研讨学术的文章。他自号"潜夫"，将其著作定名为《潜夫论》，以此来表示他对世俗社会的不满以及与黑暗官场的彻底决裂。不过，他虽然终生未仕，但他的高风亮节及其学术造诣早已使他颇有名望，在当时就受到了度辽将军皇甫规的尊重。

至于王符的生卒年，史籍上没有明确记载，以致如今众说纷纭。现在学术界较为一致的意见是：王符约生于公元85年而卒于公元162年。我认为此说并不正确。《后汉书·王符列传》说，王符年轻时好学，与马融（79—166年）、窦章、张衡（78—139年）、崔瑗（78—143年）等友善，可见青少年时互相友善的人，其年龄是很接近的，据此推测，则王符当生于公元78年或79年。《后汉书·王符列传》又记载皇甫规解官归安定后，王符曾去拜访他。据《后汉书·皇甫规列传》，皇甫规于延熹五年（162）冬遭徐璜等陷害而下狱，会赦，归家。据《后汉书·孝桓帝纪》，大赦天下在延熹六年（163）三月。由此可知，皇甫规解官归安定应在桓帝延熹六年（163）三月以后。据此推测，王符至少活到公元163年四月。总之，我认为王符约生于公元79年（或78年），卒于公元163年夏季以后，可能卒于公元165年。他的成人活动期是在东汉和帝至桓帝之时。这时期的皇帝即位时都年幼，不能理事，而外戚、宦官争权夺利，朝中大臣往往不能正常地行使职权，因而导致了政局的混乱，起兵反抗者不绝。东汉王朝就这样在朝野动乱中日益衰微了。

王符在《潜夫论》中对种种社会弊端的分析与批判，无非是想拯救这衰微的时势而为民造福。因此，该书论述最多、最为重要的便是作者所提出的一整套经世治国的方略。

王符认为，治国的关键首先在端正民心，其次才是端正其行为。要端正民心，首先得"富民"。要"富民"，必须"以农桑为本"，将工商业放在次要的地位。民众富裕只是进行教育的一个基础。民众富裕了不进行教育是不行的，所以王符特别强调教化的重要性。如何进行教化呢？那就是君主必须以身作则、明礼义以教育别人，这就有个学习的问题，而君主在学习之前，还有一个"正学"的问题，因为"学正乃得义"，所以君主进行教化，必须"以正学为基""以道义为本"。当然，王符虽然认为以道德教化来端正民心是治国的根本措施，但他也看到，在衰微混乱的东汉时代，单靠道德教化是无济于事的，所以他认为刑罚虽卑，在目前却只能先用它来治理好天下，然后才谈得上施行教化。因此，他竭力反对"数赦"，认为赦免罪犯只能使"恶人昌而善人伤"。如果要使民"不乱"而吏"无奸"，别无选择，只能"明法禁"而"行赏罚"。这种既有高尚的理想境界，又对现实保持着清醒认识的政治学说，无疑是对儒、法两家学说的综合改造和利用。此外，王符在重视明君的重要作用时又十分重视贤臣的重要作用。总之，王符生活在东汉时期，其政治思想的哲学基础虽然带有当时流行的"天人感应"观念，认为"民神异业精气通"，强调"人君之治"是"以天为本"，但归根结底，他还是以人民为本位的，强调"国以民为基"，这显然是继承了先秦儒家的民本思想，也无疑为他的政治学说增添了光辉。

应该进一步指出的是，他对当时社会的批判是深刻而广泛的，像《务本》对舍本务末的批判，《遏利》对贪图财利的批判，《论荣》对以家世论人的批判，《浮侈》对奢侈之风的批判，《卜列》等篇对虚妄的迷信思想的批判，《交际》对重利轻义、趋富弃贫的批判。正因为如此，《潜夫论》一书便成了讥评当时得失的批判性杰作。

综观其批判文章，可以看到贯穿其中的基本思想原则是德行道义。大概因为这个原因，《潜夫论》一直被列为儒家著作。诚然，王符学识渊博，绝非一般腐儒所可比拟。从《潜夫论》一书可以看出，他的学说不但吸取了儒家学说的精华，同时也深受法家、道家、兵家、五行家、杂占家的影响。因此，他的书虽因其主旨而被归入儒家，但对他的学说及其思想渊源，我们是不能简单地用"儒家"二字来概括的。

王符的政治思想对后代的影响颇为深远。唐初魏徵奉命编撰《群书治要》以供唐太宗考察治道政术，便采摭了《潜夫论》中的很多内容。

人们都知道魏徵回答唐太宗时的警句"兼听则明，偏信则暗"，殊不知这完全是引用了《潜夫论·明暗》中的话。

除了这些在批判现实时所反映出来的政治思想，王符在《本训》中也论及哲学问题。他认为，天地万物的本原是"元气"，而"气"的本原是"道"。"道"是一种"至神以妙"的东西，它的功用虽然"至强以大"，但它本身却不能直接产生作用，必须通过"气"才能发挥其作用。这实际上是把"气"看作为"道"的物质外壳，从而使道家那玄而又玄的"道"有了一种物质载体。在王符的观念中，"道"和"气"两者实际上是一种内在法则和物质外壳的对立统一。由此我们可以看到，王符生活在迷信神学思想盛行的东汉时代，其哲学观是徘徊于"天""人"之间的。这种观念在《潜夫论》中经常可以看到。当然，"天""人"之间，他的侧重点还是在"人"，认为"人行"能"动天地"。他反复引用《尚书》中的"天工，人其代之"，其实也是这个道理。

《潜夫论》的文化价值当然不局限于思想方面。由于它全面而深刻地批判了当时的社会现实，当时的政治状况、军事形势、社会风气等在书中均有真切的反映，所以它实际上是当时社会的一面镜子。《潜夫论》的史料价值，早已为史家所重视。范晔在《后汉书·王符列传》中指出："其指讦时短，讨谪物情，足以观见当时风政。"

此外，《潜夫论》还具有相当高的文学价值。刘熙载《艺概·文概》云："王充、王符、仲长统三家文，皆东京之矫矫者。"具体而言，《潜夫论》的文章至少有以下几个特点：一是议论质朴踏实，现实性强；二是论据丰富多样，说服力强；三是结构缜密井然，条理性强；四是语言平中见奇，感染力强。因此，如果我们认真地学习、揣摩其艺术技巧，也将有助于自己的写作。

《潜夫论》一书内容富赡，无论是其政论还是其占梦诸篇，对后世影响都颇大。明代陈士元自命为"江汉潜夫"而撰述《姓汇》《姓觿》《梦占逸旨》等书，清初唐甄将其政论之作《衡书》改名为《潜书》，足见《潜夫论》的价值与影响是多方面的。

正因为《潜夫论》具有很高的文化价值，所以至今仍流传不衰。现传最早的《潜夫论》版本是明代仿宋刻本，国家图书馆藏黄丕烈所跋的明刻本就是这种版本。此外，原一魁万历十年（1582）辑刊的《两京遗编》本、程荣于万历年间校刊的《汉魏丛书》本、何允中崇祯年间刊刻的《汉魏丛书》本、冯舒于顺治五年（1648）得到明代仿宋刻本后叫人影抄的本子、乾隆四十四年（1779）抄校的《文渊阁四库全书》本、乾隆五十六年（1791）王谟辑刊的《增订汉魏丛书》本，都为人所重。嘉庆二十二年（1817）陈春辑刊的《湖海楼丛书》中的《潜夫论汪氏笺》，是《潜夫论》的第一个笺注本，所以成为二十世纪最通行的《潜夫论》读本而不断被翻刻重刊，中华书局还于1979年、1985年出版了彭铎校正的《潜夫论笺》和《潜夫论笺校正》。

1989年我下岗待业在家后，得到贵州人民出版社李立朴等先生的热情帮助，先后出版了《韩非子全译》《商君书全译》《吴越春秋全译》，又于1994年9月承接了《潜夫论全译》的撰写任务，此书至1996年12月写完初稿，于1999年10月出版。2008年，岳麓书社又将该书译文删去后改版为《潜夫论校注》。

《潜夫论全译》出版多年，甚有修订的必要，所以我申请了各种课题，结果"《潜夫论》校笺注疏"立为2014年度上海市教育委员会科研创新重点项目，"《潜夫论》汇校集注"立为2017年度国家社会科学基金一般项目。这两个项目的最终成果有很多不同的地方，今在此基础上根据岳麓书社"古典名著普及文库"的体例编成此书。为了节省篇幅，本书既不出校记，导读、注释也力求简省。读者若想了解本书原文和注释的依据，或想进一步全面深入地了解乃至研究《潜夫论》，可参阅岳麓书社行将出版的《潜夫论校笺注疏》（在此书出版之前，也可参阅岳麓书社2008

年版《潜夫论校注》）。由于我忙于其他项目的研究，所以本书《赞学》至《衰制》由上海健康医学院教师尤婷婷编著，《卜列》至《德化》由上海理工大学教师杨晶编著，然后再由我修改定稿。

  岳麓书社曾德明先生于2008年给我出版了《潜夫论校注》，如今陈文韬先生再给我出版这本体例一新的《潜夫论》，我想这不仅仅是一种缘分，而更见证了岳麓书社和我的深厚情谊。在此，请允许我对他们持之以恒的热情支持以及责任编辑刘书乔先生的辛苦付出致以衷心的谢意。

  本书篇幅虽比《潜夫论校笺注疏》小得多，但它在普及《潜夫论》方面肯定会有更大的成效。为了使此书在古典名著的普及方面发挥更好的作用，我们恳请读者多提修改意见，以便再版时修正。

张 觉
2020年5月29日于南翔白金院邸

目 录

第一卷

赞学 …………………………………………… 003

务本 …………………………………………… 015

遏利 …………………………………………… 023

论荣 …………………………………………… 031

贤难 …………………………………………… 041

第二卷

明暗 …………………………………………… 057

考绩 …………………………………………… 066

思贤 …………………………………………… 074

本政 …………………………………………… 084

潜叹 …………………………………………… 093

第三卷

忠贵 …………………………………………… 107

浮侈 …………………………………………… 119

慎微 ······ 134
实贡 ······ 141

第四卷

班禄 ······ 153
述赦 ······ 163
三式 ······ 181
爱日 ······ 193

第五卷

断讼 ······ 205
衰制 ······ 217

第六卷

卜列 ······ 225
巫列 ······ 237
相列 ······ 245

第七卷

梦列 ······ 257
释难 ······ 267

第八卷

交际 ······ 281
明忠 ······ 301

本训 ………………………………………… 310
德化 ………………………………………… 317

第一卷

赞 学

导读

赞学：赞美学习。它是一篇赞美学习的功效而劝人勤奋学习的文章。

作者在文中首先强调了学习的重要性：天地之间最宝贵的是人，人的智慧来自学问，所以学问乃是做人的开端，是天地之间最重要的事情。即使是极其圣明的人，也要依靠学习，才能具有智慧和德行，更何况是平常的人呢？君子若有良师，认真学习经典，就能有所成就。接着，作者指出了学习的原则：要有所成就，就必须勤奋刻苦、持之以恒地学习先圣的经典，凭借"道"来增进自己的智慧。

学习十分重要以及学习必须勤奋的观点无疑是颠扑不破的。至于主张学习先圣的经典，虽然不免带有作者的时代局限性，但先圣的经典也确实是人类智慧的结晶，其中的确有很多洞察社会政治、道破世道人情、指示立身行事的至理名言值得借鉴。

原文

天地之所贵者人也，圣人之所尚者义也，德义之所成者智也，明智之所求者学问也。虽有至圣，不生而智[1]；虽有至材，不生而能。故志曰：黄帝师风后[2]，颛顼师老彭[3]，帝

译文

天地之间宝贵的是人，圣人所崇尚的是道义，用来成就德行道义的是智慧，用来取得聪明智慧的是学习请教。虽然世上有极其圣明的人，也不是生下来就有了知识；虽然存在极有才能的人，也不是生下来就有了能力。古代的记载说：黄帝以风后为师，颛顼以禄图为师，帝喾以祝融

喾师祝融[4]，尧师务成[5]，舜师纪后[6]，禹师墨如[7]，汤师伊尹[8]，文、武师姜尚[9]，周公师庶秀[10]，孔子师老聃[11]。若此言之而信，则人不可以不就师矣。夫此十一君者，皆上圣也，犹待学问，其智乃博，其德乃硕，而况于凡人乎？

为师，唐尧以务成为师，虞舜以君寿为师，夏禹以墨台为师，商汤以伊尹为师，周文王、周武王以姜尚为师，周公旦以虢叔为师，孔子以老聃为师。如果这些话可信，那么作为一个人就不能不去从师学习了。以上这十一位君子，都是极其圣明的人，尚且要等到学习请教以后，他们的智慧才渊博，他们的德行才伟大，又何况是平常的人呢？

注释

1 智：通"知"。

2 黄帝：传说中的远古帝王，姬姓，因有土德之瑞，故号黄帝。 风后：相传是黄帝的相，是古代有名的阴阳五行家。

3 颛顼（Zhuān Xū）：传说中的远古帝王，姬姓，号高阳氏，以水德王，故又称黑帝或玄帝。 老彭：当作"禄图"。

4 帝喾（Kù）：传说中的远古帝王，号高辛氏，姬姓，名夋，字喾。 祝融：指重黎。相传颛顼的曾孙重黎曾任帝喾的火正（掌管五行之"火"的最高官吏），能彰明天地之德，其光辉遍及天下，于是帝喾赐名"祝融"（意思是非常光明）。

5 尧：传说中的圣君，名放勋，是上古陶唐氏的帝王，习称唐尧，其在位时代约在公元前23世纪。传说他后来将帝位禅让给舜；但一说他到晚年因德衰而被舜囚禁，帝位也被舜所篡夺。 务成：复姓，名昭，字子附，尧、舜时人，精通阴阳五行及养生术。

6 舜：传说中的圣君，姚姓，是上古有虞氏的帝王，史称虞舜。传说他受尧的禅让继位，在位四十八年，其在位时代约在公元前22世纪。传说他曾命禹治水，并把帝位禅让给禹，后来南巡而死于苍梧之野，葬于九疑。一说他被禹放逐，死于苍梧。 纪后：当为"君寿"之音误。

7 **禹**：传说中夏朝的帝王，姒姓，名文命。传说他奉舜的命令治理洪水获得成功，因此被舜选为继承人。舜死后他称帝天下，建立了夏王朝，其在位时代约在公元前21世纪初。一说他夺了帝位，把舜流放到苍梧。 **墨如**：当作"墨台"，炎帝后裔。

8 **汤**：子姓，名履，号汤，原为商族领袖，后来任用伊尹为相，灭掉夏桀，建立了商朝。 **伊尹**：商汤的相。

9 **文**：指周文王，姬姓，名昌，约生活在公元前12世纪末，商纣时为西伯（西方各部落的首领）。 **武**：指周武王，姬姓，名发。他继承其父周文王的遗志，联合庸、蜀、羌等部族，打败了商纣王，建立了西周王朝。 **姜尚**：即吕尚，姜姓，吕氏，名尚，字子牙，号太公望，俗称姜太公。相传他七十岁时在渭水边钓鱼，周文王按占卜的预示出猎访得了他，于是尊他为师。后来他辅佐周武王灭商而使周王朝一统天下，因有功而封于齐。

10 **周公**：姬姓，名旦，周武王姬发之弟，因其采邑在周（位于今陕西岐山东北），故称周公，是历史上有名的贤臣。 **庶秀**：当作"虢叔"。

11 **孔子**：名丘，字仲尼，春秋末期著名的思想家和教育家，儒家学派的创始人。 **老聃(dān)**：即老子，春秋时思想家，道家的创始人，姓李氏，名耳，字伯阳，谥聃，楚国苦县（今河南鹿邑东）人。孔子曾向他问礼。

原文

是故工欲善其事，必先利其器；王欲宣其义，必先读[1]其智。《易》曰："君子以多志前言往行以畜其德。"[2]是以人之有学也，犹物之有治也。故夏后之璜[3]，楚和[4]之璧，虽有玉璞[5]、卞和之资，不琢不错[6]，不离砾石[7]。夫瑚簋之器、朝祭之服，其始也，

译文

所以工匠要做好他的工作，必须首先磨利自己的工具；帝王要发扬他的道义，必须首先增进自己的智慧。《周易》说："君子依靠多记住的从前的言论和以往的行事来增进自己的德行。"因此人需要学习，就像东西需要加工一样。夏朝帝王的玉璜，楚国和氏的玉璧，虽然有了宝玉的资质以及卞和的呈献，但如果不雕琢、不磨光，就和小石头没有什么差别。瑚簋之类的祭祀器皿，上朝以及祭祀时穿的礼

乃山野之木、蚕茧之丝耳，使巧倕加绳墨而制之以斤斧、女工加五色而制之以机杼[8]，则皆成宗庙之器、黼黻之章[9]，可羞[10]于鬼神，可御[11]于王公。而况君子敦贞之质，察敏之才，摄[12]之以良朋，教之以明师，文之以《礼》《乐》[13]，导之以《诗》《书》，赞[14]之以《周易》，明之以《春秋》[15]，其有不济乎[16]？

服，它们开始时，不过是深山野林中的树木和蚕茧的丝罢了，让技术高明的倕弹上墨线并用斧头来砍削加工它，让女工们加上五种色彩并用织布机来制作它，就都成了祖庙中的礼器和带有花纹的礼服，可以用来供奉鬼神，可以穿在天子诸侯的身上。更何况君子具有敦厚坚贞的资质，具有明察机敏的才干，又由品德优良的朋友来帮助他，由通晓学术的老师来教育他，用《仪礼》《乐经》来修养他，用《诗经》《尚书》来开导他，用《周易》来辅助他，用《春秋》来使他明智，哪有不成功的呢？

注释

1　读：通"续"，延续，增进。

2　《易》：指《周易》。"易"是变易的意思，《周易》的内容主要是通过象征天、地、风、雷、水、火、山、泽八种自然现象的八卦来推测自然和人事的变化。相传伏羲作八卦，周文王发挥为六十四卦而成《周易》。　志：记，记住。　畜：后作"蓄"，积。

3　故：犹"夫"。　夏后：习称"夏后氏"，即夏王朝，是夏禹建立的王朝，传到桀，为商汤所灭。夏朝的时代约当公元前21世纪初至公元前17世纪末。　璜：一种半璧形玉器(璧是中心有孔的扁平形玉环，其边宽倍于孔)，古代用作朝聘、祭祀、征召的礼器。

4　和：和氏，姓卞，春秋时楚国人。和氏璧是世传的宝玉。

5　璞：尚未雕琢加工过的玉。

6　错：磨刀石。此文用作动词，表示磨。

7　离：分别。　砾：小石。

8　倕：人名，尧、舜时的巧匠。　斤：斧子的一种。　五色：青、黄、赤、白、黑。

古代将这五种颜色作为正色,制作礼服只能用这五种正色,而不能用杂色(这五色相杂而成的间色,如粉红、绿、紫等)。
9 黼黻(fǔ fú):古代礼服上的花纹,黑白相间的叫黼,青黑相间的叫黻。章:有彩色花纹的纺织品。此指"章服",即以图案花纹为等级标志的礼服。
10 羞:进献。这里指用礼器盛用祭品来供奉。
11 御:古代君王所用称"御"。
12 摄:佐。
13 文:文采,引申指礼制。这里用作使动词,表示"使……有文采""使……有礼貌"。《礼》:《礼经》,六经(《诗》《书》《礼》《乐》《易》《春秋》)之一,是春秋、战国时代部分礼制的汇编。《乐》:《乐经》,六经之一,据说它是附于《诗经》的一种乐谱,亡于秦。
14 赞:辅助,辅佐。
15 《春秋》:是春秋时鲁国史官记载当时史事的编年史,相传孔子曾修订过。
16 其:犹"岂"。 济:成。

原文

《诗》云[1]:"题彼鹡鸰[2],载飞载鸣[3]。我日斯迈[4],而月斯征。夙兴夜寐,无忝尔所生[5]。"是以君子终日乾乾进德修业者,非直[6]为博己而已也,盖乃思述祖考之令问而以显父母也[7]。

译文

《诗经》上说:"请你看看那鹡鸰,一边飞来一边鸣。我是天天在奔走,也是月月在远行。清早起来深夜睡,没有玷辱你双亲。"因此,君子整天孜孜不倦地提高品德、搞好事业,不只是为了扩大自己的影响而已,而是想继承祖先的美好声誉,依靠它使父母为人称道。

注释

1 引诗见《诗经·小雅·小宛》。
2 题(dì):通"睇",斜视。 鹡鸰(jí líng):鸟名。
3 载飞载鸣:边飞边鸣,指翅膀与口都不停。这是起兴,用来象征诗人奔波不停。载,语助词。

4 斯：语助词。　迈：大步走。
5 忝(tiǎn)：辱。　尔所生：你所出生的地方，指自己的父母。
6 直：仅，只。
7 盖：连词，引出原因。　述：遵循。　祖考：死去的祖父、父亲，泛指祖先。
　令：善，美好。　问：通"闻"，声誉。

原文

孔子曰："吾尝终日不食，终夜不寝，以思，无益，不如学也。""耕也，馁在其中；学也，禄在其中矣。君子忧道不忧贫。"¹ 箕子陈六极²，《国风》歌《北门》³，故所谓"不忧贫"也，岂好贫而弗之忧邪？盖志有所专，昭其重也。是故君子之求丰厚也，非为嘉馔⁴、美服、淫乐、声色也，乃将以厎其道而迈其德也⁵。

译文

孔子说："我曾经整天不吃，整夜不睡，用这些时间去思考，毫无裨益，不如去学习。""去耕作嘛，就要挨饿了；去学习嘛，就能得到俸禄了。君子挂在心上的是正确的思想学说，而不去担忧贫穷。"然而箕子陈说六种使人穷困的事，《国风》中吟唱那《北门》的诗篇，所以孔子所说的"不担忧贫穷"，哪里是喜欢贫穷而不为它担忧呢？大概是因为孔子的志向有所专注，要彰明他看重的东西吧。所以君子追求丰足富裕，并不是为了美味佳肴、漂亮衣服、放纵作乐、音乐美色，而是要用它来获得正确的思想学说、努力奉行那美好的道德啊。

注释

1 孔子语见《论语·卫灵公》。
2 箕子：商纣王的叔父，为太师，他进谏不被接受，害怕遭受迫害而佯狂为奴，结果被纣王囚禁。周武王克商后释放了他。武王访问箕子，他告以"洪范九畴"（治理民众的九类原则），其中包括"六极"之言。　**六极**：六种使人穷困的事。《尚书·洪范》："六极：一曰凶短折(夭折)，二曰疾，三曰忧，四曰贫，五曰恶(生得丑)，六曰弱(不强壮)。"极，穷尽，穷困。

3 《国风》:《诗经》分为风、雅、颂三大类。"风"是带有各地风俗色彩的民间歌谣。这些民间歌谣采自十五个地区,所以分为十五国风。 《北门》:《诗经·邶风》中的一篇,其首章云:"出自北门,忧心殷殷。终窭且贫,莫知我艰。"意思是:"我从北门走出来,忧心忡忡想不开。又是寒酸又是贫,没人了解我艰辛。"

4 馔(zhuàn):食物。

5 将:欲。 氐:取得,得到。 其:指意之所属,即合乎理想的。 迈:通"劢",勉力。

原文

夫道成于学而藏于书,学进于振而废于穷¹。是故董仲舒²终身不问家事,景君明³经年不出户庭,得锐精其学而显昭其业者,家富也。富佚⁴若彼而能勤精若此者,材子⁵也。倪宽卖力于都巷⁶,匡衡自鬻于保徒者⁷,身贫也。贫厄若彼而能进学若此者,秀士也。当世学士恒以万计,而究涂者无数十焉。其故何也?其富者则以赇玷精⁸,贫者则以乏易计,或以丧乱期⁹其年岁,此其所以逮初、丧功而反其童蒙者也。是故

译文

那正确的思想学说靠学习来成就而储存在书本中,学习由于勤奋而长进,因为故步自封而荒废。所以董仲舒一辈子不过问家业,京房常年不出家门,因而能使自己的学问冒尖而精到、使自己的事业显赫而昭著,这是因为他们家境富裕。富裕安乐到那种程度而能使自己勤奋精心到这种程度的人,是德才兼备的人啊。倪宽出卖劳力做炊事员,匡衡把自己卖给人家做佣工,是因为他们本身贫穷。贫穷困厄到那种程度而能使自己的学业长进到这种程度的人,是德才优秀的人啊。当代的学者常常数以万计,而走完学习路程的没有几十个。原因是什么呢?那些富裕的人往往因为财物玷污了自己的精神,贫穷的人往往因为缺吃少穿而改变了计划,也有人因为死丧祸乱而过完了他们的岁月,这就是人们抓住了学习的开始阶段,接着又前功尽弃而只能返回到那种幼稚

无董、景之才,倪、匡之志,而欲强捐家出身、旷日师门者[10],必无几[11]矣。夫此四子者,耳目聪明、忠信廉勇,未必无俦也,而及其成名立绩,德音[12]令问不已,而有所以然[13]。夫何故哉?徒以其能自托于先圣之典经[14],结心于夫子之遗训也。

愚昧状态的原因吧。所以,没有董仲舒、京房般的资质和倪宽、匡衡般的志向而要强迫他们抛弃家庭献出自己、在老师门下长久地耗费时间,一定是没有什么指望了。这四位先生,耳聪目明、忠诚老实、廉正勇敢,社会上不一定就没有相同类型的人,但直到他们才成就了名声、建立了业绩,美好的声誉流传个没完,这里面是有原因的。那是什么缘故呢?不过是因为他们能够献身于从前的圣人所作的经典,把心思凝聚在孔夫子留下的教导上罢了。

注释

1 穷:已,终止,停止。

2 董仲舒:西汉著名的学者、思想家,推尊儒家学说,著有《春秋繁露》等书。

3 景君明:即京房,本姓李,好音律,推律而自定为京氏,字君明。他宣扬"天人感应"的迷信思想,借自然界的灾异来附会朝政,开创了西汉今文《易》学京氏学。景,通"京"。

4 佚:通"逸",安逸,安闲。

5 材子:才子。古指德才兼备的人,后世指有才华的人。材,同"才"。

6 倪宽:西汉时著名学者,据说他当时家贫无钱,就常常替同学做饭,也经常去打工来接济衣食。元封元年(前110)任御史大夫。 于:犹"为"。下句同。 巷:当作"养"。"都养"是给众人做饭菜的炊事员。

7 匡衡:字稚圭,家境贫穷,曾给人当佣工。他精通《诗经》,元帝时曾为御史大夫、丞相。 鬻(yù):卖。 保徒:受人雇佣而服劳役的人。

8 以赇玷精:指受到财物的诱惑而打消了坚持治学的念头。

9 期:完结。

10 **强**(qiǎng):勉强,强迫。 **旷**(kuàng):长久地耗费。
11 **幾**:通"冀",希望。
12 **德音**:好的声誉。
13 **而**:犹"此" **所以然**:成为这样的原因。然,成。
14 **自托于先圣之典经**:把自己寄托给先圣的经典,指投身于先圣经典的学习研究,依靠先圣经典来立身处世。自托,托身。

原文

　　是故造父¹疾趋,百步而废²,而托乘舆³,坐致千里;水师泛轴⁴,解维则溺,自托舟楫,坐济江河。是故君子者,性非绝世,善自托于物也。人之情性,未能相百;而其明智,有相万也。此非其真性⁵之材也,必有假以致之也。君子之性,未必尽照,及学也,聪明无蔽,心智无滞,前纪帝王⁶,顾定百世。此则道之明也,而君子能假之以自彰尔。

译文

　　所以,造父快速地奔走,上百步就垮了,但是依靠马车,坐着就能到达千里之外;水兵乘在成排的拖船上可以任其漂荡,解开那系船的大绳子就会落水淹死,但如果各自依靠船和桨,坐着也能渡过江河。所以君子这种人,他们的天性并非在世间独特无比,只是善于使自己依靠外物罢了。人们的天性,从来没有能相差上百倍的;而他们的聪明智慧,却有相差上万倍的。这其实并不是他们天生的才能,一定是有所凭借才造成的。君子的天性,未必能洞察一切,等到一学习,听力、视力就没有蔽塞了,心灵、智慧就没有凝滞了,向前能够搞清楚帝王的得失,回头能够确定上百代的是非。这其实是正确的思想学说所具有的明察啊,而君子只是能够凭借它来使自己变得聪明罢了。

注释

1 **造父**:周穆王的车夫,善于驾驭车马。
2 **废**:崩塌,衰败。

3 托:寄托,依靠。 乘(shèng):泛指马车。
4 轴:通"舳",指舳舻(zhúlú)。船尾掌舵的地方叫"舳",船头安棹的地方叫"舻",将船尾船头依次用绳子连结成的一列拖船叫作舳舻。
5 真性:本性,天性。
6 纪帝王:指对帝王的是非得失能理出头绪。纪,治理,综理。

原文

夫是故道之于心也,犹火之于人目也。中阱深室,幽黑无见,及设盛烛,则百物彰矣。此则火之耀也,非目之光也,而目假之则为明矣。天地之道,神明之为,不可见也;学问圣典,心思道术,则皆来睹[1]矣。此则道之材也,非心之明也,而人假之则为己知[2]矣。

译文

所以正确的思想学说对于心灵的作用,就像火光对于人的眼睛一样。在地洞中或深邃的房间里,幽暗漆黑而看不见什么,等到设置了燃烧旺盛的蜡烛,那么各种东西就昭然若揭了。这其实是靠了火光的照耀,并不是靠了眼睛的明亮,而眼睛凭借了它就变得明亮了。自然界的规律,天神地祇的作为,是不可能看到的;学习请教了圣人的经典,心里懂得了正确的原则和方法,那么自然界的规律、神祇的作为就都会显现在眼前了。这其实是靠了正确的思想学说的才质,并不是靠了心灵的明智,而人凭借了它就变为自己的明智了。

注释

1 睹:看见,使动用法,表示使你看见。
2 知(zhì):通"智"。

原文

是故索物于夜室者,莫良于火;索道于当世者,莫良于典。典

译文

所以,在深夜的房间里找东西,没有什么比火光更好的了;在当代寻求正确的思想原则,没有什么比典籍更好的了。所谓典籍,是

者,经也,先圣之所制。先圣得道之精者,以行其身;欲贤人自勉,以入于道。故圣人之制经以遗后贤也,譬犹巧倕之为规矩准绳以遗后工也[1]。

译文:指经书,它是从前的圣人制作的。从前的圣人发现了思想原则中的精华,用它们来立身处世;同时也希望贤能的人能够勉励自己,把自己纳入这种思想原则的指导之中。所以圣人制作经典来留给后代的贤人,打个比方,就像技术高超的倕制作圆规、曲尺、水准仪、墨线来留给后代的工匠一样。

注释

1 规:画圆形与测量圆形的工具。 矩:画方形与测量直角的工具。 准:测量水平的工具。 绳:弹画直线与测量曲直的工具。

原文

昔倕之巧,目茂[1]圆方,心定平直,又造规绳矩墨[2]以诲后人。试使奚仲、公班之徒释此四度而效倕自制[3],必不能也。凡工妄[4]匠,执规秉矩,错准引绳[5],则巧同于倕也。是倕以心来制规矩,后工以规矩往合倕心也,故循度之工,几[6]于倕矣。

译文

从前倕是这样的技艺高超,眼睛能审察圆形与方形,心灵能判定水平与曲直,又制造了圆规、曲尺、水准仪、墨线来指导后人。如果让奚仲、鲁班这样的能工巧匠抛弃了这四种测量工具而模仿倕那样自己去判定圆、方、平、直,一定不行。平庸的工匠,手执圆规、拿着曲尺、放置水准仪、拉出墨线来判定圆、方、平、直,那技艺的高超就和倕相同了。因此,倕凭心灵来制作圆规、曲尺,而后代的工匠用圆规、曲尺去迎合倕的心灵,所以利用这些工具来测量圆、方、平、直的工匠,就和倕差不多了。

注释

1 茂:通"眊"(mào),向下仔细地看,指审察测度。
2 墨:指墨线,与"绳"同义重复,故此"规绳矩墨"当作"规矩准绳"。

3 **试**:如果。　**奚仲**:姓任,黄帝的后裔,夏代的车正(掌管车服诸事的官),据说他制造的车子零件,方圆曲直都合乎规矩。　**公班**:即公输般,春秋时鲁国人,故又称鲁班,是著名的巧匠。　**徒**:类,指同一类的人。**制**:裁断,判定。

4 **妄**:与"凡"字同义。

5 **错**:通"措",放置。　**引**:拉。

6 **几**(jī):接近。

原文

先圣之智,心达神明,性直¹道德,又造经典以遗后人。试使贤人君子释于学问,抱质而行,必弗具也。及使从师就学,按经而行,聪达之明、德义之理亦庶矣²。是故圣人以其心来造经典,后人以经典往合圣心也,故修经之贤,德近于圣矣。

译文

前代圣人是这样的聪明,心灵能和天神地祇相通,天性能与道德相合,又制作了经典来留给后人。如果让贤人君子舍弃了学问,守着自己的禀性去做事,就肯定没什么德才。等到让他们跟从老师前去学习,按照经典来行动,那么聪颖通达的明智、仁德道义的言行也就差不多和从前的圣人一样了。因此,圣人凭他的心灵来制作经典,而后代的贤人君子通过经典去迎合圣人的心灵,所以学习研究经典的贤人,德行也就接近于圣人了。

注释

1 **直**:当。

2 **理**:指言行。　**庶**:差不多。

原文

《诗》云:"高山仰止,景行行止。"¹"日就月将,学有缉熙于光明。"²是故

译文

《诗经》上说:"德如高山人敬仰,行如大道人遵行。""天天求学月月行,学习积累能圣明。"所以,凡是想建立丰功伟

| 凡欲显勋绩、扬光烈者³,莫良于学矣。" | 绩、使自己的光辉与功业传扬于世,没有什么比学习更好的了。 |

注释

1 **景**:大。 **行**:前一字读 háng,表示路;后一字读 xíng,表示行走。 **止**:语助词。以上两句诗见《诗经·小雅·车辖》,此文用来形容圣人德行的高大。
2 **就**:趋于、跟随,指就学。 **将**:将就,顺从,指从师学习。 **有**:犹"能"。 **缉**(jī,旧读 qì):继续,指不断积累。 **熙**:光明,指洞察事物的智慧。 **光明**:十分明亮,指洞察一切、见解非凡的圣明。以上两句诗见《诗经·周颂·敬之》,此文用来形容后人的学习。
3 **显勋绩**:使功勋业绩显耀。 **扬**:使……显扬。 **烈**:功业。

务本

导读

务本:致力于根本。文章阐述了作者的本末观,宣扬了他崇本抑末的主张。

本末,原义为树根与树梢,先秦两汉时常用来喻指农业与工商业。王符所谓的本末,虽然其内涵仍是指重要的事与不重要的事,但其外延却较之以往古籍要丰富得多。他所谓的"本",包括"富民""正学""农桑""致用""通货""道义""信顺""孝悌""致养""忠正"等;他所谓的"末",包括"游业""巧饰""鬻奇""巧辩""诡丽""交游""华观""媚爱"等。当然,他阐明这些"本""末"观念,实际上是在阐述他的思想,如主张"富民""正学",提倡忠孝德义、重农轻商、注重实用,而其目的无非是为了批判现实社会中舍本务末的弊端。

原文

凡为治之大体[1],莫善于抑末而务本,莫不善于离本而饰[2]末。

译文

大凡从政的原则,没有什么比抑制末等的小事而致力于根本性的大事更好的了,没有什么比舍弃根本性的大事而致力于末等的小事更不好的了。

注释

1 **大体**:要点,原则。
2 **饬**:通"饬",整治。

原文

夫为国者,以富民为本,以正学为基。民富乃可教,学正乃得义。民贫则背善,学淫则诈伪。入学则不乱,得义则忠孝。故明君之法,务此二者,以为成太平之基、致休征之祥。

译文

治理国家,要把使民众富裕起来作为根本,要把端正教学作为基础。民众富裕了才可以进行教育,教学端正了才能获得道义。民众贫穷了就会学坏,教学越轨了就会诈骗作假。去学习了就不会造反作乱,懂得了道义就会忠于君主孝顺父母。所以,英明君主的办法,就是致力于这两项,以此作为建成太平盛世的基础、取得吉利征兆的祥瑞。

原文

夫富民者,以农桑[1]为本,以游业[2]为末;百工者,以致

译文

那致力于使民众富裕起来的人,要把农耕与蚕桑作为根本性的大事,把流动性的行业作为末等的小事;各种工匠,要把致力于实用作为根

用为本，以巧饰为末；商贾者，以通货为本，以鬻奇为末。三者守本离末则民富，离本守末则民贫。贫则厄而忘善，富则乐而可教。

本性的大事，把精巧的装饰作为末等的小事；各种商人，要把流通货物作为根本性的大事，把贩卖珍奇的玩物作为末等的小事。这三种人，能抓住根本性的大事而舍弃末等的小事，那么民众就会富裕；舍弃了根本性的大事而抱住了末等的小事，那么民众就会贫穷。民众贫穷了就会困厄而忘了行善，富裕了就会安乐而能够接受教育。

注释

1 桑：泛指种桑、养蚕、纺织等。
2 游业：流动性的行业，指工商业。

原文

教训者，以道义为本，以巧辩为末；辞语者，以信顺为本，以诡丽为末；列士[1]者，以孝悌为本[2]，以交游为末；孝悌者，以致养为本，以华观为末；人臣者，以忠正为本，以媚爱为末。五者守本离末，则仁义兴；离本守末，则道德崩；慎本略末，犹可也；舍本务末，则恶矣。

译文

从事教育训导的人，要把道德仁义作为根本性的大事，把巧诈的辩说作为末等的小事；从事措辞交谈的人，要把真实顺理作为根本性的大事，把欺骗诡诈、辞藻华丽作为末等的小事；贞节之士，要把孝顺父母作为根本性的大事，把结交朋友作为末等的小事；孝顺父母的人，要把致力于赡养作为根本性的大事，把好看的表面形式作为末等的小事；做别人的臣子，要把忠诚正直作为根本性的大事，把谄媚亲爱作为末等的小事。这五种人，能抓住根本性的大事而舍弃末等的小事，那么仁德道义就会兴旺；舍弃了根本性的大事而抱住末等的小事，那么道德就会堕落；谨慎地对待根本性的大事而稍微做一些末等的小事，还可以；舍弃了根本性的大事而致力于末等的小事，那就坏了。

注释

1 **列士**:即"烈士",指看重名声、有节操的人。列,通"烈"。
2 **孝**:孝顺父母。 **悌**:敬爱兄长。此"悌"是连类而及之词,只凑一个音节,无实义。

原文

夫用天之道,分地之利[1],六畜[2]生于时,百物聚于野,此富国之本也;游业末事以收民利,此贫邦之原[3]也。忠信谨慎,此德义之基也;虚无谲诡,此乱道之根也。

故力田,所以富国也。今民去农桑,赴游业,披采[4]众利,聚之一门,虽于私家有富,然公计[5]愈贫矣。

百工者,所使备器也。器以便事为善,以胶固为上。今工好造雕琢之器,巧伪饰之以欺民取贿,虽于奸工有利,而国界[6]愈病矣。

商贾者,所以通物也。物以任用为要,以

译文

利用上天的规律而抓住农时,分辨大地的功用而因地制宜地种植,使六畜按时生育,使各种物品从田野中收集起来,这是使国家富足的根本;通过商业、手工业来搜刮民众的钱财,这是使国家贫困的根源。忠诚守信谨慎小心,这是道德仁义的基础;弄虚作假欺骗诡诈,这是搞乱道德的根源。

努力种田,是用来使国家富裕的方法。现在民众抛弃了耕织,投身于工商业,深入地挖取百姓的财富,把它们聚集在一家,虽然在私人中有的人富裕了,但是国家经济却更加拮据了。

各种工匠,是用来配备器具的。器具以便于使用为佳,以牢固为优。现在工匠喜欢制造一些表面装饰过的器具,用巧妙诡诈的手段来修饰它们,以此来欺骗民众、牟取钱财,虽然在奸诈的工匠中有人得利了,但是国家经济却更加困难了。

商人,是用来流通货物的。货物以耐用为当,以坚实牢固为本。现在商人争着出卖没有实用价值的货物,贩运极其奢侈的玉

坚牢为资。今商竞鬻无用之货,淫极侈之币⁷,以惑民取产,虽于淫商⁸有得,然国计愈失矣。

此三者,外虽有勤力富家之私名,然内有损民贫国之公实。故为政者,明督工商,勿使淫⁹伪;困辱游业,勿使擅利;宽假¹⁰本农,而宠遂学士¹¹,则民富而国平矣。

器、丝织品等货物,以此来迷惑民众、骗取财产,虽然在商贩中有人得利了,但是国家经济却更加蒙受损失了。

这三种情况,表面上虽有辛勤尽力使家庭富裕的个人名誉,但实质上却有损害民众使国家贫穷等涉及公众利益的结果。所以执政的人,要明白地督促工匠、商人,别让他们制作、贩卖奢侈、伪劣商品;抑制和贬低流动性的行业,别让他们独占了财利;对根本性的农业要采取宽松的政策,并且尊崇、提拔读书人,那么民众就会富裕、国家就会太平了。

注释

1 **分地之利**:指分清山林、川泽、丘陵、水边平地、低洼地等五种土地,因地制宜进行耕作。利,功用。
2 **六畜**:马、牛、羊、鸡、犬、猪。
3 **原**:"源"的古字。
4 **披采**:开采,深入地挖取。
5 **公计**:指公家的账簿所记载的钱财,即国家的经济。计,账簿。
6 **界**:当作"计",音近而误。
7 **淫**:游,是使之流动、贩运的意思。 **币**:玉帛。
8 **淫商**:流动性的商贩。
9 **淫**:奢侈。
10 **宽假**:宽大,宽容。假,大。
11 **宠**:尊崇,使……荣耀。 **遂**:进用。

原文

夫教训者,所以遂道术而崇德义也。今学问之士,好语虚无之事,争著雕丽之文,以求见异于世。品人鲜识[1],从而高之。此伤道德之实而惑蒙[2]夫之大者也。

诗赋[3]者,所以颂善丑之德,泄哀乐之情也,故温雅以广文,兴[4]喻以尽意。今赋颂之徒,苟为饶辩屈赛之辞[5],竞陈诬罔无然之事,以索见怪于世。愚夫憨[6]士,从而奇之。此悖孩童之思而长不诚之言者也。

内孝悌于父母,正操行于闺门,所以为烈士也。今多务交游以结党助,偷世窃名以取济渡。夸末之徒,从而尚之。此逼贞士之节而炫[7]世俗之心者也。

养生顺志,所以为孝也。今多违志俭养,约生以待终,终没之后,乃崇

译文

教育训导,是用来实行道德原则而推崇德行仁义的。现在做学问的人,喜欢谈论虚无缥缈的事情,争着写作雕琢华丽的文章,以求被世人视为奇特。众人没有知识,跟着推崇这种文章。这是一种损伤道德品质而迷惑无知之人的严重行为啊。

诗和赋,是用来歌咏善良或丑恶的品行、发泄悲哀或快乐之情的,所以用温和文雅的词语来增加文采,用起兴比喻来充分地表达心意。现在用赋来歌咏的人,随便搞一些啰唆巧辩、佶屈聱牙的言辞,争着陈述一些虚假骗人不可能有的事情,以求被世人视为奇异。愚昧的百姓和幼稚的读书人,跟着称之为奇异。这是一种惑乱孩子那天真的思想而助长不诚实的言辞啊。

在家中孝顺父母,在内室端正操守、品行,是用来成为贞节之士的办法。现在多数人靠结交朋友来结成党羽,靠欺世盗名来取得成功。夸大小节的那帮人,跟着推崇这种行为。这是一种威胁到坚贞之士的节操而迷惑世俗人心的行为啊。

供养父母,顺从父母的心意,是用来尽孝的办法。现在多数人违背父母的心意,供养父母很俭省,节约他们的生活费用来准备送终,父母去世之后,就隆重地

饰丧纪以言孝,盛飨宾旅以求名。诬⁸善之徒,从而称之。**此乱孝悌之真行而误后生之痛者也。**

忠正以事君,信⁹法以理下,所以居官也。今多奸谀以取媚,挠法以便佞¹⁰。苟得之徒,从而贤之。此灭贞良之行、开乱危之原者也。

五者,外虽有振贤才之虚誉,内有伤道德之至实。

操办丧事来表达孝心,丰盛地宴请宾客来求取孝名。胡乱吹捧善行的那帮人,跟着称赞这种行为。这是搞乱真正的孝行而贻误后代的令人痛心的行为啊。

忠诚正直地来侍奉君主,普遍实行法令来治理民众,是用来担任官职的办法。现在多数人靠奸诈阿谀来博取君主的欢心,歪曲法令来阿谀逢迎。苟且求得的那帮人,跟着尊重他们。这是毁灭忠贞善良的行为、引发动乱危亡的根源啊。

这五种情况,表面上虽然有抬举贤德人才的空名声,骨子里却有损害道德的严重结果。

注释

1 品:众多。 鲜(xiǎn):少。
2 蒙:愚昧无知。
3 赋:原意为"铺叙",后用来指一种介于诗歌与散文之间的文体,全篇押韵,但句式像散文。
4 兴(xìng):起兴,即借助其他事物作为诗歌的开头。
5 饶:多,指饶舌多言。 屈:曲折。 蹇(jiǎn):凝滞,曲折不顺利,指读起来不顺口。
6 戆(zhuàng):因幼稚耿直而形成的愚蠢。
7 炫(xuàn):迷惑。
8 诬:欺骗,不顾实际地胡乱编造。
9 信(shēn):通"伸",伸展,伸张,指普遍施行。
10 挠:弯曲。 便佞(piánnìng):花言巧语,阿谀逢迎。

原文

凡此八者,皆衰世之务,而暗君之所固也。虽未即于篡弑,然亦乱道[1]之渐来也。

译文

所有这八种情况,都是衰微的社会所存在的事情,以及昏庸的君主所固执死守的。它们虽然还没有立即导致篡位杀君,但也是扰乱社会的异端邪说逐渐形成的来源。

注释

1 道:学说。

原文

夫本末消息之争[1],皆在于君,非下民之所能移也。夫民,固随君之好、从利以生者也。是故务本,则虽虚伪之人[2]皆归本;居末,则虽笃敬之人皆就末。且冻馁之所在,民不得不去也;温饱之所在,民不得不居也。故衰暗之世,本末之人,未必贤不肖也,祸福之所[3]势不得无然尔。故明君莅国,必崇本抑末,以遏乱危之萌。此诚治危之渐,不可不察也。

译文

根本性的大事和末等的小事哪一种减少哪一种增长的最终确定,全在于君主,而不是卑下的民众所能改变的。那民众,本来就是顺从君主的爱好、追逐财利来获得生存的。所以君主致力于根本性的大事,那么即使是弄虚作假的人也都会来干根本性的大事;如果君主立足于末等的小事,那么即使是厚道恭敬的人也都会去干末等的小事。况且受冻挨饿的地方,民众是不可能不离开的;穿得暖、吃得饱的地方,民众是不可能不住下去的。所以在衰微黑暗的社会中,致力于根本性的大事或投身于末等的小事的人,不一定和贤能或不贤能相对应,因为遭殃或得福的地位和形势使人们不得不如此而已。所以英明的君主统治国家,一定推崇根本性的大事而抑制末等的小事,以此来遏制动乱危亡的萌生。这本末问题,的确是国家治乱安危的开端,不可不明察啊。

注释

1 **消息**:消长,减少与增长。 **争**:决定。
2 **虚伪之人**:指上文"好语虚无之事"的文人及"巧伪饰之以欺民取贿"的手工业者。
3 **所**:处。

遏利

导读

遏利:遏止财利。文章的主旨在于贬抑物质利益,倡导德行道义。

作者认为,人们发议论的时候,无不推崇廉洁而鄙视财利,但实际上却多抛弃廉洁而嗜好财利。接着,作者严厉地批评了当时的求利之风,认为人无德无功而富贵,必会遭殃。可见,作者并非一味反对追求富贵财利,而只是认为:要取得富贵财利,首先要有德行,要有功于民。当然,即使有了德行、功劳,作者也不主张凭此去追求富贵财利。作者理想的道德标准是有功德于民而谦退让利。他举了很多古代的例子,说明无有"好利而不亡者、好义而不彰者",以此来勉励人们爱好道义而不要贪图财利。可见,在传统的义利之争中,作者继承了儒家"好义"的思想。

原文

世人之论也,靡不贵廉让而贱财利焉;及其行也,多释廉甘利之

译文

当代的人发议论的时候,无不崇尚廉洁谦让而鄙视物质利益;但等到他们行动的时候,却多半做那种抛弃廉洁而嗜好物质利益

举。人徒知彼之可以利我也,而不知我之得彼,亦将为利人[1]也。知脂蜡之可明灯也,而不知其甚多则冥[2]之;知利之可娱己也,不知其称[3]而必有也。前人以[4]病,后人以竞,庶民之愚而衰暗之至也!予故叹曰:何不察也?愿鉴[5]于道,勿鉴于水。象以齿焚[6]身,蚌以珠剖体;匹夫无辜,怀璧其罪。呜呼!闻哉?无德而富贵者,固可豫吊也。

的事。这种人只知道物质利益可以使自己获益,却不知道自己得到了物质利益,也将被别人所渔利。就好像知道脂膏蜡油可以使油灯发光,却不知道它们太多了就会使油灯熄灭;知道物质利益可以使自己快乐,却不知道它的祸害也一定会发生。从前的人为它担忧,现在的人却争着追求它,平民百姓的愚蠢与堕落糊涂真是达到了极点!所以我叹息说:为什么不仔细考察一下呢?希望大家用正确的思想学说来对照一下自己的思想行为,不要只用水来照自己的形象。大象因为珍贵的牙齿而引火烧身,蚌因为含有珍珠而被剖开身体;百姓没有罪过,揣着玉璧就成了他的罪过。唉!听说么?对于没有德行而富裕高贵的人,本来就可以预先为他吊丧。

注释

1 **为利人**:即"为利于人",被取于人。利,取。
2 **冥**:暗。
3 **称**:当为"祸"字之形误。
4 **以**:用同"已"。《尔雅·释诂》:"已,此也。"
5 **鉴**:照。
6 **焚**:烧。古代往往用焚烧森林的办法来捕兽,所以说"焚"。

原文

且夫利物,莫不天之财也。天之制此财也,犹国君之有府库也。赋赏

译文

再说对人有利的东西,无不是大自然的财富。上天控制这些财富,就像国君掌握国家仓库一样。收取、赏赐和剥夺、给

夺与,各有众寡,民岂得强取多哉?故人有无德而富贵,是凶民之窃官位盗府库者也,终必觉,觉必诛矣。盗人必诛,况乃盗天乎,得无受祸焉?邓通死无簪[1],胜、跪伐其身[2]。是故天子不能违天富无功,诸侯不能违帝厚私劝[3]。非违帝也,非违天也。帝以天为制,天以民为心。民之所欲,天必从之。是故无功庸[4]于民而求盈者,未尝不立颠也;有勋德于民而谦损者,未尝不光荣也。

予,各有多少,人哪能强行多拿呢?所以人如果没有德行而富裕高贵,这就是恶人窃取了官位而偷了国家仓库,最终一定会被发觉,被发觉后就一定要被惩处了。偷别人的东西一定要被惩处,何况是偷上天的呢,能不遭殃吗?邓通死的时候连一根簪子也没有,羊胜、公孙诡最终自杀。所以皇帝不能违背上天而使没有功劳的人富裕,诸侯不能违背皇帝而使自己喜欢的人富足。当然,这其实也不是违背皇帝,也不是违背上天。因为皇帝把上天的意愿当作制度,而上天把民众的意愿当作意愿。民众的意愿,上天一定会顺从。所以,对民众没有功劳而追求富足的人,从来没有不立即垮台的;对民众有功勋恩德而谦退让利的人,从来没有不光彩荣耀的。

注释

1 **邓通**:汉文帝之宠臣,官至上大夫。文帝让善于相面的许负给他相面,许负说他将贫饿而死。文帝说:"我能使他富有,他怎么会贫穷呢?"于是赐给邓通蜀郡严道县(今四川荥经)铜山,准许他自铸钱币,邓氏钱遍于天下,所以后人常用他的名字比喻富有。汉景帝即位后,邓通被免官,有人告发他到境外铸钱,审问后判决,把他的家产全部充公,景帝的姊姊赐给邓通的财物也被没收来抵债,连一只簪子都不能别在他身上,结果穷困而死。 **簪**(zān):古代男女用来别住发髻或把帽子别在头发上的一种针形首饰。

2 **胜**:指羊胜,梁孝王刘武(景帝之弟)之宠臣,与羊胜同时投奔梁孝王,多奇计,受到宠幸。 **跪**:当作"诡",指公孙诡,**伐**:砍杀。公元前150年,窦太后想立梁孝王为汉景帝的继承人,由于袁盎及参议大臣等向景帝劝阻而未成,于是梁孝王怨恨袁盎等人,和羊胜、公孙诡密谋策划,在公元前148年暗中派人刺杀了袁盎等人,结果被查出,朝廷要缉拿羊胜、公孙诡,梁孝王无奈,便命令两人自杀了结。

3 **诸侯**:指梁孝王。　**厚**:富。　**劝**:当作"欢"。

4 **庸**:功劳。

原文

自古于今,上以天子,下至庶人,蔑[1]有好利而不亡者、好义而不彰者也。

昔周厉王[2]好专利,芮良夫谏而不入[3],退赋《桑柔》之诗以讽[4],言是大风也[5],必将有隧;是贪民也,必将败其类[6]。王又不悟,故遂流死于彘。虞公屡求以失其国[7]。公叔成崇贿以为罪[8]。桓魋[9]不节饮食以见弑。此皆以货自亡,用财自灭。

楚斗子文三为令尹而有饥色[10],妻子冻馁,朝不及夕。季文子[11]相四君,马不饩[12]粟,妾不衣帛。子罕归玉[13]。晏子[14]归宅。此皆能弃利约身,

译文

从古到今,上面从皇帝开始,下面到百姓为止,没有贪图财利而不灭亡、爱好道义而不显扬的。

从前周厉王喜欢垄断财利,芮良夫劝阻他而意见不被采纳,就回家作了《桑柔》这首诗来旁敲侧击,说这种大风啊,必将有通道;这种贪婪的人啊,必将败坏他的宗族。厉王还是执迷不悟,所以最终流亡在外而死在彘。虞国的君主屡次求取宝物以致丧失了自己拥有的国家。公叔戍积聚了财物因而造成了罪过。桓魋不节制饮食以致被杀。这些人都因为财物而使自己逃亡在外,因为财物而使自己覆灭丧身。

楚国的斗子文三次做令尹而面有饥色,妻子儿女受冻挨饿,早上想不到晚上能吃什么。季文子辅佐四名国君,马不给它吃粮食,小妾不让她们穿绸缎。子罕拒绝接受宝玉。晏子拒绝接受新居。这些人都能抛弃财利而使自己节约俭省,所

故无怨于人,世厚天禄[15],令问不止。

伯夷、叔齐饿于首阳[16],白驹、介推遁逃于山谷[17],颜、原、公析困馑于郊野[18],守志笃固,秉节不亏,宠禄不能固[19],威势不能移,虽有南面之尊、公侯之位[20],德义有殆,礼义不班[21],挠志如芷[22],负心若芬,固弗为也。是故虽有四海之主,弗能与之方[23]名;列国之君,不能与之钧[24]重。守志于一庐之内,而义溢乎九州[25]之外;信立于千载之上,而名传乎百世之际。

以没被人们怨恨,世世代代享受天赐的福分,美好的声誉流传不息。

伯夷、叔齐饿死在首阳山,白驹、介推逃避在山谷,颜回、原宪、公皙哀在野外贫困得连蔬菜和野菜都吃不上,他们志向十分坚定,坚守节操毫无欠缺,尊贵、荣耀、高官厚禄不能束缚他们,威力、权势不能改变他们,即使有处在君位上的尊贵、公爵侯爵的高位,如果道德仁义受到危害,礼制道义不能辨明,委屈像白芷一样的志向,违背像香花一样的意念,那就肯定不干。所以,即使是拥有天下的天子,也不能和他们比名声;即使是诸侯国的国君,也不能和他们受到同样的尊重。他们坚守志向于一间简陋的房屋之内,而德行影响到九州之外;他们的真诚确立在千年之前,而名声流传于几百代之间。

注释

1 **蔑**:无。
2 **周厉王**:西周天子,姬姓,名胡。他任用荣夷公执政,实行"专利",国人批评他,他就命令卫巫监视,杀死议论者,国人不敢言。公元前841年国人起义,攻王宫,他逃奔到彘(今山西霍州),公元前828年死于彘。
3 **芮良夫**:周厉王卿士(辅助天子的执政者)。　**入**:纳。
4 **赋**:创作。　**《桑柔》**:《诗经·大雅》中的一篇,为芮良夫所作,内容主要是指责周厉王的暴政。　**讽**:用含蓄的话来劝说。
5 此下几句解释《诗经·大雅·桑柔》中的"大风有隧,贪人败类"。
6 **类**:种,指种族、宗族。

7 **虞公屡求以失其国**：虞公向弟弟虞叔求取玉璧，得到后又求取宝剑，虞叔认为虞公如此贪得无厌，必将危及自己，于是在公元前702年攻打虞公，虞公出奔到共池（今山西平陆西）。虞，西周时周武王所封的诸侯国，位于今山西平陆北。

8 **公叔成**：公叔文子的儿子，卫国大夫，家里比国君还富，卫灵公因为他富有而憎恶他。　**崇**：积聚。

9 **桓魋**(tuí)：宋国司马（主管军事的官）。公元前481年他宴请宋景公，以便谋害景公，发动叛乱失败后逃到卫国、齐国等地，死于鲁国。

10 **斗子文**：楚国大夫，楚成王时曾三次任楚国令尹，生活十分节俭。　**令尹**：春秋战国时楚国执掌军政大权的最高官职，其地位相当于别国的相。

11 **季文子**：即鲁国大夫季孙行父，历仕鲁国文公、宣公、成公、襄公四代。

12 **饩**(xì)：秣，饲料。这里用作动词，表示喂。

13 **子罕**：乐(yuè)氏，名喜，字子罕，曾为宋国执政，以贤著称。　**归**：归还，指拒绝接受。公元前558年，宋国有个人得到一块宝玉而献给子罕，子罕不肯接受，并说："我以不贪为宝，尔以玉为宝。"

14 **晏子**：即晏婴，春秋时齐国大夫，历仕齐国灵公、庄公、景公，以节俭力行重于齐。他的住宅很小，且靠近集市，所以齐景公想把他的家迁到豫章之圃，晏子婉言谢绝了。

15 **厚**：当为"享"字之误。　**禄**：福。

16 **伯夷、叔齐**：商朝末年孤竹国（在今河北卢龙南）国君的两个儿子。开始时，孤竹君让小儿子叔齐做自己的继承人。孤竹君死后，叔齐把王位让给长兄伯夷，伯夷不接受。两人互相让位，都不肯当君主，就投奔周文王。后来周武王起兵讨伐商纣，他们竭力反对，认为武王这样做是不孝不仁。武王灭商，他们认为是奇耻大辱，于是就逃避到首阳山，坚决不吃周朝的粮食，采薇而食，结果饿死在首阳山下。古代都把他们说成是清高廉洁的典范。　**首阳**：即雷首山，又名首山，在今山西永济南。

17 **白驹**：白色的骏马，喻指某一个清高廉洁退隐山谷的贤人。《诗经·小雅·白驹》歌咏道："皎皎白驹，在彼空谷。生刍一束，其人如玉。"所以此文说白驹"遁逃于山谷"，"名传乎百世之际"。　**介推**：又作介之推、介子推，春秋时晋国人，曾随从晋文公流亡国外。他对文公极其忠诚，曾割下自己的腿肉给文公充饥。文公回国后赏赐随从臣属，却没有赏他。他便与母亲隐居绵上（今山西介休东南）山中。传说文公烧山逼他出来，他因不愿出来而被烧死。 **遁**：逃，回避。

18 **颜**：指颜回，名回，字子渊，孔子的学生，安贫乐道，以德行著称。 **原**：指原宪，孔子的学生。传说他住破草屋、穿粗布衣、吃蔬食而不减其乐。后代多用他的名字来泛指贫士。 **公析**：指公晳哀，字季次，孔子的学生。他的德行与原宪相似。析，通"晳"。 **馑**(jǐn)：饥荒。古代五谷没有收成叫"饥"，蔬菜及野菜都吃不上叫"馑"。

19 **固**：固定，牢牢束缚，指把他们固定在臣位上而听从指使。

20 **南面**：面向南。古代以坐北朝南为尊位，君主见群臣时面向南，所以"南面"指处在君位上。**公侯**：爵位名。古代的爵位分公、侯、伯、子、男五等。

21 **班**：通"辨"。

22 **芷**(zhǐ)：白芷，一种香草。

23 **方**：比。

24 **钧**：通"均"，同等。

25 **九州**：大禹治水后，把中国分为九州：冀州、豫州、雍州、扬州、兖州、徐州、梁州、青州、荆州。周代将徐州、梁州并入雍州、青州，又从冀州中分出幽州、并州，分为扬、荆、豫、青、兖、雍、幽、冀、并等九州。后人常用"九州"来泛指中国。

原文

故君子曰："财贿不多，衣食不赡，声色不妙，威势不行，非君子之忧也。行善不多，申道不明，节志不立，德义不彰，君子耻焉。"是以贤人智士之于子孙也，厉¹之以志，

译文

所以君子说："财物不多，穿的吃的不富足，音乐女色不美妙，威力权势不能施展于天下，并不是君子担忧的事。做好事不多，讲述正确的思想学说不明白，节操志向没确立，道德仁义不能彰明，君子对这些感到耻辱。"因此，贤能、明智的人对于子孙，在意志方面磨炼他们，而不锻炼他们欺诈；

弗厉以诈；劝之以正，弗劝以邪；示之以俭，弗示以奢；贻之以言，弗贻以财。是故董仲舒终身不问家事，而疏广[2]不遗赐金。子孙若贤，不待多富；若其不贤，则多以征怨。故曰：无德而贿丰，祸之胎也。

勉励他们正直善良，而不鼓励他们为非作歹；把勤俭节约的事迹拿给他们看，而不让他们看到奢侈浪费的行为；将至理名言留给他们，而不将财产留给他们。所以董仲舒一辈子不过问家业，而疏广不把皇上赐给自己的养老金留给子孙。子孙如果贤能，不依靠家产之多就能富裕；如果他们不贤能，就会因为家产多了而招致怨恨。所以说：没有德行而财物丰富，是祸乱的根源。

注释

1 厉：同"砺"，磨炼。
2 疏广：汉宣帝时为太子太傅，在任五年后称病还乡，把金钱都花在喝酒上，不为子孙购置田宅，曾说："（子孙）贤而多财，则损其志；愚而多财，则益其过。且夫富者，众人之怨也。吾既亡以教化子孙，不欲益其过而生怨。又此金者，圣主所以惠养老臣也，故乐与乡党宗族共飨其赐，以尽吾余日，不亦可乎？"

原文

昔曹羁有言："守天之聚，必施其德义。德义弗施，聚必有阙。"[1]今或家赈而贷乏[2]，遗赈贫穷[3]，恤矜疾苦，则必不[4]久居富矣。《易》曰："天道亏盈以益谦。"[5]故以仁义费于彼者，天赏之于此；以邪取于前者，衰之于

译文

从前曹羁说过这种话："要保住上天赐予的积蓄，必须施行道德仁义。道德仁义不施行，积蓄一定会有缺失。"如果有人家中富裕而把钱财借给缺乏的人，赠送救济贫穷的人，抚恤怜悯痛苦的人，那么一定可以长久地处于富裕的地位了。《周易》说："上天的规律是减损满的来增加虚的。"所以人因为仁义而在那一个方面花费了，上天就会在这个方面赏赐他；靠歪门邪道在

后。是以持盈之道,挹⁶而损之,则亦可以免于亢龙之悔、乾坤之愆矣⁷。

从前猎取了,就会在后来衰落。因此,保持富足的办法,是抑制并减损它,那才可以避免至高无上者的灾祸以及阴阳的失调了。

注释

1 **曹羁**:春秋时曹国的大夫,以贤著称。引文见《国语·晋语四》。
2 **今**:如果。 **赈**(zhèn):富裕。 **贷**:借出。
3 **遗**(wèi):赠送。 **赈**(zhèn):救济。
4 **不**:当为"亦"字之形误。
5 引文见《周易·谦卦》。
6 **挹**(yì):通"抑",抑制,谦退。
7 **亢**:高,此指至高无上而又不谦让警惕。 **龙**:为鳞虫之长,故用来象征非常之人。 **悔**:灾祸。 **乾坤之愆**:指阴阳失调。古代以阴阳(构成万事万物的一对正反矛盾的基本因素)来解释世间各种事物的变化,阴阳失调则成灾。乾坤,《周易》八卦中有"乾""坤"二卦,乾属于阳,象征天;坤属于阴,象征地。愆,差错,过失。

论荣

导读

论荣:关于荣耀的议论。文章论述了荣华富贵与德行之间的关系以及评判人、使用人的原则。

作者认为,在现实中,荣华富贵与德行之间并不存在简单的对应关系。

有德的君子应该获得荣华富贵,却未必获得荣华富贵;而获得荣华富贵的人也并不一定就是有德的君子,有的仍是卑鄙的小人。是否有德行,在于自己;而是否富贵,则是上天的安排。"君子未必富贵,小人未必贫贱",所以评价一个人,不能只根据其权势地位,而应该看他的德行如何。因此,即使是天子,也不能够因此被看重。文章重点批判了当时根据家世、地位以及出身地来评判人、使用人的风尚,这无疑与作者的身世、地位以及出身地使他不能得志的境遇有关。

原文

所谓贤人君子者,非必高位厚禄富贵荣华之谓也。此则君子之所宜有,而非其所以为君子者也。所谓小人者,非必贫贱冻馁困辱厄穷之谓也。此则小人之所宜处,而非其所以为小人者也。奚以明之哉?夫桀、纣者[1],夏、殷[2]之君王也;崇侯、恶来[3],天子之三公[4]也;而犹不免于小人者,以其心行恶也。伯夷、叔齐饿夫也,傅说胥靡[5],而井伯[6]虞虏也,然世犹以为君子者,以为志节美也。

译文

所谓贤人、君子,不一定是指官位高、俸禄多、富裕尊贵、荣耀光彩。这些倒是君子应该拥有的东西,但并不是他们成为君子的因素。所谓小人,不一定是指贫穷卑贱、受冻挨饿、困窘受辱、走投无路。这些倒是小人应该遭到的处境,但并不是他们成为小人的原因。用什么来说明这个问题呢?桀和纣,是夏朝、商朝的帝王;崇侯虎、恶来,是天子的辅佐大臣;但还是不免被人们看作小人,因为他们的心肠、行为恶劣啊。伯夷、叔齐是饿死的人,傅说是服劳役的囚犯,而井伯是虞国俘虏,但世人还是把他们看作君子,因为他们的志向与节操美好啊。

注释

1 **桀**:夏朝末代帝王,传说中的暴君,其在位年代约在公元前17世纪末,后被商汤打败,流放南巢(在今安徽巢湖)而死。 **纣**:名辛,商朝末代帝王,传说中的暴君,被周武王打败后自焚而死。
2 **殷**:即商。汤灭夏桀而建立商朝,其后代盘庚迁都于殷,所以又称"殷"或"殷商"。商朝的时代约在公元前16世纪初至公元前11世纪。
3 **崇侯**:指崇侯虎,为商纣王的辅佐大臣,在纣王面前谗害过西伯姬昌(周文王),后被西伯所灭。传统都把他当作是谗害贤良的奸臣。　**恶来**:商纣王的大臣,善于谗害人,周武王伐纣时被杀。
4 **三公**:辅助君主掌管军政大权的最高官员,各个朝代名称不尽相同,如周代以太师、太傅、太保为三公。秦汉时以丞相(后改称大司徒)、御史大夫(后改称大司空)、太尉(后改称大司马)为三公。
5 **傅说**(yuè):商朝贤人,原为服劳役的囚犯,后被商王武丁(殷高宗)访得而任为相,治理国政,使殷王朝大治,出现了中兴的局面。　**胥靡**:服劳役的囚犯。
6 **井伯**:指百里奚,原为虞国大夫,公元前655年晋献公灭虞时他被俘而成为奴隶。后来晋献公把女儿嫁给秦国,把他作为陪嫁之臣。他在途中外逃,被楚国人抓住。秦穆公听说他有才能,就用五张黑羊皮把他赎去了,并授之以国政,称他为五羖大夫。后来他与蹇叔、由余等共同帮助秦穆公建立了霸业。

原文

故论士,苟定于志行,勿以遭命,则虽有天下,不足以为重;无所用,不可以为轻;处隶圉,不足以为耻;抚四海,不足以为荣;况乎其未能相县[1]若此者哉?故曰:宠位不足以尊我,而卑贱不足以卑己。

译文

所以评论一个人,如果从志向和品行方面来评定,而不根据他们碰到的命运来判定,那么即使拥有了统治天下的权力,也不能够因此被看重;即使没有被任用,也不可以因此被看轻;即使处于奴隶、马夫的地位,也不能因此而被看作耻辱;即使安抚天下,也不能因此而被看作光荣;更何况那些还没有能够互相悬殊得像这样厉害的人呢?所以说:荣耀的地位不足以使自己尊贵,而低下的地位不足以使自己低下。

注释

1 **县**(xuán)：同"悬"，悬殊，差距大。

原文

夫令誉从我兴，而二命自天降之。《诗》云："天实为之，谓之何哉？"[1] 故君子未必富贵，小人未必贫贱，或潜龙[2]未用，或亢龙在天[3]，从古以然。

译文

那美好的声誉随着自己的德行而产生，然而，是富贵还是贫贱的命运却是从天上降下来的。《诗经》上说："老天就是这么干，说它又能怎么样？"所以君子不一定富裕高贵，小人不一定贫穷卑贱。有的是隐没的圣贤没有被起用，有的是至高无上而不谦让的人处在君位上，自古以来就是这样。

注释

1 引诗见《诗经·邶风·北门》。
2 **潜龙**：隐藏之龙，喻指隐而未显的圣人或被埋没的贤人。
3 **在天**：在天上，比喻在君位。

原文

今观俗士之论也，以族举德[1]，以位命贤。兹可谓得论之一体矣，而未获至论之淑真也。

尧，圣父也，而丹[2]凶傲；舜，圣子也，而瞽顽恶[3]；叔向[4]，贤兄也，而鲋贪暴[5]；季友[6]，贤弟也，而庆父淫乱[7]。论若必[8]以族，是丹宜禅[9]，而

译文

现在看看那些庸俗之士的评论，他们根据家族来推荐有德行的人，根据地位来命名贤人。这可以说是抓住了评论人的一个方面了，但还没有掌握最高明的论人方法的真谛啊。

尧，是个圣明的父亲，而儿子丹朱却凶恶傲慢；舜，是个圣明的儿子，而父亲瞽叟却愚妄凶恶；叔向，是个贤能的兄长，而弟弟叔鱼却贪婪残暴；季友，是个贤能的弟弟，而哥哥庆父却淫荡作乱。评论人如果只是根据家族，那么丹朱就应该继承帝位，

舜宜诛；鲋宜赏，而友宜夷也。论之不可必以族也若是。昔祁奚[10]有言："鲧殛而禹兴[11]，管、蔡为戮[12]，周公祐王[13]。"故《书》[14]称"父子兄弟不相及"也。

幽[15]、厉之贵，天子也，而又富有四海。颜、原之贱，匹庶也，而又冻馁屡空。论若必以位，则是两王足为世士，而二处[16]为愚鄙也。论之不可必以位也，又若是焉。

而舜应该被杀掉；叔鱼应该受奖赏，而季友应该被灭族。评论人不可以只根据家族的道理就像这样啊。从前祁奚说过这样的话："鲧被流放而禹被提拔，管叔、蔡叔被杀戮，而周公旦被用来辅佐成王。"所以《尚书》上说"父子兄弟之间互不牵涉"啊。

周幽王、周厉王的地位高贵，是天子啊，而且又富裕得拥有了天下。颜回、原宪的地位卑贱，是平民百姓啊，而且又受冻挨饿，经常穷得一无所有。评论人如果只是根据地位，那么这两个帝王就完全是世界上杰出的人士，而两位处士就是愚蠢鄙陋的人了。评论人不可以只根据地位的道理，也就像这样啊。

注释

1 **以族举德**：根据家族来推荐有德行的人，也就是根据各人的血缘关系来评判其德行，把有德者的亲属推荐为有德行的人。这是一种血统论。
2 **丹**：指丹朱，尧的儿子。他傲慢荒淫，尧知其不肖，不足以授天下，于是把政权交给了舜。
3 **叟**：指瞽叟，舜的父亲，因为他生了眼睛却分不清好坏，所以又被称为瞽瞍（瞎子）。　**顽**：愚妄。　**嚚**：凶恶。瞽叟曾多次谋杀舜，如让舜修谷仓，他在下纵火；让舜挖井，他用土填井。
4 **叔向**：春秋时晋国大夫，羊舌职次子，羊舌氏，名肸(xī)，字向，晋平公时为太傅。
5 **鲋贪暴**：公元前529年，羊舌鲋代理司马（主管军事）而进驻卫地，便求货于卫，让割草砍柴的人到处乱砍乱伐。公元前528年，他代理法官，贪赃枉法而被人杀死。鲋，叔向之弟叔鱼，羊舌氏，名鲋。

6 **季友**:春秋时鲁桓公少子,鲁庄公之弟,名友,号成季。他因平庆父之难,立僖公、败莒师有功,为鲁之上卿,专国政。

7 **庆父**:即仲庆父,春秋时鲁桓公之子,季友之兄,鲁庄公之弟。公元前662年,庄公死,子般立,庆父派人杀子般,立闵公启方(庄公庶子,年八岁)。公元前660年,他又派人杀闵公,因不为国人所容而出奔莒。季友立僖公,贿赂莒国而索取庆父。莒国送还,庆父回到鲁国密邑(今山东沂水西南)时自缢。　**淫**:好色,奸淫。庆父曾与庄公夫人哀姜通奸。

8 **必**:只。

9 **是**:则。　**禅**(shàn):禅让,把帝位让给别人,这里用作被动词。下面几句的"诛""赏""夷"都用作被动词。

10 **祁奚**:春秋时晋国大夫,晋悼公时任中军尉,年老请求退休时曾推荐过仇人解狐与儿子祁午,成为古代公正推荐贤人的典范。

11 **鲧**(gǔn):夏禹的父亲,相传他曾由四岳推举,遵奉尧的命令治理洪水。他采取筑堤防水的方法,治了九年也没有成功,因而被舜流放到羽山。　**殛**(jí):流放。　**兴**:举,起用。

12 **管、蔡为戮**:周武王杀纣灭商后,封纣的儿子武庚于殷(在今河南淇县)治殷之余民,以续殷祀。同时,为了加强防范,又使其弟管叔居殷都以东之卫国(在今河南滑县)、蔡叔居殷都以西之鄘国(在今河南新乡西北)、霍叔居殷都以北之邶国(在今河南汤阴东南)监督殷民,叫作三监。武王去世后,继位的成王年幼,由周公旦摄政,三监不服,联合武庚与淮夷反叛。于是周公旦东征平叛,杀了武庚、管叔,把蔡叔放逐到国外囚禁起来,贬霍叔为庶人。此文说蔡叔也被杀戮,不过是为了说话方便而已,无关史实。管、蔡,指周武王姬发的弟弟叔鲜、叔度。武王灭商后,他们分别被封于管(位于今河南郑州)、蔡(位于今河南上蔡西南),故史称管叔、蔡叔。

13 **祐**:帮助,辅佐。　**王**:指周成王,西周天子,姬姓,名诵。其父周武王死时,他年幼,故即位后由叔父周公旦摄政。周公摄政七年,成王年长,周公便归政于他,他又当政三十年。

14 **《书》**:《尚书》。"父子兄弟不相及"不见于今本《尚书》,是《尚书·康诰》

逸文的意思概括。

15 **幽**：指周幽王，西周最后一个天子。他宠爱褒姒，褒姒不爱笑，幽王千方百计也不得其笑，乃举烽火以召诸侯，诸侯急至，而无外敌入侵，褒姒大笑。幽王遂数举烽火戏诸侯以博得褒姒之笑。后褒姒生伯服，于是与虢石甫勾结，废申后，逐太子宜臼（即后来的周平王）而立伯服。太子逃奔母家申国，申侯（太子宜臼的外祖父）联合缯国、西戎等攻镐京，幽王举烽火，诸侯不信，救兵不至。西戎等破镐京，杀幽王于骊山下，虏褒姒而去，西周遂亡。

16 **处**：指处士，没有做官的读书人。

原文

故曰：仁重而势轻，位蔑¹而义荣。今之论者，多此之反，而又以九族²，或以所来，则亦远于获真贤矣。

昔自周公不求备于一人³，况乎其德义既举，乃可以宅故而弗之采乎？由余生于五狄⁴，越蒙产于八蛮⁵，而功施⁶齐、秦，德立诸夏⁷，令名美誉，载于图书，至今不灭。张仪⁸，中国⁹之人也；卫鞅¹⁰，康叔¹¹之孙也；而皆谗佞反覆，交乱四海。由斯观之，人之善恶，不必世族；性之贤

译文

所以说：仁德重要而权势轻微，地位微不足道而道义光彩荣耀。现在的评论者，多半违背了这种观点，而且还要根据其家世宗族，或者根据他是什么地方来的去论定他，那就远离了求取真贤的正确原则了。

过去从周公旦开始就不对某一个人求全责备了，何况现在他们的德行道义已经落实在行动上，就能因为其居住地的缘故而不选用他们吗？由余出生在北狄，越人蒙出生在南蛮，而在秦国、齐国建立了功劳，在中原各国树立了德望，美好的名誉，记载在图书中，至今不消失。张仪，是中原地区的人；卫鞅，是卫康叔的子孙；但都善于诋毁谄媚，反复无常，搞乱天下。由此看来，人的好坏，不一定和家世宗族相关；人性的贤良鄙陋，不一定和所处社会的习俗相关。这就像庭院中的路上会长出王荪、

鄙，不必世俗。中堂生负苞[12]，山野生兰芷。| 粗苞等野草，山陵原野中会长出兰花、白芷等香草啊。

注释

1 **蔑**：轻。
2 **九族**：古有异说，此指同姓的九代家族（高祖、曾祖、祖父、父亲、自己、儿子、孙子、曾孙、玄孙），且偏指其先辈。
3 **不求备于一人**：周公曾告诫儿子伯禽说："无求备于一人！"见《论语·微子》。
4 **由余**：春秋时人，初在戎任职，后入秦，为秦穆公重用，任上卿，帮助秦穆公谋伐西戎，灭国十二，开地千里，使穆公称霸西戎。 **五狄**：古代对我国北部月支、秽貊、匈奴、单于、白屋等五个部族的泛称，此文泛指我国北方的少数民族。
5 **蒙**：字子臧，战国时越国人，他曾受到齐威王、齐宣王的重用而使齐国一度强盛。 **八蛮**：泛指我国古代南方的少数民族，因为其中有八个部族，所以称为八蛮。
6 **施**：设，立。
7 **诸夏**：指中原各国。上古时代，我国华夏族建国于黄河流域一带，到周朝初期，又将这一带分封为诸多的诸侯国，所以称之为"诸夏"。
8 **张仪**：战国时魏国人，纵横家。苏秦游说六国合纵以抗秦，张仪则于公元前328年任秦国相国，以连横之策说六国，使六国背纵约而事秦，是主张连横的代表人物。他曾在公元前322年为秦而入魏任魏相，在公元前317年复任秦相，又在公元前313年为秦而入楚任楚相，后又返秦受封为武信君。他食言背约，所以下文说他"谖佞反复"。
9 **中国**：指中原各国。上古时代，我国华夏族建国于黄河流域一带，以为居天下之中，所以把中原一带称为中国，而将其周围地区称为东夷、南蛮、西戎、北狄。此文的"中国"与上文"五狄""八蛮"相对，其含义不同于现在的"中国"。
10 **卫鞅**：即商鞅，公孙氏，名鞅，因是卫国国君的后裔，所以称卫鞅。他是战国时杰出的政治家,法家的代表人物,在秦孝公的支持下实行变法,促成了秦国的强大。公元前340年,卫鞅攻魏,采取欺诈的手段而擒获其旧友魏将公子卬,大破魏军,故此文说他"谗佞反复"。

11 **康叔**:即卫康叔,周武王姬发少弟,名封,初封于康(今河南禹州西北),故称康叔。周公旦灭武庚后,将殷之遗民和商故都周围地区封给他,国号卫,所以他是卫国的始祖。

12 **中堂**:当作"中唐",庭院内大门至厅堂的路。　**负**:当作"萯"(fù),一种药草。　**苢**:一种茎很坚韧、可以编织草鞋与草席的草。

原文

夫和氏之璧,出于璞[1]石;隋[2]氏之珠,产于蜃蛤[3]。《诗》云:"采葑采菲,无以下体!"[4]故苟有大美可尚于世,则虽细行小瑕,曷足以为累乎?

是以用士,不患其非国士,而患其非忠;世非患无臣[5],而患其非贤。盖无羁縻[6]?陈平、韩信[7],楚俘也[8],而高祖以为藩辅[9],实平四海,安汉室;卫青、霍去病[10],平阳之私人也[11],而武帝以为司马[12],实攘北狄[13],郡河西[14]。唯其任[15]也,何卑远之有?然则所难于非此土之人、非将相之世

译文

和氏的玉璧,是从玉石中雕出来的;隋侯的明珠,是在海蚌中生出来的。《诗经》上说:"请挖芜菁拔萝卜,别因在下不采获!"所以人如果有了伟大的美德可以被世人所尊重,那么即使在小节上有点小缺点,又怎能使他受到拖累呢?

因此君主用人,不怕他不是本国人,而怕他不忠诚;不怕没有前代的功臣,而怕他不贤能。如果忠诚贤能,即使不是本国人,不是前代老臣,还不能控制吗?陈平、韩信,是西楚霸王项羽的将士,但汉高祖用他们做护卫辅佐,就平定了天下,安定了汉家王朝;卫青、霍去病,是平阳侯的家臣,而汉武帝让他们做大司马,就驱除了匈奴,在河西地区设置了郡治。只要他们有才能,还有什么卑贱、疏远的呢?这样看来,那么君主厌恶排斥那些非本国之人、非将军丞相的子孙,只能是因为他们没有那

者[16]，为其无是能而处是位，无是德而居是贵，无以我尚而不秉我势也。

个才能而占据了那个官职，没有那个德行而占据了那个高贵的地位，没有遵从我所崇尚的政治主张而不维持我的权势啊。

注释

1 **璞**：含有玉的石头。

2 **隋**：即"随"，西周初分封的诸侯国，姬姓，故城在今湖北随州南。相传随侯救了一条被斩断的大蛇，后来蛇衔了一颗很大的夜明珠来报答他，后人称之曰随侯珠，也叫明月珠。

3 **蜃**(shèn)**蛤**：蛤蜊，俗称海蚌，大的叫蜃，小的叫蛤。

4 **采**：发掘。 **葑**(fēng)：蔬菜名，即蔓菁，又名芜菁，俗称大头菜，块根肉质，白色或红色。 **菲**(fēi)：萝卜。 **无**：通"毋"。 **下体**：在下的部分，指其可供食用的块根，原诗喻指地位低微而贤慧的弃妇，此喻指地位低微的贤人。引诗见《诗经·邶风·谷风》。

5 **世非患无臣**：当作"非患无世臣"。世臣指在前代有功的旧臣。

6 **盖无羁縻**：承上文而言，意思是臣子只要"忠""贤"，那么即使不是"国士""世臣"，也能控制。盖，语助词。羁縻，马笼头与牛鼻绳，引申指束缚、控制。

7 **陈平**：汉初人，曾投奔项羽，任都尉，后来逃出投降刘邦，先任都尉、护军中尉，后封为曲逆侯。惠帝时为左丞相，吕后时为右丞相。后与太尉周勃合力，诛杀吕产、吕禄等，迎立文帝，卒安汉朝，任丞相。 **韩信**：秦末人。初从项梁、项羽，后逃亡投奔刘邦，被任为大将，屡建战功，与刘邦一起歼灭项羽，被封为楚王。

8 **楚**：指项羽一方。公元前206年秦亡后，项羽自立为西楚霸王。 **俘**：当为"将"字之误。

9 **高祖**：汉高祖刘邦，字季，号沛公。公元前206年，他率军攻占咸阳，灭秦，被项羽封为汉王。公元前202年他战胜项羽，即皇帝位，建立汉朝。 **藩**：屏障，护卫。陈平曾为高祖的参乘（陪同乘车的人）与护军，所以说"藩"。

10 **卫青**：西汉人，字仲卿，卫皇后弟。本为平阳侯家奴，后为汉武帝重用，官至大将军,封长平侯。他前后七次出击匈奴,屡建战功。　**霍去病**:西汉人,卫青姊子,官至骠骑将军,封冠军侯。他曾六次出击匈奴,和卫青共同击败了匈奴主力。

11　**平阳**:指平阳侯曹寿,他娶汉武帝姊阳信长公子(史称平阳公主)为妻,故称平阳侯。卫青曾为平阳侯家人,长大后充任平阳侯家骑,常常跟随平阳公主,但霍去病并非平阳侯家人,此文统言之,只是出于引文方便而已,无关史实。　**私人**:古时公卿大夫的家臣。

12　**武帝**:即汉武帝刘彻。他承文、景之业,对内改革,对外用兵,尊儒术。他公元前141至公元前87年在位,为西汉一代军事、政治、经济、文化的极盛时期。　**司马**:掌管军事之官,此指大司马。

13　**攘**:排斥,驱除。　**北狄**:对我国北方少数民族的统称。春秋时称北狄,秦、汉时称为匈奴。

14　**河西**:汉代指今甘肃、青海二省黄河以西地区,即河西走廊与湟水流域一带。公元前121年,霍去病等大败匈奴贵族,控制了河西地区,以其地为武威、酒泉郡。公元前111年,分武威、酒泉地置张掖、敦煌郡。

15　**任**:能,有能力,能胜任。

16　**难**:厌恶,指排斥而不任用。　**世**:儿子继承父亲之位叫"世",此文用作名词,指后嗣。

贤难

导读

贤难:贤人觉得很难。文章论述了贤人感到为难的各种事情。

作者认为,贤人感到为难的事,并不是自身的德才难以造就,而是小人的嫉妒、权奸的迫害、庸人的附和以及昏君的不明察,从而使自己不能施展才能,甚至还会遭殃。作者反复强调:贤人成就自己的德才并不难,要避免遭受迫害才是很难的。在这种政治氛围中,明智之士只得闭口不言,从而使小人当道、昏君孤立。显然,这是对黑暗的现实政治的抨击。这种黑暗的政治,其主要责任当然在君主,所以文章最后批评了"世主"见了贤人也不敢用而还要等待官员推荐的错误。这无疑反映了作者以及广大贤者因怀才不遇而对昏庸的当政者极为怨愤的情绪。

原文

世之所以不治者,由贤难[1]也。所谓贤难者,非直体聪明、服德义之谓也[2]。此则求贤之难得尔,非贤者之所难也。故所谓贤难者,乃将言乎:循[3]善则见妒,行贤则见嫉,而必遇患难者也。虞舜之所以放殛,子胥[4]之所以被诛。上圣大贤犹不能自免于嫉妒,则又况乎中世之人[5]哉?此秀士所以虽有贤材美质,然犹不得直道而行、遂成其志者也。

译文

社会之所以不能治理好,是因为贤人很为难。所谓贤人为难,并不只是指资质聪明、奉行道德仁义而言。这不过是寻求贤人时难以得到贤人的原因罢了,并不是贤人所为难的事。因此,所谓贤人的为难,那就要说啊:品德美好就被嫉妒,行为贤能就被嫉妒,从而一定会遭到祸患灾难。这就是虞舜被放逐的原因,伍子胥被处死的缘故。上等的圣人和伟大的贤人也不能使自己免遭嫉妒,更何况是社会上普通的人呢?这就是优秀的人才即使有了美好的才能、资质,但仍然不能依据正直的原则来行事从而实现自己志向的原因啊。

注释

1 难:意动用法,觉得很困难,感到难以应付。
2 直:只。 体:身体。 服:奉行。
3 循:当作"修"。

4 **子胥**:即伍子胥,名员,吴国大夫,他曾劝夫差拒绝越国求和。公元前484年,夫差伐齐,他又以越为心腹之患,劝勿攻齐。夫差怒,赐剑逼他自杀,因死。
5 **中世之人**:当作"世之中人","中人"与"上圣""大贤"相对,指平常之人。

原文

处士不得直[1]其行,朝臣不得直其言,此俗化之所以败、暗君之所以孤也。齐侯[2]之以夺国,鲁公[3]之以放逐,皆败绩厌覆于不暇[4],而用[5]及治乎?故德薄者恶闻美行,政乱者恶闻治言,此亡秦之所以诛偶语而坑术士也[6]。

译文

不做官而隐居在家的人不能正直地做事,在朝廷的大臣不能正直地说话,这就是习俗风气败坏、昏君孤立的缘故啊。齐国国君因此被夺去了国家的政权,鲁国国君因此而被放逐,他们都溃败倾覆得无暇自顾了,还哪里来得及治理呢?所以德行不厚的人不喜欢听见善良的行为,政治搞不好的人不喜欢听到治国的言论,这就是覆灭的秦王朝要处死在一起谈论《诗经》《尚书》的人以及活埋儒生的原因啊。

注释

1 **直**:使动用法,使……正直。
2 **齐侯**:指春秋时齐简公吕壬。公元前481年,他不听大夫田鞅的劝谏,结果被田常所杀。田常拥立齐平公,任相国。从此,齐国吕氏的政权完全由田氏所控制。
3 **鲁公**:指鲁昭公或鲁哀公。公元前517年,鲁昭公攻打季平子,叔孙氏、孟孙氏救季氏,三家联合攻打昭公,昭公败而逃到齐国。公元前468年,鲁哀公想利用诸侯来挟制三桓,因而君臣之间不和,结果三桓攻打哀公,哀公逃到卫国、邹国、越国。
4 **败绩**:溃败。　**厌**(yā):通"压",倾倒。
5 **用**:犹"何"。
6 **偶语**:人与人一起谈论。偶,对,两人相对。　**术士**:指儒生。公元前

213年，丞相李斯建议："有敢偶语《诗》《书》者，弃市。"秦始皇批准了他的办法。公元前212年，下令御史查问制造妖言蛊惑百姓的儒生，结果有触犯禁令的儒生四百六十余人被坑于咸阳。

原文

今世俗之人，自慢其亲而憎人敬之、自简其亲而憎人爱之者不少也。岂独品庶，贤材时有焉。邓通幸于文帝[1]，尽心而不违，吮痈而无吝[2]色。帝病[3]不乐，从容曰："天下谁最爱朕者乎？"邓通欲称太子[4]之孝，则因对曰："莫若太子之最爱陛下也。"及太子问疾，帝令吮痈，有难之色。帝不悦而遣太子。既而闻邓通之常吮痈也，乃惭而怨之。及嗣帝位，遂致通罪而使至于饿死。故邓通行所以尽心力而无害人，其言所以誉太子而昭孝慈也。太子自不能尽其称，则反结怨而归咎焉。称人之长，欲彰其孝，且犹为罪，又况明人之短、矫世者哉？

译文

现在社会上的人，自己怠慢自己的父母而又憎恨别人尊敬他们、自己怠慢自己的父母而又憎恨别人爱护他们的为数不少。哪里只是群众百姓如此，就是贤能的人才中也时常发生这种情况。邓通受到汉文帝的宠爱，尽心竭力而不违拗，给文帝吮吸毒疮而没有不乐意的脸色。文帝感到为难而闷闷不乐，从容不迫地说："天下之人谁是最爱我的呢？"邓通想称赞太子的孝顺，就接着回答说："没有人像太子那样最爱您了。"等到太子来问候疾病时，文帝叫他吮吸毒疮，太子便有为难的脸色。文帝心中不乐而把太子打发走了。过后太子听说邓通常常给文帝吮吸毒疮，便感到惭愧而怨恨邓通。等到太子继承了帝位，就使邓通获致了罪名而使他落到了饿死的境地。所以，邓通所做的是尽心效劳而并没有损害别人，他所说的是称赞太子而彰明对上孝敬、对下慈爱的父子之道。太子自己不能完全做到邓通所称赞的孝道，却反而结下了怨恨而归罪于邓通。称赞别人的长处，想表彰他的孝心，尚且成了罪过，更何况是指明别人的短处、矫正世俗的行为呢？

注释

1 **文帝**：汉文帝刘恒，在位时减轻田租、赋役和刑狱，促进了农业的发展，使全国经济渐次恢复，政治稳定。他与其子景帝两代的统治，史家誉为"文景之治"。
2 **吝**：吝惜，内心为难而不愿意。
3 **病**：犹"难"。
4 **太子**：即文帝的儿子刘启（汉景帝）。

原文

且凡士之所以为贤者，且[1]以其言与行也。忠正之言，非徒誉人而已也，必有触焉；孝子之行[2]，非徒吮痈而已也，必有驳[3]焉。然则循[4]行论议之士，得不遇于嫉妒之名，免于刑戮之咎者，盖其幸者也。比干[5]之所以剖心，箕子之所以为奴，伯宗[6]之以死，郤宛[7]之以亡。

译文

还有，一般说来，士人之所以能成为贤人，一定是靠了他们的言论与行动。忠诚正直的言论，不单单是称赞别人而已，也一定会对别人有所冒犯；孝子似的行为，不单单是吮吸毒疮而已，也一定会使别人有所抵触。这样的话，那么品德美好行为贤能而议论是非的士人，能够不遭受因人嫉妒而带来的恶名，避免受刑杀戮的罪过，大概要靠他的幸运了。这就是比干被剖开心脏、箕子假装成奴仆的缘故，也就是伯宗被杀、郤宛灭亡的原因。

注释

1 **且**：犹"必"。
2 **孝子之行**：指上文所说的邓通"尽心而不违，吮痈而无吝色"的行为。
3 **驳**：不一致，抵触。
4 **循**：当作"修"。
5 **比干**：商朝的贤臣，商纣王的叔父，商王文丁（太丁）的儿子，故又称王子比干。传说纣淫乱，比干强谏，纣怒，说："我听说圣人心眼多，有七个孔。"于是就剖开比干的胸腹来观看他的心脏。

6 伯宗：晋国大夫,他的贤能超过了诸大夫而又好直言,受到了诸大夫的嫉妒。公元前576年,郤锜、郤犨、郤至说坏话诬陷他而把他杀了。
7 郤(xī)宛：字子恶,楚国左尹(楚国最高长官令尹之副职)。他为人正直而温和,受到国人的喜爱,公元前515年被费无极诬害而自杀,并被灭族。

原文

夫国不乏于妒男也,犹家不乏于妒女也。近古以来,自外及内,其争功名、妒过己者,岂希也？予以唯两贤为宜不相害乎？然也,范雎绌白起[1],公孙弘抑董仲舒[2]。此同朝共君宠禄争[3]故邪？唯殊邦异途、利害不干者为可以免乎？然也,孙膑修能于楚[4],庞涓[5]自魏变色,诱以刖之[6];韩非[7]明治于韩,李斯[8]自秦作思,致而杀之。嗟！士之相妒,岂若此甚乎？此未达于君,故受祸邪？唯见知为可以将信乎[9]？然也,京房数与元帝[10]论难,使制考功而选守[11];晁错雅为景帝所知[12],使条汉法而不乱[13]。夫二子之于君

译文

国家不缺嫉妒的男人,就像家庭不缺嫉妒的女人一样。从不远的古代到现在,从国外到国内,那些争夺功劳名誉、嫉妒超过自己的人,难道还少吗？我要是认为只需两位贤人在一起就该不互相嫉妒了吧？但是啊,范雎贬退白起,公孙弘压制董仲舒。这是因为他们同在一个朝廷、共同侍奉一个君主而争夺尊宠和官禄的缘故么？那么只要居住在不同的国家、走不同的道路、得利受害互不相干的人就可以避免这种情况了吧？但是啊,孙膑在楚国锻炼了自己的才能,庞涓却在魏国大惊失色,把他诱骗来砍掉了他的脚；韩非在韩国著书阐明治国的方法,李斯却在秦国动脑筋,把他弄来杀了。唉！有才之士的相互嫉妒,难道一定会像这样厉害么？这是因为他们还没有被君主了解,所以才遭殃的么？那么只要被君主赏识就可以一定得到信任了吧？但是啊,京房屡次与元帝辩论驳难,元帝让他制定了考核官吏功绩的办法而选拔他当郡守；晁错一向为景帝所赏识,景帝让他整理了汉朝的法令而使它们有条不紊。

也,可谓见知深而宠爱殊矣。然京房冤死[14]而上曾不知,晁错既斩而帝乃悔[15]。此材明未足卫身,故及难邪?唯大圣为能无累乎?然也,帝乙以义故囚,文王以仁故拘。夫体至[16],行仁义,据南面师尹卿士[17],且犹不能无难。然则夫子削迹[18],叔向缧绁[19],屈原[20]放沉,贾谊[21]贬黜,锺离[22]废替,何敞[23]束缚,王章[24]抵罪,平阿[25]斥逐,盖其轻士者也。

这两位先生和君主的关系,可以说是被了解得很深而受到的宠爱也很特殊的了。但是京房冤屈被杀而皇上却不知道,晁错已被砍头而景帝才后悔。这是因为他们的资质聪明还不够用来保护自己,所以才遭到祸患的么?那么只要是伟大的圣人就能没有祸患了吧?但是啊,商汤因为奉行道义而被囚禁,周文王因为仁德而被拘禁。他们的资质达到了最高的境界,奉行仁德道义,占据了国君、公、卿的地位,但还是不能没有灾难。这样的话,那么孔夫子在卫国被埋没,叔向被囚禁,屈原被流放而投江沉没,贾谊被贬官降职,锺离意被废弃,何敞被捆绑,王章被治罪,平阿侯王仁被排斥放逐,大概要算是遭殃者中地位较轻微的人了。

注释

1 **范雎**:一作范且(jū),战国时魏国人,因事为须贾陷害,被魏相魏齐派人打断了肋骨,装死得免。后化名为张禄,靠了魏国人郑安平的帮助,由秦国的使者王稽带到秦国。他游说秦昭王,驱逐了专权的秦相魏冉,于公元前266年任秦相,受封于应邑(在今河南鲁山东北),号应侯。公元前260年,他用反间计于赵,因而赵王命赵括替代廉颇为将而与秦战于长平(在今山西高平西北),秦将白起大胜赵军。他嫉妒白起之功,进言昭王,昭王迫令白起自杀。　**绌**(chù):通"黜",废黜,贬退。　**白起**:秦将,屡获战功,因功封武安君。后与范雎不和,称病不起,被免为士伍,不久被迫自杀。

2 **公孙弘**:狱吏出身,四十多岁才学《春秋》杂说,其研究《春秋》不如董仲舒,但他议事常顺武帝之意,能用儒家学说来解释法令,故为武帝所宠幸,位至丞相,封平津侯。董仲舒视之为阿谀奉承的小人,公孙弘因此而忌恨董仲舒,并暗中报复,对汉武帝说:"只有董仲舒可以做胶西王的相国。"于是董仲舒被调任胶西王相。

3 **宠禄争**:当作"争宠禄"。
4 **孙膑**:齐人,孙武的后代,战国时兵家。　**修能于楚**:孙武曾为吴将而西破强楚,此文盖将孙武事误为孙膑之事。修,整饬。
5 **庞涓**:战国时魏人,曾与孙膑同学兵法而不如孙膑,后为魏惠王将军,因妒忌孙膑的才能而把他骗至魏国,施以膑刑,断其两足。
6 **以**:而。　**刖**(yuè):把脚砍掉的酷刑。
7 **韩非**:战国后期韩国的宗族公子,杰出的政治理论家,法家的代表人物。他曾与李斯一起师事荀卿,李斯自以为不如。秦王政(秦始皇)读到他写的《孤愤》《五蠹》等文章,十分赞赏,欲见韩非而攻韩。韩非为此而出使秦国,为李斯、姚贾陷害而被迫自杀。
8 **李斯**:战国末楚国人,曾与韩非一起从荀卿学帝王之术,后入秦为客卿。秦统一六国后,任丞相。
9 **见**:被。　**将**:犹"必"。
10 **元帝**:汉元帝刘奭,爱好儒术而优柔寡断,重用宦官弘恭、石显,开以后宦官外戚迭相为政的局面,西汉因此由盛而衰。
11 **使制考功而选守**:汉元帝曾下诏让京房制定"考功课吏法",后来京房又与元帝言灾异,意指天变由于任用了石显。石显等怨恨京房,想让他远离朝廷,就建议用京房为郡守,于是元帝命京房任魏郡太守,试行考功法。考功,考核功绩。选,量才授官。
12 **晁错**:汉文帝时为太子家令,号称"智囊"。太子刘启即位为景帝后,他升迁为御史大夫,建议削减诸侯王封地以尊崇朝廷的地位,引起诸侯王的反对。公元前154年,吴、楚等七国以"清君侧"杀晁错为名起兵叛乱,景帝听从窦婴、袁盎之言,斩晁错于东市以谢七国。　**雅**:平素,向来。
景帝:即汉景帝刘启,他即位后采纳晁错的意见,削减诸侯王势力,接着又平定了吴、楚七国之乱,巩固了中央集权制,与文帝一代被史家共誉为"文景之治"。
13 **使条汉法而不乱**:晁错所受到的宠幸超过了九卿,所以由他更定了原有的法令三十章。

14 **京房冤死**:公元前37年,京房出为郡守后不久,石显便诬以"非谤政治,归恶天子"而将他下狱弃市。

15 **帝乃悔**:晁错被杀后,邓公进见景帝说:"吴王蓄意谋反已数十年,杀晁错只是借口而已,根本不会因晁错被杀而罢兵。而晁错主张削减诸侯王以尊崇朝廷,实为万世之利。因而杀晁错,对内便杜绝了忠臣之口,对外反替诸侯王报了仇,实在不当。"于是景帝深感后悔。

16 **至**:极。

17 **师尹**:百官之长,指地位仅次于君主的执政大臣,也称"公",相当于后世的丞相。 **卿士**:古有二义,一专指王朝的执政者,一泛指在朝的众卿,即中央政府中分管具体事务的各部门的最高长官。此文当为后一义。由于各个朝代所分部门不同,所以古代有"六卿""九卿"等不同的设置,其官职名称也不一致。

18 **夫子**:对孔子的尊称。 **削迹**:消灭车子辗出的痕迹,引申为匿迹、埋没。孔子在卫国不受重用的事迹详见《史记·孔子世家》。

19 **叔向缧绁**(léixiè):公元前552年,晋国栾盈好施舍,得士心,范宣子士匄逐之,并杀其同党。叔向之弟羊舌虎为栾盈的党羽而被杀,叔向也同时被囚禁。缧绁,捆绑犯人的大绳子。此用作动词,表示囚禁。

20 **屈原**:战国时楚国贵族,名平,字原,楚怀王时任左徒、三闾大夫,顷襄王时遭令尹子兰等谗毁,被流放于江南。他见楚国政治腐败,无法挽救,就在五月初五投汨罗江而死。

21 **贾谊**:西汉人,才能出众,任太中大夫。文帝想把他提升为公卿,由于周勃、灌婴等人的嫉妒毁谤,他被贬为长沙王太傅,后又为梁怀王太傅。因梁怀王落马死,他也悲伤而死。

22 **锺离**:指锺离意,字子阿。汉明帝即位后任尚书、尚书仆射。明帝苛察,群臣都不敢作声,只有锺离意敢谏诤,劝他"缓刑罚"。明帝心知其诚意而不能采用他的意见,因此把他调出朝廷任鲁相。

23 **何敞**:东汉人,字文高,为人公正。汉和帝时先后为侍御史、尚书。因愤恨蔡伦而为蔡伦所憎,蔡伦告他装病不斋祠庙,被判罪,死于家中。

24 **王章**:西汉人,字仲卿,敢于直言,汉成帝时为京兆尹。当时成帝的舅父大将军王凤辅政,王章反对王凤的专权,劝成帝贬退王凤,另选忠贤。成帝不忍贬退王凤,王章便遭王凤陷害,被判大逆之罪,死于狱中。
25 **平阿**:侯国,治所在今安徽凤台东北。此文指平阿侯王仁。他虽与王莽同辈,但为人刚直,王莽怕他。元始三年(3),王莽命大臣告他有罪,因而被遣回封地,接着又被迫自杀。

原文

《诗》云:"无罪无辜,谗口嚣嚣。"¹"彼人之心,于何不臻?"² 由此观之,妒媢³之攻击也,亦诚工矣!贤圣之居世也,亦诚危矣!

译文

《诗经》上说:"我本无罪又无辜,毁谤之嘴乱嘈嘈。""那个人的鬼心肠,什么主意想不到?"由此看来,嫉妒的人攻击起别人来,也真是很巧妙的了!贤能圣哲的人生活在世界上,也真是够危险的了!

注释

1 **嚣嚣**:嚣,通"嗷",形容声音很多而嘈杂的样子。以上两句诗见《诗经·小雅·十月之交》。
2 **臻**:至。以上两句诗见《诗经·小雅·菀柳》。
3 **妒媢**:当为"妒媢(mào)",即嫉妒。此文指嫉妒之人。媢,当为"媢"之形误。

原文

故所谓贤难也者,非贤难也,免则难也。彼大圣群贤,功成名遂,或爵侯、伯,或位公、卿,尹据天官¹,柬²在帝心,宿³夜侍宴,名达而犹有若此,则又况乎

译文

所以,所谓贤人为难,并不是使自己贤能很难,而是使自己避免祸患很难啊。那些伟大的圣人和众多的贤人,功成名就,有的封为侯爵、伯爵,有的处在公、卿的高位上,官居宰相,而他们被选用也是出于皇帝的考虑,还从早到晚陪着皇帝宴饮,名声如此显赫高贵,却还有像这样的祸患,那么更何况

畎亩佚民、山谷隐士、因人乃达、时论乃信者乎⁴？此智士所以钳口结舌、括囊共默而已者也⁵。

是田野中的避世之人、山谷中的隐居之士、依靠别人的宣传才能够显达、凭借别人的评论才能够伸展抱负的人呢？这就是明智之士只是闭住嘴巴不动舌头、紧锁自己明智的脑袋而拱着手沉默不言的原因啊。

注释

1 **尹**：官。 **天官**：据《周礼》，天官为冢宰，居六卿之首，为百官之长，辅佐帝王治理国家。
2 **柬**：选择。
3 **宿**：通"夙"，早。
4 **佚**：通"逸"，隐退。 **时**：通"恃"，依赖，凭借。
5 **括囊**：扎住口袋，比喻藏起心智而闭口不言。 **共**(gǒng)："拱"之本字。

原文

且间阎凡品¹，何独识哉？苟望尘僄声而已矣²。观其论也，非能本闺阃³之行迹、察臧否之虚实也，直以面誉我者为智、谄谀己者为仁、处⁴奸利者为行、窃禄位者为贤尔，岂复知孝悌之原、忠正之直、纲纪之化、本途之归哉⁵？此鲍焦所以立枯于道左、徐衍所以自沉于沧海者也⁶。

译文

再说里巷中的普通老百姓，只知道些什么呢？他们只是苟且地看风头、听名声罢了。看看他们的议论，并不能根据自己观察到的行踪来审查人家的褒贬是虚是实，而只是把当面赞扬自己的人看作明智、把谄媚奉承自己的人看作仁慈、把一心牟取不正当利益的人看作有德行、把窃取官秩爵位的人看作贤能罢了，哪里还知道什么孝顺父母敬爱兄长的根本道理、忠诚正直的道德原则、礼仪制度的教育感化、根本的治国原则的旨归呢？这就是鲍焦站着在路东枯槁而死的原因、徐衍投身沉没于大海的缘故啊。

注释

1. **闾阎**:里巷的门,此泛指民间。 **品**:众人。
2. **望尘**:看车马扬起的尘土,指看风头。 **僄**(piào):通"剽",掠取。
3. **闻闟**(yú):即"窥闟",暗中察看,泛指观察。闻,当为"窥"之音误。
4. **处**:居住,指一心扑在上面。
5. **直**:义。 **纲纪**:使社会得到治理的主要准则,指礼制。 **本途**:根本的道路,指正确的治国之道。 **归**:归宿,结局。
6. **鲍焦**:周代隐士,廉洁自守,拾橡充饥,耕田而食,穿井而饮,不臣天子,不友诸侯,子贡讥笑他,他抱木立枯而死于洛水边。 **左**:东边。 **徐衍**:周代末年人,安分守节,因不愿与朝廷上的奸臣相互勾结去迷惑君主之心而为奸臣所嫉恨,于是抱着石头投海而死。

原文

谚曰:"一犬吠形,百犬吠声。"世之疾此,固久矣哉!吾伤世之不察真伪之情也,故设虚义以喻其心,曰:今观宰司之取士也,有似于司原之佃也。昔有司原氏者,燎猎中野,鹿斯东奔,司原从而噪之。西方之众有逐豨者,闻司原之噪也,竞[1]举音而和之。司原闻音之众,则反[2],辍己之逐而往伏焉。遇夫俗恶[3]之豨。司原喜,而自以获白瑞

译文

谚语说:"一条狗看见了陌生的形体才乱叫,上百条狗听见了声音就乱叫。"世人犯这个毛病,本来已经很久啦!我伤心世人不能审查是真是假的情况,所以假设了一个虚构的道理来晓谕他们的心,说:现在看看宰相录取人才,有点像司原氏打猎。从前有个叫作司原氏的人,打着火把在田野中打猎,鹿就向东逃跑,司原一边追赶它一边叫嚷着。西边的群众有追赶猪的,听见司原的叫嚷,便一起提高了嗓音应和他。司原听见那人声这样多,就回过头来,中止了自己的追赶而去埋伏在那里,便碰上了那头曾经钻在白土中的大猪。司原很高兴,自以为得到了具有白色吉兆的珍贵禽兽,于是拿出全部的饲料、掏空了粮仓来喂养它。猪一会儿低着

珍禽也,尽刍豢、单困仓以养之⁴。豕俯仰嚘呷,为作容声,司原愈益珍之。居无何,烈风兴而泽⁵雨作,灌巨豕而恶涂渝⁶。豕骇惧,真声出,乃知是家之艾豭尔⁷。此随声逐响之过也。众遇之未赴,信焉⁸。

头,一会儿又抬起头呦呦地叫,对着司原故意做出娇媚的举动、发出娇媚的叫声,司原更加珍视它了。过了没多久,猛烈的风刮起来而大雨下起来,冲到大猪身上而白色的烂泥往下掉。猪惊慌恐惧,真正的声音叫出来,司原才知道它只是家养的老公猪罢了。这是依从别人的呼声、跟着别人的喊声去追求而造成的过错啊。众人碰上了这头猪而没去追赶,是因为知道了这猪的实情啊。

注释

1 竞:并。
2 反:同"返"。
3 俗恶:当为"浴垩"之误。垩,白土。
4 刍豢:喂牲口的草与谷。 单:通"殚"(dān),竭尽。
5 泽雨:当为"淫雨",即连续不停的过量的雨,此指大雨。泽,当作"淫"。
6 恶:当为"垩"字之误。 渝:泛滥,溢出,指雨水拌着垩土浆从猪身上掉下来。
7 艾:老。 豭(jiā):同"豭",公猪。
8 信:真实,指了解实情。 焉:于之,对于猪。

原文

今世主之于士也,目见贤则不敢用,耳闻贤则恨不及。虽自有知也,犹不能取,必更待群司之所举,则亦惧失麟鹿而获艾豭。奈何其不

译文

现在的国君对于士人,亲眼看见他贤能却不敢任用,耳朵听见了谁贤能就为得不到他而遗憾。即使自己对人已有了了解,还是不能录用,一定再要等各个主管官员的推荐,那么我也就怕他会失去那大母鹿而得到那老公猪。为什么他不能辨别呢?

分者也?未遇风雨之变者[1]故也。俾使一朝奇政雨集,则险隘之徒,阘茸之质,亦将别矣。

是因为还没有遇到大风暴雨的缘故啊。假如有一天不寻常的政事像暴雨一样集中来临,那么险恶的党徒,低能的资质,也就会剔出来了。

注释

1. **风雨之变者**:指暴风雨。它语带双关,既指上文的"烈风兴而泽雨作",又喻指政治风暴。变,灾异,指反常的自然现象。

原文

夫众小朋党而固位,谗妒群吠啮贤,为祸败也岂希?三代之以覆,列国之以灭。后人犹不能革,此万官所以屡失守,而天命数靡常者也[1]。《诗》云:"国既卒斩,何用不监?"[2]呜呼!时君俗主,不此察也。

译文

那些小人们拉帮结派来巩固自己的地位,毁谤妒忌而成群地叫嚷来乱咬贤人,造成的祸害难道还少吗?夏、商、周三代因此而倾覆,东周各诸侯国因此而灭亡。后代的君主仍然不能改变这种情况,这就是群臣百官屡次失去官职的原因,也是上天的意旨屡次变化无常的缘故啊。《诗经》上说:"国家命脉已全断,你为什么不察看?"唉!当代的帝王、平庸的君主就是无视这种情况啊。

注释

1. **数**(shuò):屡次。　**靡**:无。
2. **卒**:尽。　**用**:以。引诗见《诗经·小雅·节南山》。

第二卷

明 暗

导读

明暗：英明和昏乱。文章主要论述了君主兼听则明、偏信则暗的道理。

作者认为，国家的"治""乱"，取决于君主的"明""暗"；而君主是"明"还是"暗"，在于他是"兼听"还是"偏信"。因此，君主必须听取多方面的意见，不能只偏听偏信宠幸之人，而特别应该虚心听取卑贱之人的意见。这样的话，地位高贵的权臣就不能再胡说八道进行欺骗了。如果怠慢卑贱者而只听信权贵，那就会使法治混乱、君主孤立而亡国。因此，英明的君主总是尊敬卑贱的人，以此来招引贤才，了解下情。

文章着重揭露了权奸嫉妒正直之士进言君主的心理以及蒙蔽君主、埋没贤才的现实，明确地指出，正是因为当权的宠臣从中作梗，才使得"思善之君"和"愿忠之士"虽并生一世而终不得相遇。作者怀才不遇之怨愤于此溢于言表，与韩非的《孤愤》可谓异曲同工。

原文

国之所以治者，君明也；其所以乱者，君暗也。君之所以明者，兼听也；其所以暗者，偏信也。是故人君通必[1]兼听，则圣日广矣；庸说偏信[2]，则愚日甚

译文

国家之所以治理得好，是因为君主英明；国家之所以混乱，是因为君主昏庸。君主之所以英明，是因为同时听取各方面的意见；君主之所以昏庸，是因为只听信单方面的意见。所以，君主打破了自己的固执而同时听取各方面的意见，那么自己的圣明就会一天比一天扩大；重用宠幸的人而只听信一方面的意见，那

矣。《诗》云:"先民有言:询于刍荛。"³

么自己的愚昧就会一天比一天厉害。《诗经》上说过:"古人曾经有句话:要向樵夫去请教。"

注释

1 必:专必,指固执于一个方面。
2 庸:用。 说(yuè):通"悦",喜爱,此用作名词。
3 刍荛(chúráo):割草打柴的人。引诗见《诗经·大雅·板》。

原文

夫尧、舜之治,辟四门¹,明四目²,达四聪³,是以天下辐凑而圣无不昭⁴。故共⁵、鲧之徒,弗能塞也;靖言庸回⁶,弗能惑也。秦之二世⁷,务隐藏己而断百僚⁸,隔捐疏贱而信赵高⁹。是以听塞于贵重之臣,明蔽于骄妒之人。故天下溃叛,弗得闻也;皆高所杀,莫敢言之。¹⁰周章至戏乃始骇¹¹,阎乐进劝乃后悔¹²,不亦晚矣?故人君兼听纳下,则贵臣不得诬,而远人不得欺也;慢贱信贵,则朝廷谠言无

译文

尧、舜治理天下的时候,广开四方的言路,对四方的考察务求明白清楚,对四方的打听务求上通下达,因此天下的情况就像车轮上的辐条聚集于车毂一样集中到君主那里,君主圣明得没有什么地方不能洞察。所以,共工、鲧这种人,不能蒙蔽他们;花言巧语、歪门邪道,不能迷惑他们。秦朝的二世皇帝,致力于把自己隐藏起来而和群臣百官隔绝,脱离抛弃了关系疏远、地位低下的人而只相信赵高。因此他的耳朵被高贵掌权的大臣所堵塞,他的眼睛被骄横嫉妒的小人所蒙蔽。所以天下人像洪水冲破堤坝一样纷纷逃散叛乱,他却听不到一点消息;大臣公子都被赵高杀了,也就没有人敢说话了。周章之军到了戏亭他才开始害怕了,阎乐上前劝他自杀他才后悔,不也太晚了么?所以君主听取多方面的意见、采纳下面的建议,那么地位高贵的权臣就不能胡说八道,而远方的人也无法进行欺骗了;怠慢地位卑下的人而听信权贵,那么朝廷上正直的话就无法听到,

| 以至,而洁士奉身伏罪于野矣[13]。 | 而清白纯洁的高士也就保持自己的节操而认罪退隐到民间了。 |

注释

1 **门**:门路。此下三句用《尚书·舜典》文。
2 **明**:明白,清楚,此用作使动词。 **目**:看。
3 **达**:通,此用作使动词。 **聪**:听清楚,指听。
4 **辐凑**:同"辐辏",车轮上的辐条聚集在车毂上叫"辐辏",比喻向中心聚集。 **昭**:通"照"。
5 **共(gōng)**:指尧的大臣共工,他和驩兜、三苗、鲧被并称为四凶。传说尧想把帝位传给舜,鲧和共工劝谏说:"哪能把帝位传给平民百姓呢?"尧没有听从。孔子因此称赞尧不因为那些迷惑自己的话而败坏了自己所明察的事。
6 **靖言**:精心谋划过的言论,即花言巧语。靖,通"静",谋虑。 **庸**:用,指用事,行事。 **回**:邪僻。
7 **二世**:秦朝的第二代皇帝胡亥。
8 **务隐藏已而断百僚**:赵高曾劝说二世:"陛下年轻,未必通晓各种事务,若与大臣在朝廷上议事,万一失误,就向群臣暴露了短处,不能显出自己的高明。"于是二世常居宫禁中,一切事情由赵高决定,大臣很少能见到二世。
9 **赵高**:秦朝宦官,公元前210年,与李斯伪造遗诏,立胡亥为二世皇帝,任郎中令,控制朝政。
10 **天下溃叛,弗得闻也**:陈胜起义后,函谷关以东起来造反而自立为诸侯王的人多得不可胜数,使者如实报告,二世却听了生气,将使者法办。于是后来的使者便说:"只是一帮土匪,现在已全部抓到,不值得忧虑。"二世便高兴了。赵高也屡次说关东之盗不能有所作为,所以二世对天下之乱一无所知。 **皆高所杀,莫敢言之**:赵高曾与二世合计,杀戮群臣与诸公子,从此大臣不敢劝谏。后来赵高又指鹿为马而问左右大臣,凡说是鹿的都被赵高法办,后来群臣都怕他而不敢说话。

11 **周章**:字文,为陈胜手下之将,奉命攻秦,至戏,兵至数十万,被秦将章邯打败。 **戏**(xī):又名戏亭,在今陕西西安临潼东北戏水西岸。
12 **阎乐进劝乃后悔**:公元前207年,赵高和阎乐合谋杀二世。阎乐率领吏卒一千多人到二世当时的住处望夷宫,当面责问二世:"您骄横放肆,杀人无数,荒淫无道,天下人一起背叛您,您还是自己想个办法吧。"二世这才悔悟,先请求见一下赵高,最后又请求做个平民百姓。阎乐说:"我受丞相(赵高)之命,替天下人杀您。"于是二世只好自杀。阎乐,赵高的女婿,当时为咸阳令。
13 **奉**:持。 **伏**:承认。

原文

夫朝臣,所以统理,而多¹比周,则法乱;贤人,所以奉己²,而隐遁伏野,则君孤。法乱君孤而能存者,未之尝有也。是故明君位³众,务⁴下言以昭外,敬纳卑贱以诱贤也。其无距⁵言,未必言者之尽可用也,乃惧距无用而让⁶有用也;其无慢贱,未必其人尽贤也,乃惧慢不肖而绝贤望也。是故圣王表小以厉大⁷,赏鄙以招贤,然后良士集于朝,下情达于君也。故上

译文

朝廷上的大臣,是用来帮助君主统治国家的,如果拉帮结派紧密勾结,那么法制就会混乱;有德才的人,是用来辅助君主的,如果隐藏、逃避、潜伏在民间,那么君主就孤立了。法制混乱、君主孤立而国家能存的,还不曾有过啊。所以英明的君主统治民众,致力于采纳下面的意见来洞察朝廷外面的情况,尊敬卑贱的人来引诱贤能的人。他不拒绝任何意见,不一定是别人的意见都可以采用,只是怕拒绝了没有用的意见因而把有用的意见也排斥在外了;他不怠慢卑贱的人,不一定是那些人都贤能,只是怕怠慢了不贤能的人因而断绝了贤人的希望。所以圣明的帝王表彰卑贱之人来勉励尊贵之人,赏赐鄙陋之人来招引贤人,这样做了以后,贤良的人才就会聚集到朝廷上来,下面的情况就会通报给君主。所以君主没有疏漏失误的决策,

无遗失之策,官无乱法之臣。此君民之所利,而奸佞之所患也。

官府没有扰乱法制的臣子。这是君主和人民都感到有利的事,也是邪恶奸巧的人共同担忧的事啊。

注释

1 多:当作"朋党"。
2 奉:辅助,拥戴。 己:此指君主。
3 位:通"莅",其本字当作"隶"(lì),从上监视,统治。
4 下句之"纳"当在此句"务"字下。
5 距:通"拒"。
6 让:通"攘"。
7 小:指小人,地位低微的人。 厉:通"励"。 大:指大人,地位尊贵的人。

原文

昔张禄一见而穰侯[1]免,袁丝进说而周勃黜[2]。是以当涂[3]之人,恒嫉正直之士得一介[4]言于君以矫其邪也。故上饰伪辞以障主心,下设威权以固士民。赵高乱政,恐恶闻上,乃预要[5]二世曰:"屡见群臣,众议政事,则默[6],默且示短。不若藏己独断,神且尊严。天子称朕[7],固但[8]闻名。"二世于是乃深自幽隐,独进赵高。赵高

译文

从前张禄一见到秦昭王,穰侯就被罢免了;袁盎向汉文帝进言,周勃就被贬退了。因此掌权的人,常常憎恨正直的人得到某一个机会向君主进说来纠正自己的邪恶。所以,他们粉饰其诡诈的言辞来蒙蔽君主的心,对下摆出其威势权力来稳住士人和百姓。赵高搞乱了政局,怕自己的罪恶被皇帝听说,就预先劝阻二世说:"你经常会见群臣,和大家一起议论政事,那就不受尊敬了,不受尊敬就会暴露短处。所以不如把自己隐藏起来独自一个人来决断,那样就既神通又有尊严。天子自称朕,本来就只能让别人听到他的名声。"二世从此就深深地把自己隐藏在宫中,单单让赵高进去见他。赵

入称好言以说主,出倚诏令以自尊。天下鱼烂[9],相帅[10]叛秦。赵高恐惧,归恶于君,乃使阎乐责而杀[11]。愿一见高,不能而死。

高进宫后就说好话来使皇帝高兴,出宫后就倚仗皇帝的命令来抬高自己的地位。天下就像鱼腐烂了一样不可收拾,相继反秦。赵高恐惧了,便把罪恶归结到皇帝身上,于是派阎乐去谴责二世而把他杀死。二世请求见一下赵高,没能达到目的就被杀死了。

注释

1. **穰(ráng)侯**:即魏冉,秦昭王母宣太后的异父弟,昭王时四次任相,因功封于穰邑(位于今河南邓州),又加封陶邑(在今山东菏泽定陶西北),号称穰侯。范雎入秦后,游说昭王,说在秦国只听见有太后、穰侯而不听说有大王,恐怕大王会被他们篡权。于是昭王改用范雎为相,他被罢免,并被驱逐至封国,死于陶。

2. **袁丝**:即袁盎,字丝,西汉大臣,吴、楚七国以诛晁错为名而叛乱,他进说景帝而杀了晁错,平叛后任楚相。　**周勃**:秦末从刘邦起义,以军功为将军,封绛侯,公元前189年任太尉。公元前180年,吕后死,周勃与陈平等共诛诸吕,拥立文帝。文帝即位,他任右丞相,袁盎任中郎。袁盎对文帝说:"吕后在世、诸吕当权时,周勃身为太尉,掌兵权,却不能整治。吕后死了,正好大臣们都背叛诸吕,他才能成功。现在丞相对您有骄傲的神色,而您却谦让,这样君臣都有失礼节,不可取。"于是文帝上朝时脸色威严,周勃害怕灾祸临头,就请求辞职,后遂被免相。

3. **当涂**:当道,掌权。涂,通"途",指仕途。

4. **介**:间也,间隙,机会。

5. **要(yāo)**:拦截,阻止。

6. **黩(dú)**:轻慢,亵渎。

7. **朕**:我。"朕"本来是迹象的意思,所以赵高用它来附会说:天子自称朕,按本来的意思,就是只能让别人看到一些迹象,不能和群臣见面。

8. **但**:只。

9. **鱼烂**:鱼自身腐烂,比喻内乱不可收拾。

10 **帅**:遵循。
11 **杀**:下当有"之"字。

原文

夫田常¹囚简公,踔齿悬湣王²,二世亦既闻之矣,然犹复袭其败迹者,何也?过在于不纳卿士之箴规,不受民氓之谣言,自以己贤于简、湣,而赵高贤于二臣也。故国已乱而上不知,祸既作而下不救。此非众共弃君,乃君以众命系赵高,病自绝于民也。后末世之君危,何知之哉?舜曰:"予违,汝弼。汝无面从,退有后言。"³故治国之道,劝之使谏,宣⁴之使言,然后君明察而治情通矣。

译文

田常囚禁齐简公,卓齿吊死齐湣王,二世也已经听说过这些事了,但还是重蹈了他们的覆辙,为什么呢?那错误就在于不接受在朝大臣的规劝,不听取民众的歌谣谚语,自己认为自己比齐简公、齐湣王贤明,还认为赵高比田常、卓齿贤德。所以国家已经乱了而皇帝却不知道,灾祸已经发生了而臣下不去救治。这并不是众人一起抛弃了君主,而是君主把众人的生命都拴在赵高的手中,他的毛病是自绝于人民啊。但后来末代的君主发生危险的时候,哪里懂得这种道理呢?舜说:"我如果有过失,你就纠正。你不要当面顺从,退朝后又在背后发议论。"所以治理国家的办法,是鼓励臣民使他们来劝谏,放任他们发泄来使他们提意见。这样做了以后,君主就会明察而治国的实际情况也就能通晓了。

注释

1 **田常**:也作陈恒,即田成子,春秋时齐国大臣,他推行其父亲争取民众的办法,用大斗出贷,用小斗收取。公元前481年,田常擒简公于舒州,囚简公14天后杀之,拥立齐平公,任相国,控制了齐国的政权。
2 **踔(zhuō)齿**:即卓齿,战国时楚将。公元前284年,燕、秦、魏、韩、赵等五国联合攻齐,燕将乐毅攻入齐国首都临淄(今山东淄博临淄东北齐都),后来楚国派卓齿率兵救齐,卓齿便做了齐湣王的相,接着他杀掉湣王,与燕国瓜分掠夺到的土地和宝器。踔,通"卓"。　湣(mǐn)王:或作齐闵王,田氏,名地。据说齐湣王被卓齿抽了筋,吊在宗庙的梁上,过了一夜就死了。

3　有(yòu):通"又"。舜的话见《尚书·益稷》。
4　宣:放,使宣泄。

原文

　　且凡骄臣之好隐贤也,既患其正义以绳[1]己矣,又耻居上位而明不及下、尹[2]其职而策不出于己。是以郄宛得众,而子常[3]杀之;屈原得君,而椒、兰构谗[4];耿寿建常平[5],而严延[6]妒其谋;陈汤杀郅支[7],而匡衡救[8]其功。由此观之,处位卑贱而欲效善于君,则必先与宠人为仇矣。恃[9]旧宠,沮[10]之于内;接贱[11],欲自信于外。此思善之君、愿忠之士所以虽并生一世、忧心相皦[12]而终不得遇者也。

译文

　　再说,凡是高傲的大臣之所以喜欢埋没贤人,既是因为担心他们根据正确的道义来纠正自己的邪恶,也是因为自己身居高位而智慧不及下人、治理自己的职事而计策却不产生于自己因而感到羞耻。因此,郄宛得到了众人的爱戴,子常就把他杀了;屈原得到了君主的信任,子椒、子兰就诬陷谗毁他;耿寿昌建立常平仓,严延年便忌妒他的谋划;陈汤杀了郅支单于,匡衡便抹杀他的功劳。从这些事情看,处在低下的地位而想向君主献上自己的善行,就一定会先和君主宠幸的人做冤家了。思慕贤良之士的君主依赖交情深厚的旧臣和宠臣,而这些臣子却在朝廷内诋毁贤良之士;愿意效忠的贤才只接触一些地位低下的人,却想在朝外让君主信任自己。这就是思慕贤良之士的君主和希望效忠的贤人虽然同时生活在一个时代、苦心相求而终究不能相遇的原因啊。

注释

1 **绳**:墨线,引申指约束、纠正、制裁。
2 **尹**:官,指治理。
3 **子常**:名囊瓦,字子常,公元前519年起任楚国令尹。公元前515年,费无极见郤宛受到国人的喜爱,非常嫉妒,于是一方面让子常到郤宛家饮酒,一方面又对郤宛说:"令尹喜欢兵器,在他赴宴之前你一定要把兵器陈列在门前供令尹选择。"子常将前往时,费无极对子常说:"郤宛布置了兵器,恐有不测之祸。"子常核实后大怒,派鄢将师攻郤宛。郤宛自杀并被灭族。
4 **椒**:子椒,战国时楚臣,楚顷襄王时任司马(主管军事的官)。 **兰**:子兰,楚怀王少子,楚顷襄王之弟,顷襄王即位后任令尹。见《史记·屈原贾生列传》。 **构**:罗织罪状进行陷害。
5 **耿寿**:指耿寿昌,汉宣帝时任大司农中丞。 **常平**:指常平仓。汉宣帝时,耿寿昌建议于边郡筑粮仓,谷贱时增价收进,谷贵时减价出售,以保证粮价的平稳,称为常平仓。
6 **严延**:指严延年,字次卿,任侍御史。他听府丞称道耿寿昌搞常平仓后说:"丞相、御史也不知道去搞这种仓库,真该滚蛋了。寿昌哪能谋划这种事呢?"意思是这种设想又不是什么奇异之事,理该由丞相、御史等想到,现在不过是他们不称职,寿昌才得以谋划此事,并没有什么了不起的。
7 **陈汤**:字子公。公元前36年为西域副校尉出使西域。当时,匈奴郅支单于奴役康居人民,威胁西域。他就和西域都护甘延寿假托朝廷的命令发兵至康居,攻杀郅支单于。事后甘延寿、陈汤将此事报告朝廷。论功时,中书令石显、丞相匡衡以为:"甘延寿、陈汤假托朝廷之命擅自发兵,不被斩首已是侥幸的了,如果再加封爵,那么以后出使蛮夷的人都会不顾危险惹事生非以侥幸取功,反而给国家招致灾难,所以不能开这个头。"元帝本来就赞赏甘延寿、陈汤之功,经刘向上书,元帝又诏公卿讨论其封爵事。匡衡、石显又一再劝阻。结果陈汤被赐爵关内侯,任射声校尉。汉成帝即位,匡衡再检举陈汤,汤被免职。 **郅支**:匈奴单于名号,名呼屠吾斯。

8 **救**：止，灭。

9 "恃"上探下省主语"思善之君"。

10 **沮**：毁坏，诋毁。

11 "接贱"上探下省主语"愿忠之士"。

12 **徼**：当作"邀"，求取，希望得到。

考绩

导读

考绩：考核功绩。文章主要论述了考核群臣工作实绩的重要性，规劝君主注重考绩，根据群臣的政绩来提拔罢免他们。

作者认为，统治天下，最重要的事是知人善任，而考核功绩就是区别贤愚最便捷的方法。功绩真正得到了考核，那么臣子是善还是恶、是正直贤能还是谄媚巧诈就一清二楚了。这样，既为君主合理任用人才提供了明确的依据而避免了官非其人的局面，又能促使群臣百官兢兢业业做好本职工作。如果不考核功绩，那就无以鞭策激励百官，就会出现群臣懈怠奸诈的现象了。作者抨击当时由于"功不考"而造成的官非其人的现象，把矛头直接指向了不考功而思太平的"世主"，从而使本篇成了痛砭时弊的政论杰作。

原文

凡南面之大务，莫急于知贤；知贤之近途，

译文

大凡统治天下的大事，没有什么比发现贤人更要紧的了；了解贤人的捷径，没有什

莫急于考功。功诚考,则治乱暴[1]而明;善恶信[2],则直贤不得见障蔽,而佞巧不得审[3]其奸矣。

注释

1 暴:显露。
2 信:明。
3 审:隐藏。

译文

么比考核功绩更要紧的了。功绩如果真正得到了考核,那么治理得好不好就显示得明明白白;好的坏的明明白白,那么正直贤能的人就不可能被压制埋没,而谄媚巧诈的人就不可能掩饰他们的邪恶了。

原文

夫剑不试,则利钝暗;弓不试,则劲挠诬;鹰不试,则巧拙惑;马不试,则良驽疑。此四者之有相纷也,由不考试,故得然也。今群臣之不试也,其祸非直止于诬暗疑惑而已,又必致于怠慢之节焉。设如家人有五子十孙,父母不察精愞[1],则勤力者懈弛,而惰慢者遂非也[2]——耗业破家之道也。父子兄弟,一门之计,犹有若此,则又况乎群臣惣猥治公事者

译文

剑不试用,那么锋利不锋利就不清楚;弓不试用,那么是强是弱就说不准;鹰不试用,那么是灵巧还是笨拙就让人疑惑难定;马不试用,那么是好马还是劣马就使人犹豫不决。这四种东西存在互相混杂的情况,是由于不进行考核试用,所以会这样。现在对群臣百官不加考验,那祸害就不只限于说不准、搞不清、犹豫不决、疑惑难定了,还一定会导致懈怠松垮的操守。假如一户人家有五个儿子、十个孙子,父母不去考察他们是精明强干还是软弱怯懦,那么勤劳卖力的人就会懈怠松劲,懒惰懈怠的人就会一错到底了——这是耗费家产败坏家庭的做法啊。父子兄弟,为一家盘算,尚且会有这种情况,那么更何况群臣百官是众多杂乱地聚合在一起治理公家事务的人呢?《左传》上说:

哉[3]?《传》曰:"善恶无彰,何以沮劝?"[4]是故大人不考功,则子孙惰而家破穷;官长不考功,则吏怠傲而奸宄兴;帝王不考功,则直贤抑而诈伪胜。故《书》曰:"三载考绩,黜陟幽明。"[5]盖所以昭贤愚而劝能否[6]也。

"善恶不搞明白,根据什么来阻止作恶、激励行善?"所以长辈不考核功绩,那么子孙就会懒惰而家庭就会破产穷困;长官不考核功绩,那么下面的小吏就会懈怠傲慢而邪恶的事就会产生;帝王不考核功绩,那么正直贤能的人就会被压制而巧诈虚伪的人就会占上风。所以《尚书》上说:"三年考核一次功绩,罢免昏庸的人而提拔贤明的人。"这大概就是用来彰明贤人与蠢人、激励能人与庸才的办法啊。

注释

1 愞:同"懦"。
2 遂:成。 也:当作"此"而属下句。
3 惚:同"总",聚合。 猥:众多杂滥。
4 引文见《左传·襄公二十七年》。《左传》"善恶"作"赏罚"。
5 陟(zhì):提升。 幽:暗,昏庸。引文见《尚书·舜典》。《尚书》"考绩"下有"三考"二字。
6 否(pǐ):鄙劣无知。

原文

圣王之建百官也,皆以承天治地、牧养万民者也[1]。是故有号者必称于典[2],名理者必效于实[3],则[4]官无废职,位无非人。夫守、相、令、长

译文

圣明的帝王设置各种官职,都是用来禀承天意、管理领土、治理教育百姓的。所以有称号的人必须称职,从事管理的人必须做出成绩,因此官府中没有无用的官职,官位上无不是称职的人才。那郡守、相国、县令、县长所要做出的成绩在于管理好人民,州

效在治民[5]，州牧、刺史在宪聪明[6]，九卿分职[7]以佐三公，三公惣统典和阴阳[8]，皆当考治以效实为王休者也[9]。侍中、大夫、博士、议郎[10]，以言语为职、谏诤为官。及选茂才、孝廉、贤良方正、惇朴、有道、明经、宽博、武猛、治剧[11]，此皆名自命而号自定，群臣所当尽情竭虑称君诏也。

牧、刺史所要做出的成绩在于显示出聪敏明察，九卿分管职事来辅佐三公，三公总管朝政并掌管调和阴阳，这些都是应当考核其治绩来使他们做出成绩以造成天子美德的人啊。侍中、大夫、博士、议郎，以议论作为自己的职责、以劝谏作为自己的职分。至于选举茂才、孝廉、贤良方正、惇朴、有道、明经、宽博、武猛、治剧，这些都是根据名称自身反映的内容来命名的，也是按照称号自身所具有的性质来确定的，是受到荐举的群臣百官应当竭尽忠诚、绞尽脑汁来使自己的行为符合皇帝命令的名目啊。

注释

1　**牧**：治理。　**养**：教养。
2　**号**：称号，如"天子""诸侯"等。　**称(chèn)**：相称。　**典**：当与下句的"名"互换。"名"即名称，指名分、名位、职务等。
3　**名**：当与上句"典"互换。"典"表示从事、掌管。　**效**：献出。　**于**：动宾之间的助词，无实义。　**实**：指实绩。
4　**则**：犹"故"。
5　**守**：郡守，郡中的最高长官。　**相**：指诸侯王国内的相国。汉代将列侯所食之县改为"国"，该县之县令或县长改称"相"，其地位与郡守相当。　**令、长**：指县令、县长，辖有万户以上的大县置令，万户以下的小县置长。
6　**州牧、刺史**：州一级的监察官。　**在**：上承上省"效"字。　**宪聪明**：显示出听力、视力的灵敏，指明察暗访卓有成效。宪，通"显"。
7　**九卿分职**：太常掌管宗庙祭祀、礼乐及文化教育，光禄勋掌管宫门宿卫及侍从之事，卫尉掌管宫门屯卫，太仆掌管舆马及牧畜之事，廷尉掌管司法，大鸿胪掌管少数民族的接待、交往及诸侯王入朝迎送、朝会、封授等礼仪事务，宗正掌管王室亲属，大司农掌管财政经济，少府掌管山海池泽的税收以供养国君。九卿，古代中央政府的九个高级官职。

8 阴阳：古代思想家认为万事万物的构成，都取决于一对正反矛盾的基本因素，这就是所谓的阴阳。他们以阴阳来解释各种事物的生成、变化，凡天地、日月、昼夜、男女、腑脏、气血等各种事物都分属于阴阳。

9 王休：帝王的美德。　者：指代上述之人。

10 侍中：丞相属吏，因往来于殿内东厢奏事，故称侍中。　大夫：光禄勋属官，系中央要职和顾问。　博士：太常官，主要职责是教育王公弟子，充当君主的参谋和顾问。　议郎：光禄勋所属郎官之一，掌管顾问应对。

11 茂才：即秀才，本义为优秀的才能，东汉时避光武帝刘秀讳，改称为茂才。　孝廉：本义指孝子与廉吏，汉武帝时将"孝""廉"分为二科，东汉把举孝、举廉两种科目合而为一。　贤良方正：本义为德才兼优、正直不阿，也简称"贤良"。　惇（dūn）朴：本义为敦厚朴实。　有道：本义为有道德才艺。　明经：本义为通晓经学。　宽博：本义为度量宽广、见识广博。　武猛：本义为威武勇猛。　治剧：本义为处理复杂繁难的事务。以上这些都是汉代选拔荐举人才的科目。

原文

今则不然。令、长、守、相不思立功，贪残专恣，不奉法令，侵冤小民。州司[1]不治，令远诣阙上书讼诉[2]。尚书[3]不以责三公，三公不以让州郡，州郡不以讨县邑[4]。是以凶恶狡猾，易相[5]冤也。侍中、博士，谏议之官，或处位历年，终无进贤嫉恶

译文

现在却不是这样。县令、县长、郡守、相国不想立功，而是贪婪残暴、专权放肆，不遵守法令，欺负、冤枉平民百姓。州中长官不予受理，让人长途跋涉到朝廷上书诉讼。尚书不拿它去责问三公，三公不拿它去责备州、郡，州、郡不拿它去声讨县、邑。因此县吏凶恶奸诈，容易冤枉百姓。侍中、博士，是谏诤议论的官员，有的在位已过了好几年，也始终没有推荐贤人、痛恨恶人、弥补君主遗漏，补救君主过失的言论

拾遗补阙之语,而贬黜之⁶忧。群僚举士者,或以顽鲁应茂才,以桀逆应至孝,以贪饕应廉吏,以狡猾应方正,以谀谄应直言⁷,以轻薄应敦厚,以空虚应有道,以嚚暗应明经⁸,以残酷应宽博,以怯弱应武猛,以愚顽应治剧。名实不相副,求贡不相称。富者乘其材⁹力,贵者阻其势要¹⁰,以钱多为贤,以刚强为上,凡在位所以多非其人,而官听所以数乱荒也。

而只是担忧被降职罢免。群臣百官推荐的士人,有的凭愚昧迟钝应征为茂才,有的凭凶暴叛逆应征为至孝,有的凭贪得无厌应征为廉吏,有的凭狡猾奸诈应征为方正,有的凭阿谀谄媚应征为直言,有的凭轻浮刻薄应征为敦厚,有的凭悾侗无行应征为有道,有的凭愚昧无知应征为明经,有的凭残酷暴虐应征为宽博,有的凭胆小懦弱应征为武猛,有的凭愚蠢驽钝应征为治剧。名称和实质不相符,征求的和选举上来的不相合。富翁凭借自己的财力,权贵倚仗自己的权势,把钱多看作为贤能,把势力强大看作为贤明,这就是所有在位的官员大多不是理想人才的原因,也是官府处理事情经常混乱、荒废的缘故啊。

注释

1 **州司**:朝廷派往州中的长官,指刺史、州牧之类。
2 **诣**(yì):到。 **阙**:宫阙,引申指朝廷。
3 **尚书**:东汉光武帝架空三公实权,尚书为协助皇帝处理政事的官员。
4 **讨**:谴责,责问。 **邑**:食邑,皇太后、皇后、公主的封地,相当于县一级的行政单位。
5 **相**:偏指性副词,指代百姓。
6 **之**:构成宾语前置句式的结构助词。
7 **直言**:选拔人才的科目之一,本义为正直地进说。
8 **嚚**(yín):愚蠢。 **暗**:愚昧。
9 **材**:当作"财"。
10 **阻**:倚仗。 **要**:机要大权。

原文

古者诸侯贡士,一适谓之好德,载[1]适谓之尚贤,三适谓之有功,则加之赏。其不贡士也,一则黜爵,载则黜地,三黜则爵土俱毕[2]。附下罔上者刑,与闻国政而无益于民者斥,在上位而不能进贤者逐。其受事而重选举、审名实而取赏罚也如此,故能别贤愚而获多士,成教化而安民氓。三代于世,皆致太平。圣汉践祚[3],载祀[4]四八,而犹未者,教不假而功不考,赏罚稽[5]而赦赎数也。谚曰:"曲木恶直绳,重罚恶明证。"此群臣所以乐惚猥而恶考功也。

译文

古时候诸侯推荐人才,第一次推荐了合适的人才就称之为爱好德才,第二次推荐了合适的人才就称之为崇尚贤能,第三次推荐了合适的人才就称之为有功劳,那就要给他奖赏。如果诸侯不推荐人才,第一次就要降低爵位,第二次就要削减封地,第三次就要把爵位封地全部削去。依附下边而欺骗上面的人要受惩罚,参与听取国家政事而不能为民众带来利益的人要驱逐,身居高位而不能推荐贤人的人要赶走。古代的诸侯接受职事时重在看他们是否挑选推荐了人才,还要被审查其名实是否相副来得到奖赏或惩罚,所以能分别贤能愚蠢而得到众多的人才,成功地搞好教育感化而使民众安定不乱。夏、商、周三代因此在当时都获致太平。圣明的汉王登上帝位,至今已三百二十多年,却还没有出现太平盛世,是因为不凭借教育且不考核功绩,奖赏和惩罚老是拖延不实施而赦免赎罪却十分频繁啊。谚语说:"弯曲的木头讨厌笔直的墨线,犯了重罪的人厌恶明白确凿的证据。"这就是群臣百官喜欢众多杂乱地混在一起而讨厌考核功绩的原因啊。

注释

1 载:通"再"。
2 三黜则爵土俱毕:当作"三则黜爵土俱毕"。

3 **圣汉践阼**：指汉王刘邦登上帝位。阼，通"阵"，大堂前东面的台阶。古代帝王登阼阶以主持祭祀，故以"阵"指帝位。
4 **载祀**(zǎisì)：年，岁。
5 **稽**：停留。

原文

　　夫圣人为天口,贤者为圣译。是故圣人之言,天之心也；贤者之所说,圣人之意也。先师京君[1],科[2]察考功,以遗贤俊。太平之基,必自此始；无为之化,必自此来也。是故世主不循考功而思太平,此犹欲[3]舍规矩而为方圆,无舟楫而欲济大水,虽或云纵[4],然不知[5]循其虑度之易且速也。群寮[6]师尹,咸有典[7]司,各居[8]其职以责其效；百郡千县,各因其前以谋其后；辞言应对,各缘其文以核其实；则奉职不解[9],而陈言者不得诬矣。《书》云："赋纳以言[10],明试以功,车服以庸。谁能不让[11]？

译文

　　圣人是上天的喉舌,贤人是圣人的翻译。所以圣人的话,表达的是上天的心意；贤人的解说,表达的是圣人的意图。前辈老师京先生,制定了法律条文来考核官吏的功绩,将它留给了贤人俊士。太平的基业,只能从考核功绩着手；清静无为的教化,只能从考核功绩中取得。所以当代的君主不沿袭考核功绩的办法而想得到太平,这就像抛弃了圆规曲尺却想画方圆,没有船和桨却想渡过大河,虽然有时候也能成功,却不如遵用京先生所谋划的法度来得容易又迅速。群臣宰相,都有职掌,要各自根据他们的职责来责求他们的功效；一百多个郡和一千多个县,要各自根据他们治理前的情况来评议他们治理后的情况；对于发言和回答,要各自根据它们的文字纪录来考核他们的实际行动；那么各级官吏就会恭敬地做好本职工作而不懈怠,陈述意见的人也不会胡说八道了。《尚书》上说："普遍地采纳他们的言论,明白地考核他们的功劳,配备不同的车子和礼服让他们使用。

谁能不敬应？"此尧、舜所以养黎民而致时雍也[12]。

谁还敢不谦让？谁还敢不慎重地回答您？"这就是尧、舜教育百姓而致使时势安定太平的办法啊。

注释

1 **君**：对人的尊称。
2 **科**：法律条文。
3 "欲"字当在"为"字上。
4 **云**：犹"能"。　**纵**：遂。
5 **知**：当作"如"。
6 **寮**：通"僚"，官。
7 **典**：主管，掌管，与"司"同义。
8 **居**：占据。
9 **解**(xiè)：通"懈"。
10 **以**：犹"其"。引文见《尚书·益稷》。
11 **能**：犹"敢"。　**让**：谦让，指不去抢官做。这是"明试以功"的结果。
12 **养**：教育。　**雍**：和谐。

思 贤

导读

思贤：思慕贤人。文章主要强调了贤人在政治中的重要作用，希望君主任人唯贤，不要任用没有才能的亲戚。

文章首先从历史上存亡治乱的经验教训出发，指出亡国的原因都是因为君主不能任用贤人。所以，君主只有任用贤人，才能整治混乱，使国家长治久安而自己永享太平。接着，作者进一步指出，君主治国必须访得真正的贤人，但当今之世，君主求贤，臣子却让一些鄙陋之人滥竽充数，所以国家就更加混乱了，而君主还以为贤人无益于救乱，于是抛弃真正的贤人而任用俗吏，那就势必会走向灭亡。作者借鉴历史的经验，提出了以功劳德行来获得真贤的办法，同时又抨击了君主让没有功德的亲戚当官的做法，指出这种"爱"实在是在伤害他们，因为他们没有能力治民，只能使他们走向灭亡。

原文

国之所以存者，治也；其所以亡者，乱也。人君莫不好治而恶乱、乐存而畏亡。然尝[1]观上记，近古已来，亡代有三，秽[2]国不数。夫何故哉？察其败，皆由君常好其所乱而恶其所治，憎其所以存而爱其所以亡。是故虽相去百世，县年一纪[3]，限隔九州，殊俗千里，然其亡征败迹，若重规袭矩[4]，稽节合符[5]。故曰：虽有[6]尧、舜之美，必考于《周颂》[7]；虽有桀、纣之恶，必讥于《版》《荡》[8]。"殷鉴不远，在夏后之世。"[9]

译文

国家能存在的原因，是安定；国家灭亡的原因，是动乱。君主无不喜爱安定而厌恶动乱、乐意存在而害怕灭亡。然而看一下从前的记载，近古以来，灭亡的朝代有夏、商、周三个，灭亡的国家数不清。那是什么缘故呢？仔细看一下他们的衰败，都是因为君主常常喜爱那些使国家动乱的办法而厌恶那些使国家安定的措施，憎恶那些使国家存在的措施而爱好那些使国家灭亡的办法。所以他们虽然相距上百代，悬隔约一千五百年，地界远隔九州，有相隔千里的不同风俗，但他们的亡国征兆及衰败迹象，却会像重叠圆规曲尺、对合信节信符一样而毫无差异。所以说：即使知道了尧、舜的美德，也一定要考察《周颂》；即使知道了桀、纣的罪恶，也一定要查看《版》《荡》。"可资商朝借鉴的事迹并不远，就在夏后氏统治的时代啊。"

注释

1 **尝**：试。

2 **秒**：当作"灭"。

3 **纪**：古代纪年的单位。具体所指不一，或以一世为一纪，或以十二年为一纪，或以一千五百年为一纪，此文当取第三说。

4 **重(chóng)**：重叠。　**袭**：重叠。

5 **稽**：合。　**节**：古代用作凭证的东西，用玉、角、铜、竹等制成，一般为使臣所用，用来证明其代表的身份。　**符**：信符，古代国君命官封爵或调兵遣将时所用的凭证，用竹、木、铜、玉等材料制成，上面刻有文字，刻好后剖成两半，君臣双方各执一半，验证时将两半相合，看是否符合，以辨真假。

6 **有**：识。

7 **《周颂》**：《诗经》的一部分，是歌颂周室成功之诗，所以要吸取成功的经验，必须考察它。

8 **讥(jī)**：检查，查看。　**《版》**：《诗经·大雅》中的一篇，是周代凡伯斥责暴君周厉王的诗。　**《荡》**：《诗经·大雅》中的一篇，是周代召穆公哀伤周王朝衰败而作的诗，诗中借用文王指责殷商的暴虐来警告暴君周厉王。

9 **殷鉴**：值得殷商借鉴的事，指夏桀暴虐而被商汤消灭的事。鉴，镜子，引申指可以作为借鉴或教训的事。此上两句是《诗经·大雅·荡》中的末两句。

原文

"夫与死人同病者，不可生也；与亡国同行者，不可存也。"[1]岂虚言哉？何以知人且病也？以其不嗜食也。何以知国之将乱也？以其不嗜

译文

"和死人患了同一种毛病的人，不可能活下去；和灭亡了的国家采取同样做法的国家，不可能存在下去。"这难道是空话么？凭什么知道人将要生病了呢？因为他不喜欢吃东西了。凭什么知道国家将要动乱了呢？因为国君不喜欢贤人了。

贤也。是故病家之厨，非无嘉馔[2]也，乃其人弗之能食，故遂于[3]死也；乱国之官，非无贤人也，其君弗之能任，故遂于亡也。夫生飰粳粱[4]，旨酒甘醪[5]，所以养生也，而病人恶之，以为不若菽麦糠糟欨清者[6]，此其将死之候也。尊贤任能，信忠纳谏，所以为安也，而暗君恶之，以为不若奸佞阘茸谗谀之言者，此其将亡之征也。《老子》曰："夫唯病病，是以不病。"[7]《易》称："其亡其亡，系于苞桑。"[8]是故养寿之士，先病服药；养世之君，先乱任贤。是以身常安而国永永[9]也。

所以，病人家中的厨房里，并不是没有美味佳肴，只是那病人不能把它吃下去，所以最终就死了；动乱国家的官府中，并不是没有贤能的人，只是它的君主不能任用他们，所以最终就灭亡了。那黍稷、米饭、粳米、谷子、美酒、甜酿，是用来滋养身体的东西，而病人却厌恶它们，以为不如豆叶、大麦、谷糠、酒渣、清水，这是他将要死亡的征兆。尊重贤人、任用能人，信任忠臣、接受规劝，是用来形成安定的办法，而昏君却厌恶这些，以为不如奸诈谄媚、低能愚钝、诋毁阿谀者的话，这是他将要灭亡的征兆。《老子》说："因为他把毛病看作毛病，因此不会生病。"《周易》说："将要灭亡将要灭亡，因为拴在席草桑条上。"所以，保养生命的人，在生病之前就吃药；护养社会的君主，在动乱之前就任用贤人。因此他们的身体常常安然无恙而国家永远能保住。

注释

1 以上四句是《韩非子·孤愤》之文。
2 馔(zhuàn)：食物。
3 于：助词，无实义。
4 生：指黍、稷等嘉谷。 飰(fàn)：同"饭"。 粱：粟，谷子，去壳后称小米。
5 旨：味美。 甘：甜。 醪(láo)：浊酒，汁滓混合的酒。
6 菽：指豆叶，古代以此为粗食。 欨：当为"喝(欱)"之形讹。喝，饮。
7 病病：以病为病，指认识到自己的毛病而采取办法。此"病"字含义双关，既指毛病，又指错误。引文见《老子·第七十一章》。
8 **其**：将。　**苞桑**：喻指软弱而动荡不定的依靠物。苞，席草，可制席子和草鞋。引文见《周易·否卦》。
9 **永永**：当为"永禾"之误。禾，同"保"。

原文

上医医国，其次下医[1]医疾。夫人治国，固治身之象。疾者，身之病；乱者，国之病也。身之病，待医而愈；国之乱，待贤而治。治身，有黄帝之术[2]；治世，有孔子之经。然病不愈而乱不治者，非针石之法误而五经之言诬也[3]，乃因[4]之者非其人。苟非其人，则规不圆而矩不方[5]，绳不直而准不平[6]，钻燧[7]不得火，鼓石不下金，驱马不可以追速，进[8]舟不可以涉水也。凡此八者，天之张道，有形见物，苟非其人，犹尚无功，则又况乎怀道术以抚民氓、乘六龙以御天心者哉[9]？

译文

高明的医生医治国君身上有害于国家的恶习，其次才医治国君的疾病。人们治理国家，本来就像医治身体一样。疾患，是身体上的毛病；混乱，是国家的毛病。身体上的毛病，依靠医生才能痊愈；国家的混乱，依靠贤人才能治好。医治身体的疾病，有黄帝传授的方术；治理社会，有孔子删定的经典。有了这些而疾病不能痊愈、混乱不能治好，并不是针刺的方法错了、五经的话在骗人，而是利用它们的人并不是理想的人才。如果不是理想的人才，那么利用了圆规也画不圆而利用了曲尺也画不方，利用了墨线也弄不直而利用了水准仪也搞不平，钻擦木燧不能取得火种，拉动风箱冶炼矿石不能产出金属，赶马不能追上飞奔的东西，划船不能渡过河流。所有这八种事情，上天都已展示了它们的规律，是具有形状、能看得见的事物，但如果操作者不是理想的人才，还是会劳而无功，那么更何况是靠内心去把握治国的原则来安抚民众、统治天下来奉行天意，不是理想的人才怎么能干得了呢？

注释

1 **下医**:衍文。
2 **黄帝之术**:相传黄帝通医术,他所著的医书有《黄帝内经》等,其实不过是后人托名黄帝的伪作。
3 **针**:针灸用具。此指中医治病之术,即以金针刺激穴位。 **石**:指石针。此指中医治病之术,古又称"砭"或"弹",即以石针刺激穴位来治病,或刺破皮肤、除去脓血来治疗痈疽等毒疮。
4 **因**:循用、沿用、利用。
5 "规""矩"上承上省去了"因"字。
6 "绳""准"上承上省去了"因"字。
7 **燧**(suì):古代用来取得火种的材料,有金属和木材两种,晴天用金燧反射太阳光来取得火种,阴天钻擦木燧来取得火种。
8 **进**:使动用法,使……前进。
9 此句的言外之意是:天子更不能位非其人。 **怀**:把……怀藏在胸中。 **乘六龙**:驾着六匹骏马拉的车子,指当天子统治天下。龙,指骏马。 **御**:侍奉。 **天心**:天帝的心意。古人认为,天子是天帝的儿子,是遵奉天意来进行统治的,所以说"御天心"。

原文

夫治世不得真贤,譬犹治疾不得良医也。治疾当得真人参,反得支罗服¹;当得麦门冬²,反得烝穬麦³。已而不识真,合而服之,病以侵⁴剧,不自知为人所欺也,乃反谓方不诚而药皆无益于病,因

译文

治理社会得不到真正的贤人,就像治疗疾病得不到好医生。治疗疾病应该取用真正的人参,却从坏医生那里得到了萝卜的侧根;应该取用麦门冬的根,却从坏医生那里得到了蒸熟的大麦粒。病人自己不识货,调配后就把它们服用了,病情因而逐渐加剧,他不知道自己被人骗了,却反而认为医书上的药方有假而药物对疾病毫无裨益,因而抛弃了后来得到的药物而不敢喝,改求巫婆、神汉,这

弃后药而弗敢饮,而更求巫觋者,虽死可也。人君求贤,下应以鄙;与[5]直,不以枉[6]。己不引真,受猥官之,国以侵乱,不自知为下所欺也,乃反谓经不信而贤皆无益于救乱,因废真贤不复求进,更任俗吏,虽灭亡可也。三代以下,皆以支罗服、烝穬麦合药,病日痁[7]而遂死也。

种人即使死了也是合适的。君主征求贤人,下面却用鄙陋的人来应征;君主提拔正直的人,下面却用不正直的人来应聘。君主自己不能取得真正的贤人,接受了这些鄙陋卑劣的人而让他们做了官,国家因而逐渐混乱起来,君主不知道自己被下面的官吏骗了,却反而以为经典不切实而贤人对于挽救混乱的局面毫无裨益,因而废弃了真正的贤人而不再去征求、提拔他们,改用平庸的官吏,那么即使灭亡也是合适的。夏、商、周三个朝代以后,那些覆灭的君主都好像是用萝卜的侧根、蒸熟的大麦粒来配制药剂,于是病情一天天加重而终于死亡的啊。

注释

1 支:分支,旁支,指主根边上旁生的侧根。　罗服:即"萝卜"。
2 麦门冬:药草名,其根呈连珠形,似穬麦之颗粒而有须,可入药。
3 烝:通"蒸"。　穬(kuàng)麦:大麦的一种。
4 侵:逐渐。
5 与:通"举"。
6 不以枉:当作"下应以枉"。
7 痁(diàn):病重。

原文

《书》曰:"人之有能,使循其行,国乃其昌。"[1]是故先王为官择人,必得其材;功加

译文

《尚书》上说:"人们这样有才能,要让他们提高自己的品德修养,国家就会繁荣昌盛。"所以过去的圣明帝王设置官职选择人员时,一定要得到理想的人才;人选一定要有功于人民,

于民,德称其位;人谋鬼谋,百姓与能。² 务顺³以动天地如此,三代开国建侯所以能传嗣百世、历载千数者也⁴。

德行要和他们的官位相称;任用前要和众人商量、和鬼神谋划,让百姓来推荐能人。他们致力于顺从天道民心来感动天地就像这个样子,这就是夏、商、周三个朝代中始创封国、立为诸侯的人能够传给子孙上百代、经历一千多年的原因啊。

注释

1 循:"修(脩)"字之讹。引文见《尚书·洪范》。
2 **人谋鬼谋,百姓与能**:以上两句用《周易·系辞下》语。鬼谋,与鬼神商量,指进行占卜算卦来考察吉凶。
3 顺:承上文而言,指顺"人""鬼"。
4 三代:上宜有"此"字。 嗣:子孙,后代。 载:年。

原文

自春秋¹之后,战国²之制,将权臣³,必以亲家⁴。皇后兄弟,主婿外孙,年虽童妙⁵,未脱桎梏⁶,由籍此官职⁷。功不加民,泽不被下,而取侯,多受茅土⁸,又不得治民效能以报百姓,虚食⁹重禄,素餐尸位¹⁰,而但事淫侈,坐作¹¹骄奢,破败而不及传世者也。

译文

从春秋以后,战国的制度是,将军权贵,必须任用亲戚。皇后的兄弟,公主、女婿生的外孙,年龄即使幼小,甚至还没有脱离襁褓,也还是能获得这种官职。他们对人民没有作出贡献,对天下没有施予恩泽,却取得了公侯的爵位,多半还被封为诸侯王而得到了白茅包的有颜色的土,又不会管理民众、贡献自己的才能来报答百姓,凭空享用优厚的俸禄,吃白食,像受祭者似的身居官位不做事,而只是干一些淫乱放纵的事,行为举止骄横奢侈,所以毁灭了自己而不能够世代相继啊。

注释

1. **春秋**：东周的前期。孔子据鲁国史书修订成《春秋》，记载了鲁隐公元年（前722）到鲁哀公十四年（前481）的事迹，古代因称这一历史阶段为"春秋"。现在一般以周平王东迁（前770）至周敬王崩（前476，一说前477）为春秋时代。

2. **战国**：东周的后期。旧史以周威烈王二十三年（前403）韩、赵、魏正式列为诸侯（《资治通鉴》记事始此）至秦始皇二十六年（前221）统一中国为战国时代。现在多以周元王元年（前475，一说前476）至秦统一中国（前221）为战国时代。当时各诸侯国以攻战为务，被称为战国，因而得名。

3. **将**：当作"将军"，指武将。 **权臣**：指文官，如丞相之类。

4. **亲(qìng)家**：由婚姻关系结成的亲戚，如母亲、妻子的亲族，女儿的子孙等。

5. **妙(miǎo)**：通"眇"，小。

6. **桎梏(zhìgù)**：脚镣手铐，引申指束缚人的事物，此指襁褓。

7. **由**：通"犹"，还。 **籍官职**：踏上官位。籍，践。

8. **受茅土**：皇帝祭土地神的祭坛以五色土建成，东方青色，南方赤色，西方白色，北方黑色，中央则盖上黄土。分封诸侯王时，按其封地所在的方向取坛上相应方向的某一种颜色的土，用白茅包了施予受封者，让他回到封地后根据这种颜色来建立祭土地神的祭坛。在汉代，只有诸侯王才能得到茅土，所以"受茅土"也就是被封为诸侯王。

9. **食**：古代的俸禄是谷米，所以说"食"。

10. **素餐**：白吃，即不劳而食，无功食禄。 **尸位**：指身居官位而不做事，就像受祭者那样待在位子上，只享用祭品而不做事一样。尸，古代祭祀时代表死者受祭的人。

11. **坐作**：坐下与站起来，指行为举止。

原文	译文
子产有言："未能操刀而使之割，其伤实多。"¹是故世主之于贵	子产说过这样的话："还不会拿刀子就让他去宰杀牲口，他肯定会受很多伤。"所以君主对于地位高贵的内外亲族，如果喜爱

戚也,爱其孾媚之美,不量其材而受²之官,不使立功自托于民,而苟务高其爵位,崇其赏赐,令结怨于下民,县罪于恶³,积过既成⁴,岂有不颠陨者哉？此所谓"子之爱人,伤之而已"哉!

他们阿谀逢迎时的和颜悦色,不衡量他们的才能而授予他们官职,不去促使他们建立功劳来使自己依托于人民,而只是苟且地致力于提高他们的爵位,增加对他们的赏赐,使他们和民众结下了怨恨,处于罪恶累累而只是未加惩处的境地,那么在他们恶贯满盈以后,哪有不倒台灭亡的呢？这就是子产所说的"您喜爱人,不过是伤害他而已"啊!

注释

1 **子产**:名侨,字子产,郑简公时任卿。此节所引子产的话见《左传·襄公三十一年》。
2 **受**:通"授"。
3 **县罪**:指犯了罪而挂在一边没有得到惩处。县,同"悬",挂。 **恶**:罪恶。
4 **积过既成**:积累罪过已经完成,等于说"恶贯满盈"。

原文

先王之制,官民必论其材,论定而后爵之,位定然后禄之。人君也此君¹不察,而苟以亲戚、邑官之人典官者,譬犹以爱子易御仆,以明珠易瓦砾²,虽有可爱好之情,然而其覆大车而杀病人也必矣。《书》称:"天工,人其代之。"³传曰:

译文

过去圣明帝王的制度是,使人做官必须考察他的才能,考察定当以后才封给他爵位,官位确定以后才给他俸禄。君主对这种制度如果不加考察,而只是苟且地让亲戚以及皇后、公主等食邑中的官吏来主管政府,打个比方,就好像拿心爱的儿子去替换车夫,用夜明珠去替换砖瓦石子,虽然有值得赞许的喜爱大车和病人的心情,但是他们使大车倾覆、使病人死亡却是必定无疑的了。《尚书》上说:"上帝安排的官职,

"夫成天地之功者,未尝不蕃昌也。"由此观之,世主欲无功之人而强富之[4],则是与天斗也。使无德况[5]之人与皇天斗而欲久立,自古以来,未之尝有也。

人应当代替上帝来管理。"古书上说:"能够建成顺应天地之功的人,从来没有不繁荣昌盛的。"由此看来,君主宠爱没有功劳的人而硬要使他们富裕起来,那便是在和上天争斗啊。让没有将恩德赐予民众的人和上天较量而想长久地存在下去,自古以来,还不曾有过这种事啊。

注释

1 **此君**:当为"此若"之形讹。
2 **瓦**:烧过的土坯,此指药用的"瓦甑""古砖""砂锅"之类。 **砾**:小石子,此指药用的"石中黄子""水中白石""河沙"之类。
3 **天工**:上天安排的工作。古人认为所有的官职都是上天安排的,所以称为"天工"。引文见《尚书·皋陶谟》。
4 **欲**:专宠。 **强**(qiǎng):勉强。
5 **况**:通"贶",赐。

本 政

导读

本政:推究政治的根基。文章主要论述了治国的根本问题,即君主依法选拔任用贤人的问题。

作者认为,君主治理国家,最重要的是君主是否能依据法令明智地选拔贤人。而人是贤能还是愚蠢，取决于其心窍，而不在于其地位的贵贱；是忠诚还是奸诈，取决于其品性，而不在于关系的亲疏。在衰世，尊贵者中的贤人很少，往往是官越大的人罪越重，所以选拔任用人应该看他的德才而定，而不应该以贵贱名声而论。当然，作者的论述完全是出于对现实的不满，所以他进一步指出，在这衰微的社会中，当权者不能明辨贤愚，又受到权贵的胁迫以及贿赂的诱惑，因而正直之士被埋没而奸邪之人被进用，志向越清高的人就越卑贱，越会阿谀奉承的人就越尊贵。贞节之士不肯卑躬屈膝去奉承权贵，就只能隐居而已。这些论述无疑饱含了作者不愿同流合污以致不得进用的激愤之情。

原文

凡人君之治，莫大于和阴阳。阴阳者，以天为本：天心顺，则阴阳和；天心逆，则阴阳乖。天以民为心：民安乐，则天心顺；民愁苦，则天心逆。民以君为统：君政善，则民和治；君政恶，则民冤乱。君以恤民[1]为本：臣忠良，则君政善；臣奸枉，则君政恶。臣以选为本：选举实，则忠贤进；选虚伪，则邪党贡。选以法令为本：法令正，则选举实；法令诈，则选虚伪。法以君为主：

译文

一般说来，君主治理国家，没有什么事情比调和阴阳更重大的了。所谓阴阳，是以上天为根基的：顺从了天帝的心意，那么阴阳就会协调；违背了天帝的心意，那么阴阳就不协调。天帝则把民众的意愿当作意愿：民众安逸快乐，那么天帝的心意也就被顺从了；民众忧愁痛苦，那么天帝的心意也就被违背了。民众是以君主为统帅的：君主的政策好，那么民众就和睦安定；君主的政策不好，那么民众就被冤枉而作乱。君主以委任大臣为根基：大臣忠诚贤良，那么君主的政策就好；大臣奸邪不正直，那么君主的政策就不好。大臣以选举为根基：选举时实事求是，那么忠诚贤良的人就会被提拔；选举时弄虚作假，那么邪恶的党羽就会被推荐上来。选举以法令为根基：法令公正不偏，那么选举就会实事求是；法令虚伪骗人，那么

君信法,则法顺行;君欺法,则法委弃。君臣法令之功,必效于民。故君臣法令善,则民安乐;民安乐,则天心悆[2];天心悆,则阴阳和;阴阳和,则五谷丰;五谷丰,而民眉寿[3];民眉寿,则兴[4]于义;兴于义,而无奸行;无奸行,则世平而国家宁、社稷安而君尊荣矣。是故天心阴阳,君臣民氓,善恶相辅至而代相征也[5]。

选举就会弄虚作假。法令以君主为根基:君主使法令有信用,那么法令就能顺利地实施;君主使法令虚伪骗人,那么法令就会被抛弃。君主、臣子以及法令的功效,一定能从民众那里得到证明。所以君主、臣子与法令都好,那么民众就会安逸快乐;民众安逸快乐,那么天帝的心意就被顺从了;顺从了天帝的心意,那么阴阳就会协调;阴阳协调了,那么各种庄稼就会丰收;各种庄稼丰收了,那么百姓就会长寿;百姓长寿,就会喜欢道义;喜欢道义,就不会有奸邪的行为;没有奸邪的行为,就会社会太平而国家安宁、政权稳固而君主尊贵荣耀了。所以天帝的心意和阴阳,君臣和民众,其善恶好坏都是相辅相成而互相招致的啊。

注释

1 恤民:安置人,指任用大臣。
2 悆:当为"愻"(xùn)之形讹。愻,顺。
3 眉寿:长寿。人老了眉毛中会长出长的毫毛,所以称长寿为"眉寿"。
4 兴(xìng):歆。
5 至:成。 代:交替,轮流。 征:招致。

原文

夫天者,国之基也;君者,民之统也;臣者,治之材也。工欲善其事,必先利其器。是故

译文

天帝,是国家的根基;君主,是民众的统帅;臣子,是治国的人才。工匠要做好他的工作,必须首先磨利自己的工具。所以要取得太平,必须首先调和阴阳;要调和阴阳

将致太平者,必先调阴阳;调阴阳者,必先顺天心;顺天心者,必先安其人;安其人者,必先审择其人。是故国家存亡之本、治乱之机,在于明选而已矣。圣人知之,故以为黜陟之首。《书》曰:"尔安百姓,何择非人?"[1] 此先王致太平而发颂声也。

必须首先顺从天帝的心意;要顺从天帝的心意,必须首先委任称职的人才;要委任称职的人才,必须首先审慎地选择理想的人选。所以国家是存在还是灭亡的根本原因、是安定还是动乱的关键,只在于是否能明智地选择人才罢了。圣人知道了这一点,所以把明智地选择人才作为罢免与提升官吏时的首要工作。《尚书》上说:"你们要安定百姓,除了理想的人才还选择什么呢?"这就是前代的圣明帝王取得太平从而产生出歌功颂德的乐曲的原因啊。

注释

1 引文见《尚书·吕刑》。

原文

《否》《泰》消息[1],阴阳不并[2]。观其所聚,而兴衰之端可见也。稷、卨、皋陶聚而致雍熙[3],皇父、蹶、踽聚而致灾异[4]。夫善恶之象,千里合符,百世累[5]迹。

译文

《周易》中《否》《泰》两卦提到小人、君子之道的一减一增,阴暗邪恶的小人与光明正大的君子是不可能并存共处的。所以,观察一下君主所聚集的人,那么国家是兴盛还是衰亡的端倪就可以看出来了。后稷、契、皋陶聚在一起就导致了和乐昌盛,皇父、蹶、踽聚在一起就招致了自然灾害和变异。政策的好坏所表现出来的情形,即使相隔上千里,也会像重合信符一样毫无差异;即使相距上百代,也会有重合的事迹。

注释

1 《否》(pǐ):《周易》中的卦名,象征天气与地气闭塞不通而万物不能顺利生长,君臣上下隔阂而天下大乱、国家沦亡;阴在内而阳在外,柔顺在内而刚健在外;小人在朝内而君子在野外,小人之道增长而君子之道减少。《泰》:《周易》中的卦名,其含义与《否》相反。　**消息**:减少和增长,指《周易》彖传所说的"小人道长,君子道消"和"君子道长,小人道消"之类。

2 **阴阳不并**:指《周易》彖传所说的"内阴而外阳""内阳而外阴"。此文喻指阴暗邪恶的小人与光明正大的君子不可能同时共处于一个朝廷上。并,列。

3 **稷**(jì):指周族的始祖弃,尧、舜时做过农官,号后稷。　**卨**(xiè):也作"契"(xiè),商族的始祖,舜时任司徒,掌管教化。　**皋陶**(yáo):舜时任司法大臣。

4 **皇父**、**蹶**(guì)、**踽**(jǔ):都是昏君周幽王的臣子。皇父为卿士(执政官),蹶为趣马(掌管良马的培育及为帝王驾驭车马),踽为师氏(掌管守卫宫门、保卫皇帝、教导贵族子弟)。

5 **累**(léi):重叠,引申指完全相似。

原文

性相近而习相远[1]。是故贤愚在心,不在贵贱;信欺在性,不在亲疏。二世所以共亡天下者,丞相、御史也[2];高祖所以共取天下者,缯肆、狗屠也[3]。骊山之徒[4],巨野之盗[5],皆为名将。由此观之,苟得其人,不患贫贱;苟得其材,不嫌名迹。

译文

人的先天本性相近而后天习性相距很远。所以,是贤能还是愚蠢,取决于其心窍,而不在于其地位的高贵和低贱;是忠诚老实还是欺诈骗人,取决于其品性,而不在于关系的亲近和疏远。和秦二世一起丢了天下统治权的是丞相、御史大夫,和汉高祖一起夺取天下的是丝绸市场上的商贩、宰狗的屠夫。骊山的囚徒,巨野泽中的强盗,都成了有名的将军。由此看来,只要得到了理想的人选,就不必担忧他们的贫穷、卑贱;只要得到了理想的干才,就不必厌恶他们过去不良的名声、事迹。

注释

1　此句为孔子之言,见《论语·阳货》。
2　**丞相**:秦始皇统一六国后,以丞相、御史大夫、太尉为三公,协助皇帝处理全国军政事务。此当指中丞相赵高而言。　**御史**:指御史大夫,掌管国家图书档案以及监察、考核、弹劾百官。秦二世时任御史大夫的名德。
3　**缯肆**:丝绸市场,指灌婴。他初以贩卖丝绸为业,秦末从刘邦屡建战功,后又一起攻杀项羽。　**狗屠**:宰狗的人,指樊哙。他初以屠狗为业,后随刘邦起义,以军功封贤成君,任左丞相。
4　**骊山之徒**:骊山(在今陕西西安临潼区东南)的囚徒,指英布。他曾犯法而被遣送到骊山服劳役,秦末率领骊山刑徒起义,追随项羽,后归汉,从刘邦攻灭项羽。
5　**巨野之盗**:巨野泽(在今山东巨野北)的强盗,指彭越。他原在巨野泽中捕鱼做强盗,秦末聚众起兵,后归刘邦,与诸将一起击灭项羽。

原文

远迹汉元以来¹,骄贵之臣,每受罪诛;党与在位并伏辜者,常十二三。由此观之,贵宠之臣,未尝不播²授私人、进奸党也。是故王莽³与汉公卿牧守夺汉,光武⁴与汉之遗民弃士共诛。如贵人必贤而忠,贱人必愚而欺,则何以若是?

译文

远远地追溯汉朝创立以来的事迹,骄横放纵、地位高贵的臣子,常常受到惩处诛杀;同党的人身居官位而同时受到治罪的,常常占十分之二三。由此看来,高贵荣耀的臣子,从来都是培植、委任亲信、提拔奸邪党羽的。所以王莽和汉朝的三公九卿、州牧郡守篡夺了汉朝的政权,光武帝和汉朝那些被遗弃的民众、将士一起惩罚了他们。如果地位高贵的人一定是贤良而忠诚的,地位卑贱的人一定是愚昧而欺诈的,那么为什么会这样呢?

注释

1 **迹**：追溯踪迹，考察过去的事迹。　**元**：开始。
2 **播**：播种，引申为安插、培植。
3 **王莽**：公元5年，他毒死汉平帝，自称"假皇帝"。次年立年仅二岁的刘婴为太子。公元8年，他宣布即天子位，改国号为新。新市、平林军拥立刘玄为更始帝。更始兵攻入长安，王莽被商人杜吴所杀。
4 **光武**：汉光武帝刘秀，高祖九世孙。公元22年，从其兄刘演起兵，受命于更始帝刘玄，大破王莽军。公元25年即帝位，又定都洛阳，建立了东汉王朝。

原文

自成帝[1]以降，至于莽，公卿列侯[2]，下讫令尉[3]，大小之官，且十万人，皆自汉所谓贤明忠正贵宠之士也。莽之篡位，唯安众侯刘崇、东郡太守翟义[4]，思事君之礼，义勇奋发，欲诛莽。功虽不成，志节可纪。夫以十万之计，其能奉国报恩，二人而已。由此观之，衰世群臣诚少贤也，其官益大者罪益重，位益高者罪益深尔。故曰：治世之德，衰世之恶，常与爵位自相副也。

译文

从成帝以来，一直到王莽，三公九卿及列侯，下至县令县尉，大大小小的官员，几乎十万人，都出自汉代所谓的贤能、明智、忠诚、正直、高贵、荣耀的人士之中。王莽篡夺皇位的时候，只有安众侯刘崇、东郡太守翟义，想到了侍奉君主的礼义，见义勇为的精神振作高涨，想诛杀王莽。事情虽然没有成功，但其志向节操值得记载。那官员要用十万来计算，其中能够以身殉国报答皇恩的，只有两个人。由此看来，在衰微的时代，群臣百官中贤人实在很少，其中官做得越大的罪行越重，地位越高的罪孽越深啊。所以说：太平时代的德行，衰微时代的罪恶，常常和爵位的高低自然而然地相符合啊。

注释

1 **成帝**：汉成帝刘骜，公元前33年即位后，王氏开始执掌大权。后王莽篡权,实肇始于成帝。
2 **列侯**:秦汉爵位分二十级,最高一级为彻侯,后避汉武帝刘彻讳,改名通侯,或称列侯。
3 **尉**:掌管军事刑狱的官。此文指县尉,主管一县的军事、刑狱。
4 **安众侯刘崇**:王莽居摄元年(公元6年),刘崇认为王莽专制朝政,必危刘氏,于是与张绍等百余人起兵反莽,被王莽所灭。　**东郡**:郡名,治所在濮阳(今河南濮阳西南)。　**翟**(zhái)**义**:故丞相翟方进之少子。王莽居摄,翟义认为王莽必代汉家,自己为宰相之子,管辖大郡,父子受汉厚恩,理当为国讨贼,于是于公元7年起兵反莽,后兵败被杀,夷灭三族。

原文

孔子曰:"国有道,贫且贱焉,耻也;国无道,富且贵焉,耻也。"[1]《诗》伤"皎皎白驹,在彼空谷";"巧言如流,俾躬处休"。[2] 盖言衰世之士,志弥洁者身弥贱,佞弥巧者官弥尊也。方[3]以类聚,物以群分;同明相见,同听相闻;唯圣知圣,唯贤知贤。

译文

孔子说:"国家政治清明,在这种情况下却贫穷而卑贱,这是一种耻辱;国家政治黑暗,在这种情况下却富裕而高贵,也是一种耻辱。"《诗经》哀叹"洁白洁白的骏马,在那空旷的山谷";又说"花言巧语如水流,可使自身乐无忧"。这大概是指衰微时代的士人,志向越清高的,身份越卑贱;阿谀奉承越巧妙的,官职越尊贵。学说主张按类汇聚,万物按类分开;同样视力的人能互相看见,同样听力的人能互相听见;只有圣人才了解圣人,只有贤人才了解贤人。

注释

1 引文见《论语·泰伯》。
2 **俾**:使。　**处休**:处于喜庆安乐,指做高官。以上两句见《诗经·小雅·雨无正》。
3 **方**:道,指思想、学说、主张等。

原文

今当涂之人,既不能昭练¹贤鄙,然又却于贵人之风指²,胁以权势之嘱托;请谒阗门³,礼贽⁴辐凑;迫于目前之急,则且先之。此正士之所独蔽,而群邪之所党进也。

译文

现在掌权的人,既不能明辨贤人与庸才,而又被显贵之人的神气、意图所威逼,被有权有势者的嘱咐、委托所威胁;请求说情的人挤满了门庭,礼物就像车轮上的辐条聚集于车毂上那样从四面八方送上来;被眼前这些急于做官的人所逼迫,就将首先委任他们。这就是正直之士被孤立、埋没的原因,也是成群的邪恶之人能结党进用的缘故啊。

注释

1 **练**:通"拣",选择,引申指区别。
2 **却**:为"劫"之形讹。 **风**:指说话时的声气、神色。 **指**:通"旨",意思,意图。
3 **谒**(yè):请求。 **阗**(tián):满。
4 **贽**(zhì):古代初次拜见尊长时所送的礼物。

原文

周公之为宰辅也,以谦下士¹,故能得真贤。祁奚之为大夫也,举仇荐子,故能得正人。今世得位之徒,依女妹之宠以骄士,借亢龙²之势以陵贤,而欲使志义之士匍匐曲躬以事己、毁颜诣谀以求亲,然后乃保持之,则贞士采薇冻馁伏死岩

译文

周公旦做宰相的时候,以谦恭的态度尊重贤士,所以能得到真正的贤人。祁奚当大夫的时候,推荐仇人及儿子,所以能得到正直的人。当代获得官位的那一帮人,依靠女儿、妹妹的得宠来傲视士人,凭借君主的权势来欺侮贤人,却想让有志向讲道义的贤士趴在自己跟前卑躬屈膝地来侍奉自己、毁掉面子阿谀奉承来求得亲近,这样做了以后才保护、扶持他们,那么有操守的贤士就只有采食野豌豆、受冻挨饿、隐居

穴之中而已尔[3],岂有肯践其阙而交其人者哉?而死在山洞之中罢了,哪有肯踏上这帮人所盘踞的朝廷来和这帮人交往的呢?

注释

1 **下士**:下于士,自抑于贤士之下,即尊重贤士,谦恭地对待贤士。
2 **亢龙**:喻指至高无上的人,即君主。亢,高。
3 **薇**:即巢菜,又名野豌豆,可食。相传伯夷、叔齐义不食周粟,隐居在首阳山采薇而食,所以后世常用"采薇"形容志节清高而甘居贫困。 **岩穴**:山洞。古代隐士常隐居在山林岩洞之中。

潜叹

导读

潜叹:潜夫的叹息。作者自号"潜夫",对贤人不为世用以致君主想治理好国家而国家却治不好的历史与现实发出了深深的叹息,故以"潜叹"为篇名。

作者认为,君主都想治理好国家而国家却往往治理不好,这是因为君主任用的人不贤能而贤人得不到任用。贤人之所以得不到任用,一是因为君主没有得贤之术,取士时不能听取民众意见,反而相信乱臣之言;二是因为在位者埋没贤人而极力进用其党羽,使贤君与义士不得相遇;三是因为贤士处于郊野而不能见到君主,而且他们不会与奸臣同流合污,所以他们为当权的奸臣所深恶痛绝。凡此种种,就造成了贤人得不到任用、奸臣横行、政事败乱、君主孤危的危险局面。

原文

凡有国之君者，未尝不欲治也，而治不世见者，所任不贤故也。世未尝无贤也，而贤不得用者，群臣妒也。主有索贤之心，而无得贤之术；臣有进贤之名，而无进贤之实。此以人君孤危于上，而道独抑于下也。

译文

周公旦做宰相的时候，以谦恭的态度尊重贤士，所以能得到真正的贤人。祁奚当大夫的时候，推荐仇人及儿子，所以能得到正直的人。当代获得官位的那一帮子人，依靠女儿、妹妹的得宠来傲视士人，凭借君主的权势来欺侮贤人，却想让有志向讲道义的贤士趴在自己跟前卑躬屈膝地来侍奉自己、毁掉面子阿谀奉承来求得亲近，这样做了以后才保护扶持他们，那么有操守的贤士就只有采食野豌豆、受冻挨饿、隐居而死在山洞之中罢了，哪有肯踏上这帮人所盘踞的朝廷来和这帮人交往的呢？

原文

夫国君之所以致治者，公也。公法行，则轨[1]乱绝。佞臣之所以便身者，私也。私术用，则公法夺。列士之所以建节者，义也。正节立，则丑类代。此奸臣、乱吏、无法之徒，所谓[2]日夜杜塞贤君义士之间，咸使不相得者也。

译文

国君用来取得安定太平的手段，是维护公家的利益。维护公家利益的法制实行了，那么内乱就会绝迹。奸巧之臣用来便利自己的办法，是维护私人的利益。维护私利的办法实施了，那么维护公家利益的法制就会被取代。贞节之士用来树立节操的办法，是奉行道义。正直的节操树立起来了，那么丑恶的榜样就会被取代。这就是奸邪的臣子、捣乱的官吏、横行不法的那帮人，日日夜夜堵塞在贤明的君主和守节的贤士之间，完全使他们不能互相投合的原因啊。

注释

1 **轨**:通"宄",内乱。
2 **所谓**:所以。谓,通"为"。

原文

夫贤者之为人臣,不损君以奉佞,不阿众以取容,不惰公以听私,不挠法以吐刚¹,其明能照奸,而义不比²党。是以范武³归晋而国奸逃,华元反朝而鱼氏亡⁴。故正义之士与邪枉之人不两立之。夫人君之取士也,不能参听民氓、断之聪明⁵,反徒信乱臣之说,独用污吏之言。此所谓与仇选使⁶、令囚择吏者也。

译文

有德才的人做臣子的时候,不损害君主来奉承奸巧谄媚的权臣,不迎合众人来讨取大家的欢心,不怠慢公家来听从私门,不歪曲法令来释放强暴的罪人,他的明智能够洞察奸邪,而且能够根据道义不拉帮结派。因此范武子回到晋国而坏人就逃跑了,华元返回朝廷而鱼氏就逃亡了。所以正直而讲求道义的贤士和邪恶不正直的人是不可能同时并存的。君主选取士人的时候,不能够同时广泛地听取民众的意见、凭借自己的聪敏明察来判断他们,反而只听信乱臣贼子的说法,只采用贪官污吏的意见。这可以称作是和仇人一起来选取官吏、让囚犯来选择管理监狱的官啊。

注释

1 **吐刚**:原义是嚼到了硬的东西把它吐出来,比喻害怕强暴而把他们放了。
2 **比**:勾结。
3 **范武**:范武子士会,春秋时晋国大夫。公元前593年,士会统率晋军灭赤狄之甲氏、留吁、铎辰,回国后升为中军元帅,兼任太傅,执掌国政,修订法令,于是晋国之盗都逃奔到秦国。
4 **华(huà)元**:春秋时宋国大夫,公元前611年任右师(宋国执政官)。
鱼氏:指鱼石、鱼府。当时鱼石为左师(宋国的执政官,地位仅次于右师),鱼府为少宰(位在太宰之下,协助太宰处理宫中事务)。公元前576

年,宋共公死,司马荡泽杀太子肥。右师华元出奔晋,左师鱼石劝阻华元于黄河边,请求讨伐荡泽。于是华元回宋,使司徒华喜、司城公孙师率国人攻杀荡泽。由于鱼石、鱼府与荡泽都是桓族(出自宋桓公),而华元是戴族(宋戴公之后),他们怕华元讨伐荡泽时连及自己,于是出城停留于睢河边,见华元无意挽留他们,就逃往楚国。

5 **参**:并。 **聪明**:听觉灵敏视力好,指君主借助民众来打听、观察所形成的聪敏明察。

6 **使**:与"吏"对文而义同。

原文

《书》云:"谋及乃心,谋及庶人。"[1]孔子曰:"众好之,必察焉;众恶之,必察焉。"[2]故圣人之施舍也[3],不必任众,亦不必专己,必察彼己之为[4],而度之以义,或舍人取己,故举无遗失而政无废灭也。或[5]君则不然。己有所爱,则因以断正[6],不稽于众,不谋于心;苟眩于爱,唯言是从。此政之所以败乱,而士之所以放佚[7]者也。

译文

《尚书》上说:"你要用心考虑,要和众人商量。"孔子说:"众人喜爱他,一定要考察;众人厌恶他,一定要考察。"所以圣人给不给人官职,不只信任众人,也不是只由自己专断,而一定要考察别人和自己的看法,用正确合宜的标准来衡量它们,有时候也会抛弃别人的看法而采用自己的看法,所以提拔人没有失误而政权也不会毁坏灭亡。昏乱的君主就不是这样。他们自己有了喜爱的人,那就用他来决断政事,不去询问众人,也不用心考虑;要是被自己喜爱的人迷惑了,那么只要他一说出来就听从。这就是政事被败坏搞乱的原因,也是官吏放纵横行的缘故啊。

注释

1 **谋及乃心**:谋划要涉及你的心。谋,谋划,商量。乃,你。引文见《尚书·洪范》。

2 引文见《论语·卫灵公》。

3 施:予。 舍:不予。
4 为:认为。这里用作名词,指看法。
5 或:通"惑"。
6 断:决断,指审理后做出决定。 正:通"政"。
7 佚:放荡。

原文

昔纣好色,九侯¹闻之,乃献厥女。纣则大喜,以为天下之丽莫若此也,以问妲己²。妲己惧进御而夺己爱也,乃伪俯而泣曰:"君王年即耆邪³?明既衰邪?何貌恶之若此而覆谓之好也?"纣于是渝⁴而以为恶。妲己恐天下之愈进美女者,因白:"九侯之不道也,乃欲以此惑君王也。王而⁵弗诛,何以革⁶后?"纣则大怒,遂脯厥女而烹九侯。自此之后,天下之有美女者,乃皆重室⁷昼闭,唯恐纣之闻也。

赵高专秦,将杀二世,乃先示权于众,献鹿于君,以为骏马。二世

译文

从前商纣王喜爱女色,九侯听说了,就献上了自己的女儿。纣王便十分高兴,以为天下的美女没有哪一个能及得上她,就把自己的看法告诉了妲己。妲己怕她进宫陪伴纣王而夺走了自己所受到的宠爱,就装模作样地低着头哭泣说:"君王您年纪已经老了吗?视力已经衰退了吗?为什么她的容貌丑陋得像这样您却反而以为她漂亮呢?"纣王于是改变了看法而认为她丑陋。妲己怕天下的人再进献美女,便接着说:"九侯这样大逆不道,竟想拿这种女人来迷惑君王。君王如果不把他杀掉,拿什么去禁绝步其后尘的人?"纣王便十分愤怒,就把九侯的女儿做成肉干,并煮杀了九侯。从此以后,天下有美女的人家,就都把她们藏在深深的内室之中而白天也把门关着,只怕纣王打听到。

赵高独揽秦朝大权,想要杀掉秦二世,就先在众人面前显示自己的权势,把一只鹿献给二世皇帝,却故意把它当作骏马。二世看见后说:"这是鹿。"赵高说:"这

占⁸之曰："鹿。"高曰："马也。"二世收目独视⁹，曰："丞相误邪！此鹿也。"高终对以马。问于朝臣。朝臣或助二世而非高。高因白二世："此皆阿主惑上，不忠莫大。"乃尽杀之。自此之后，莫敢正谏，而高遂杀二世于望夷¹⁰，竟以亡。

是马。"二世擦了一下眼睛专注地看了一会儿，说："丞相你错啦！这是鹿啊。"赵高却始终回答说是马。于是就问朝廷上的大臣。朝廷的大臣中有人帮二世而说赵高不对。赵高就对二世说："这些人都是在迎合君主，迷惑皇上，不忠诚的行为没有比这更大的了。"就把这些人全杀了。从此以后，没有人再敢正直地劝谏，而赵高终于在望夷宫杀死了二世，结果秦王朝也因此而灭亡了。

注释

1. **九侯**：又作"鬼侯"，殷代诸侯。
2. **问**：告。 **妲(dá)己**：商纣王的宠妃。
3. **即**：与下句之"既"字异而义同。 **耆(qí)**：老。
4. **渝**：变。
5. **而**：犹"如"，如果。
6. **革**：戒。
7. **重(chóng)室**：指最里层的房间。重，重叠。
8. **占**：犹"瞻"。
9. **收**："扠"字之形讹，擦。 **独**：通"属"，属(zhǔ)，通"注"。
10. **望夷**：秦宫名，故址在今陕西泾阳东南。

原文

夫好之与恶放¹于目，而鹿之与马者著于形者也。已又定矣，还至谗如臣妾之饰伪言

译文

那漂亮与丑陋看在眼里，而鹿与马则是显露在形体上的东西啊。君王自己又已经确定了，但一会儿碰到诋毁人的臣子与忌妒人的姬妾粉饰假话并编造胡言乱语之后，

而作辞也[2],则君王失己心,而人物丧我体矣。况乎逢幽隐囚人,而待校其信[3],不若察妖女之留意也;其辨贤不肖也,不若辨鹿马之审固也?此二物者,皆得进见于朝堂[4],暴[5]质于心臣矣,及欢爱苟媚、佞说巧辩之惑君也[6],犹炫耀君目,变夺君心,便[7]以好为丑,以鹿为马,而况于郊野之贤、阙外之士未尝得见者乎?

君王就放弃了自己的想法,而人与物也都在君王的心目中丧失了他们自己固有的形体。更何况碰上隐居不露或囚禁在押的人,君主须考核他们的忠诚老实,也不如观察美女那样留心;而君主辨别他们是否有德才,也不如辨别鹿与马那样确实牢靠呢?美女和鹿这两种东西,都能够进献而显现在朝廷上,把自己的资质暴露在君主的心目中与大臣的面前,但等到君主喜爱的姬妾假情假意地奉承讨好、能说会道的奸臣施展巧妙的诡辩来迷惑君主的时候,还是会惑乱君主的眼睛,改变君主的想法,使他把漂亮的当作丑陋的,把鹿当作马,更何况是郊野的贤士、朝廷外的才子之类还从来没能显现在朝廷上的人呢?

注释

1 **放**:至。
2 **还**:通"旋"(xuán),速,指短时间。　**谗如臣妾**:谗臣与妒妾,指赵高与妲己。如,当作"妒"。
3 **待**:须。　**校**(jiào):考核。
4 **朝堂**:汉代正朝左右百官治事之所,此泛指朝廷。
5 **暴**(pù):显露。
6 **苟**:苟且随便,虚伪而不义。　**媚**:谄媚,讨好。
7 **便**:"使"字之形讹。

原文

　　夫在位者之好蔽贤而务进党也,自古而然。昔唐尧之大圣也,聪明宣昭;虞舜之大圣也,德音发闻。尧为天子,求索贤人,访于群后。群后不肯荐舜,而反称共、鲧之徒。赖尧之圣,后乃举舜而放四子[1]。夫以古圣之质也——尧聪之明也,舜德之彰也,君明不可欺,德彰不可蔽也,质鲜[2]为佞——而位者尚直若彼[3]。今夫列士之行,其不及尧、舜乎达矣;而俗之荒唐,世法滋彰。然则求贤之君,哀民之士,其相合也亦必不几矣。文王游畋,遇姜尚于渭滨,察言观志而见其心,不谘左右,不诹群臣,遂载反归,委之以政,用[4]能造周。故尧参乡党以得舜[5],文王参己以得吕尚,岂若殷辛、秦政[6],既得贤人,反

译文

　　身居官位的人喜欢埋没贤人而致力于进用党羽,自古以来就是这样。从前唐尧这样伟大圣明,他的聪敏明察众所周知;虞舜这样伟大圣明,他仁德的名声轰动传扬。尧做天子,求取贤人,询问各个诸侯。诸侯们不肯推荐舜,却反而推举共工、鲧这类人。依靠了尧的圣明,后来才提拔了舜而放逐了共工、骥兜、三苗、鲧这四个人。凭着古代圣人的资质——尧聪敏而明察,舜德行这样显扬,君主尧明察而不可欺骗,舜的德行显扬而不可遮掩,其禀性不搞巧言谄媚的勾当——而身居官位的人尚且只能像那个样子不加推荐。现在那些贞节之士的德行,及不上尧、舜是很明了的了;而世俗这样荒唐不讲道义,因而世上的法令更加明白而社会更加混乱。在这样的情况下,那么寻求贤人的君主,怜悯民众的贤士,他们的相遇也一定没有什么指望了。周文王外出打猎,在渭河边上遇到了姜尚,考察他的言谈、观察他的志向而看出了他的心意,不和身边的侍从商议,也不和群臣商量,就让他乘上自己的车子一起回去了,把国家的政事委托给他,因而能够创建周王朝。所以尧在乡里验证后就得到了舜,文王由自己验证后就得到了吕尚,哪里像商纣王、秦王政,已经得到了贤人,反而

| 决滞于仇⁷,诛杀正直,而进任奸臣之党哉? | 根据其仇人的意见来摆布,惩处、杀害这些正直的贤人,而进用奸臣的党羽呢? |

注释

1. **放四子**:放逐四人,即《尚书·舜典》所说的"流共工于幽州,放驩兜于崇山,窜三苗于三危,殛鲧于羽山。"
2. **鲜**(xiǎn):少。
3. **位**:当作"在位"。 **直**:只。
4. **用**:以。
5. **参**:验证。 **乡党**:"乡"与"党"原是古代的行政区域,后世便用来指乡里。传说众人向尧推荐了民间的舜之后,尧就去考验他,把两个女儿嫁给舜,让女儿在舜所居的妫水湾观察舜的德行。
6. **殷辛**:商纣。 **秦政**:秦始皇,嬴姓,赵氏,名政。
7. **决滞于仇**:根据仇人的意见来摆布。商纣王得到贤人姬昌(周文王)后,又听从其仇人崇侯虎的话而将姬昌囚于羑里。秦始皇得到贤人韩非后,又听信其仇人李斯、姚贾的话而将韩非囚于云阳,结果李斯设计把韩非杀害了。决滞,"决"是排除堵塞的东西而让水流动,"滞"是水不流动。"决滞"用作使动词,表示使水流动或不流动,喻指使人走或留。

原文

是以明圣之君于正道也,不专驱于贵宠、惑于嬖媚,不弃疏远,不轻幼贱,又参而任之。故有周之制也,天子听政,使三公至于列士献诗¹,良史献书,师²箴,瞍赋,蒙

译文

因此,英明圣哲的君主对于掌握了正确的治国策略的贤人,不专受高贵荣耀的权臣所指使、被得宠谄媚的亲信所迷惑,不因为关系疏远而抛弃他们,不因为年纪小、地位低而轻视他们,而是检验后就任用他们。所以周王朝的制度是,天子听取臣子的报告而处理政事,使三公一直到众多的下层官吏献上诗歌,优秀的史官献上史籍,太师用箴言规劝告诫,没有眼珠的盲人乐工朗诵诗歌,有眼珠的盲人乐工背诵史籍,群臣百官进谏,

诵,百工谏,庶人传语,近臣尽规,亲戚补察,瞽、史教诲[3],耆艾修之,而后王斟酌焉,是以事行而无败也。

平民百姓通过官吏转告意见,天子身边的臣子毫无保留地献上自己的谋划,内亲外戚补救天子的失误并观察天子处理政事的是非得失,乐师、太史进行教诲引导,元老们整理各方面的意见,然后天子再从中或多或少地吸取这些意见,因此政事能处理好而没有什么失败的。

注释

1 **列**:众多。 **士**:官名,其地位在大夫之下。
2 **师**:指太师,为三公之一,主管教养、监护太子或幼主,是辅弼天子的执政大臣。
3 **瞽**:没有眼睛的人叫"瞽",古代常用瞽任乐师,所以这里指乐师。 **史**:指太史,掌管册命、制禄、图籍、礼制、占卜、祭礼以及记录历史、时令、天文、历法等。

原文

末世则不然。徒信贵人骄妒之议,独用苟媚蛊惑之言。行丰礼者蒙僭咎[1],论德义者见尤恶。于是谀臣又从以诋訾之法[2],被以议上之刑。此贤士之姤[3]困也。夫诋訾之法者,伐贤之斧也;而骄妒者,噬贤之狗也。人君内秉伐贤之斧,权[4]噬贤之狗,而外招贤,欲其至也,不亦悲乎?

译文

王朝行将灭亡的时期就不是这样。君主只听信显贵的权臣以及骄横忌妒者的议论,只采用苟且谄媚蛊惑人心的言论。奉行诸多礼仪的人反而受到责怪,谈论道德仁义的人反而被指责厌恶。在这种情况下,阿谀奉承的臣子又用毁谤朝政的法律加到他们头上,用妄议皇上的刑罚加到他们身上。这样,贤德之士就陷入困境了。那毁谤朝政的法律,是砍伐贤士的斧头;而骄横忌妒的臣子,是乱咬贤士的恶狗。君主在朝廷内握着砍伐贤士的斧头,操纵着乱咬贤士的恶狗,却向外招集贤士,要他们前来投奔,不也是很可悲的吗?

注释

1 **憸**:同"愆",与"咎"同义,是罪过、过失的意思。这里用作动词,表示归罪、责怪。
2 **从**:重,继续加上。 **訾**(zǐ):诋毁,非议。
3 **姤**(gòu):同"遘",遭遇。
4 **权**:秉,执。

第三巻

忠贵

导读

忠贵：忠诚可贵。文章主要论述了忠臣的可贵之处，抨击了世俗所谓的忠臣。

作者认为，官位是上天所设的，而上天钟爱的是人民。忠臣的可贵之处在于具备了相当的"德""能""功"，即他们能顺从天意，奉行礼制，遵守法令，恪尽职守辅助君主，为百姓效劳立功。这些"利民"的臣子才能繁荣昌盛。臣子如果无德无能，靠阿谀逢迎或小聪明窃取官职来谋取私利，即使受到当时君主的器重而被认为忠诚有功，也一定会败亡，因为皇天绝不会饶恕这些"窃位之人"。作者在文中把"窃位之人"的翻脸无情、丧尽天良、阿谀奉承、贪婪吝啬、骄纵蛮横的丑恶行径刻画得入木三分，具有普遍的典型意义，可作为照妖镜照见历代那些身居官位的小人。

原文

世有莫[1]盛之福，又有莫痛之祸。处莫高之位者，不可以无莫大之功。窃亢龙之极贵者，未尝不破亡也；成天地之大功者，未尝不蕃昌也。

译文

世上有极其美满的幸福，又有极其惨痛的灾祸。身居最高职位的人，不可以没有最大的功劳。窃取了君主那至高地位的人，从来没有不破败灭亡的；建成了顺应天地的伟大功业的人，从来没有不繁荣昌盛的。

注释

1 莫：无比，极，最。

原文

帝王之所尊敬者，天也；天之所甚爱者，民也。今人臣受君之重位，牧天之所甚爱，焉可以不安而利之、养而济之哉？是以君子任职则思利民，达上则思进贤，功孰大焉？故居上而下不重也，在前而后不殆也。《书》称："天工，人其代之。"王者法天而建官，自公卿以下，至于小司，辄[1]非天官也？是故明主不敢以私爱，忠臣不敢以诬能。夫窃人之材，犹谓之盗，况偷天官以私己乎？以罪犯人，必加诛罚，况乃犯天，得无咎乎？

注释

1 辄：犹"则"。

译文

帝王所尊敬的是上天，上天所钟爱的是民众。现在臣子接受了君主所授予的重要职位，管理上天所钟爱的民众，怎么可以不使民众安定而得利、使他们受到养育与接济呢？因此君子担任了职务就考虑造福民众，显贵而身居高位就考虑推荐贤人，功劳还有什么比这更大的呢？所以身居民众之上而下面的民众并不以为是沉重的负担，身居民众之前而在后的民众并不以为有危害。《尚书》上说："上帝安排的官职，人应当代替上帝来管理。"统治天下的帝王效法上天来设立官职，从三公九卿以下，一直到小司，就不是上天安排的官职吗？所以英明的君主不敢拿它私自授予宠爱的人，忠诚的臣子不敢为了它而冒充有才能。偷窃别人的钱财，尚且要称之为贼，何况是窃取上天安排的官职而拿来使自己得利呢？以罪恶的行为侵犯了别人，一定要加以惩罚，何况是冒犯了上天，能没有灾祸吗？

原文

五代建侯，开国成家，传嗣百世，历载千数，皆以能当天官，功加百姓。周公东征，后世追思[1]；召公甘棠[2]，人不忍伐。见爱如是，岂欲私害之者哉？此其后之封君多矣，或不终身，或不期月，而莫陨坠[4]其世无者，载莫盈百，是人何也哉？

译文

唐尧、虞舜、夏、商、周这五个朝代所立的诸侯，始创封国建成家邑，传给子孙上百代，经历一千多年，都是因为他们能胜任上天安排的官职，对民众作出了贡献。周公东进征伐，后代追念讴歌；召公待过的棠梨树，人们不忍心砍伐。他们受人爱戴就像这样，哪里还会有想在私下里伤害他们的人呢？他们之后领受封邑的贵族可多啦，有的不能维持到他享尽天年，有的不能待满一个月，而不在他生活的朝代败亡的还没有过，世袭的年数没有满百的，这些人算什么呢？

注释

1. **后世追思**：指《诗经·豳风·破斧》对此事的讴歌。其诗云："周公东征，四国是皇(匡正)。"
2. **召(shào)公**：又作"邵公"，姓姬，名奭(shì)。他曾帮助周武王灭商，周成王时任太保，与周公旦分陕(今河南三门峡陕州区)而治。传说他有一次下乡视察，在一棵棠梨树下判决案件、处理政事，从侯爵、伯爵直到平民百姓都得到了相应的职业。他死后，人民怀念他的政绩而同时思及这株棠梨树，不敢砍伐它，还写了《甘棠》之诗来歌颂他。 **甘棠**：一名棠梨，俗称野梨，结实如小楝子大，酸美可食。此指召公所待过的甘棠树。《诗经·召南·甘棠》云："蔽芾(茂盛)甘棠，勿翦勿伐，召伯所茇(舍)。"
3. **陨坠**：陨落，指封爵被免去，封邑被废除。

原文

五代之臣，以道事君，以仁抚世，泽及草

译文

唐、虞、夏、商、周这五个朝代的臣子，用正确的政治原则和方法来侍奉君主，用仁

木,兼利外内,普天率土[1],莫不被德。其所安全,真天工也。是以福祚流衍[2],本枝[3]百世。季[4]世之臣,不思顺天,而时主是谀,谓破敌者为忠、多杀者为贤。白起、蒙恬[5],秦以为功,天以为贼。息夫、董贤[6],主以为忠,天以为盗。此等之俦,虽见贵于时君,然上不顺天心,下不得民意,故卒泣血号咷,以辱终也。《易》曰:"德薄而位尊,智小而谋大,力少而任重,鲜不及矣。"[7]是故德不称其任,其祸必酷;能不称其位,其殃必大。

德来安抚天下,恩泽施加到草木,使朝廷内外同时得到好处,普天之下、四海之内,无不受到他们的恩惠。他们之所以安稳而得到保全,是因为真能胜任上天安排的官职。因此他们的福分广泛流传,嫡系子孙和庶出子孙都能世袭官位上百代。王朝行将灭亡时期的臣子,不考虑顺应上天,而只是阿谀逢迎当时的君主,把打败敌人的称为忠诚,把杀人多的称为贤能。白起、蒙恬,秦王认为他们有功,上天却把他们当作强盗。息夫躬、董贤,君主认为他们忠诚,上天却把他们当作贼。这样的一类人,虽然被当时的君主所器重,但向上不顺天意,在下不得民心,所以最后有的悲泣、有的号啕大哭,带着耻辱了结了一生。《周易》说:"功德微薄而地位尊贵,智慧寡小而谋划远大,力量缺少而负担沉重,很少有不遭殃的。"所以功德和他担任的职务不相称的人,他的灾难一定很厉害;能力和他所处的官位不相当的人,他的祸殃一定很大。

1 **普天率土**:《诗经·小雅·北山》"普天之下""率土之滨"的略语。普,遍。率,遵循、沿着。"率土之滨"即沿着陆地的水边。古人认为中国四周都是海,所以沿着陆地四周的海边包抄,等于说"四海之内",也就是指整个中国。

2 **祚**(zuò):福。 **衍**(yǎn):漫溢而延续下去。

3 **本枝**:树木的主干和枝条,喻指大宗(嫡长子一系)和小宗(嫡长子以外的庶出子孙)。

4 **季**:末。

5 蒙恬：秦名将，曾率兵击退匈奴，甚受秦始皇尊宠。始皇死，赵高等伪造圣旨赐太子扶苏和蒙恬死，蒙恬不肯自杀而被囚，后仍为二世所迫，吞药自杀。

6 息夫：指息夫躬，汉哀帝时著名的佞臣，因与孙宠等诬告东平王刘云谋反被信用而提拔为光禄大夫。后有人告他心怀怨恨而诅咒天子，被逮捕，未及审问而死。　董贤：汉哀帝时著名的佞臣，因貌美、温和、善于奉承而为哀帝宠幸，官至大司马，操纵朝政。公元前1年，哀帝死，他被免官而自杀。

7 引文见《周易·系辞下》。

原文

　　且夫窃位之人，天夺其鉴[1]，神惑其心。是故贫贱之时，虽有鉴明[2]之资、仁义之志，一旦富贵，则背亲捐旧，丧其本心，皆疏骨肉而亲便辟[3]，薄知友而厚狗马，财货满于仆妾，禄赐尽于猾奴，宁见朽贯[4]千万而不忍赐人一钱，宁积粟腐仓而不忍贷人一斗，人多骄肆，负债不偿，骨肉怨望[5]于家，细民谤讟于道[6]。前人以败，后争袭之，诚可伤也！

译文

　　再说窃取官位的人，上天会夺走他的自知之明，神仙会迷惑他的心窍。所以他贫穷卑贱的时候，虽然有自知之明的资质、追求仁义的志向，但一旦富裕高贵了，就会背离亲戚、抛弃故旧，丧失他本来的心肠，毫无例外地疏远了骨肉至亲而去亲近君主的宠臣，轻视知心朋友而优待狗、马，钱财货物在他的仆人婢女那里也都绰绰有余，俸禄与赏赐就连狡猾的奴婢也都有份，宁愿看见自己家中烂掉的钱成千上万也舍不得赐给别人一个铜钱，宁可囤积了粮食在仓库中腐烂也舍不得借给别人一斗，人品也大多变得骄横放肆，欠了债不还，因而骨肉至亲在家中埋怨责怪，微贱的百姓在路上指责怪怨。从前的人因为这种行径而败亡，后代的人却争着沿袭这种做法，真是可悲啊！

忠贵 | III

注释

1 鉴：镜子，引申指自知之明。
2 鉴明：自照之明，即自知之明。
3 便辟(piánpì)：君主左右受宠信的小臣。
4 贯：穿绳的绳索。
5 望：埋怨，责怪。
6 谤：公开指责别人的过失。　讟(dú)：责怪，埋怨。

原文

历观前世贵人之用心也，与婴儿等。婴儿有常病，贵臣有常祸；父母有常失，人君有常过。婴儿常病，伤饱也；贵臣常祸，伤宠也；父母常失，在不能已于媚子[1]；人君常过，在不能已于骄臣。哺乳太多，则必挚纵而生痫[2]；贵富太盛，则必骄佚而生过。是故媚子以贼其躯者，非一门也；骄臣用灭其家者，非一世也。或以背叛横逆不道[3]，或以德薄不称其贵。文昌奠功[4]，司命[5]举过，观恶深浅，称罪降

译文

——观察前代高贵之人的用心，是和婴儿相同的。婴儿有常见的疾病，高贵之臣有常见的祸患；父母有常见的失误，君主有常见的过错。婴儿常见的疾病，是因为吃得太饱而伤害了自己；高贵之臣常见的祸患，是因为得宠而伤害了自己；父母常见的失误，是在疼爱孩子方面不能控制自己；君主常见的过错，是在放纵臣子方面不能控制自己。给孩子喂奶太多，孩子就一定会痉挛而患羊痫风；使臣子高贵富裕得太厉害，臣子就一定会骄横放纵而犯错误。所以宠爱孩子以致伤害了身体的，并非只发生于一个家庭；放纵臣子以致毁灭了家邑的，并非只发生于一个朝代。有的因为背叛朝廷、横行跋扈、暴虐无道而毁灭，有的因为功德微薄、和他那高贵的地位不相称而毁灭。文昌神摆出各人的功劳，司命神举出各人的过错，观察其罪恶的大小，根据罪行降下相应的处罚，

罚,或捕格⁶斩首,或拉髃掣胸⁷。踣⁸死深阱,衔刀⁹都市,僵尸¹⁰破家,覆宗灭族者,皆无功于民氓者也。而后人贪权冒宠¹¹,蓄积无极,思登颠陨之台,乐循覆车之迹,愿增福祚以备员满贯者¹²,何世无之?

有的被逮捕、截击、杀头,有的被扳断了肩胛、撕裂了胸脯。在深深的地牢中倒下死了,在城里的集市中被杀头示众,使自己身亡家破、宗族覆灭的,都是对民众毫无功劳的人啊。但是在后人之中,贪图权势追求荣耀,积蓄财富没有个尽头,一心想登上会使自己跌落的高台,乐意重蹈覆辙,想增加自己的福分以致滥竽充数、恶贯满盈的,什么朝代没有呢?

注释

1 **已**:止。 **媚**:爱,讨好。
2 **瘈纵**:痉挛的症状。瘈,抽搐(chù),是一种肌肉不自主地收缩的病症,多见于四肢和颜面,大多由中枢神经系统受到刺激引起。
3 **逆**:违背正道而行。 **不道**:没有道德,暴虐。汉代以后"不道"常作为一种罪名。此文"不道"后承上省"灭其家",下句同。
4 **文昌**:原为星名,后附会为神名,是掌管人间功名、禄位的神。 **奠**:献。
5 **司命**:原为星名,后附会为掌管人间寿夭的神。
6 **格**:拦截并进行打击。
7 **拉**:摧折,扳断。 **髃**:肩胛,肩膀。 **掣**:牵引,拉,引申指撕裂。
8 **踣**:通"踣"(bó),倒下去。
9 **衔刀**:吃刀,即被杀头。
10 **僵尸**:用作动词,表示使自己成为僵硬的尸体。
11 **冒**:贪。 **宠**:荣耀。
12 **备员**:凑人数,指在其位而不谋其政。 **满贯**:即"恶贯满盈",指罪恶多得已像钱穿满绳索一样而达到了法纪所规范的极限,因而一定会受到惩罚。贯,穿铜钱的绳索,后喻指"罪贯",即穿罪恶的绳子。

原文

当吕氏之贵也,太后称制而专政[1],禄、产[2]秉事而握权,擅立四王[3],多封子弟,兼据将相,外内磐结[4],自以虽汤、武兴,五霸[5]作,弗能危也,于是废仁义而尚威虐,灭礼信而务谲诈,海内怨痛,人欲其亡,故一朝摩灭而莫之哀也[6]。霍氏[7]之贵,专相幼主,诛灭同僚,废帝立帝,莫之敢违;禹继父位,山、云秉事,诸婿专典禁兵[8],婚姻本族[9]。王氏[10]之贵,九侯五将[11],朱轮[12]二十三;太后专政,秉权三世;莽为宰衡[13],封安汉公,居摄假号[14],身当南面,卒以篡位,十有余年,自以居之已久,威立恩行,永无祸败,故遂肆心恣意,私近忘远,崇聚群小,重赋殚民,以奉无功,

译文

当吕氏显贵的时候,吕太后发号施令而独揽朝政,吕禄、吕产掌管国家大事而手握大权,擅自设立了四个吕姓诸侯王,大肆分封吕氏子弟,同时占据了将军、相国的位子,朝廷内外紧密勾结,自以为即使商汤、周武王似的圣明帝王兴盛起来,春秋五霸似的强大诸侯再度出现,也不能危害自己,于是抛弃了仁德道义而崇尚威严暴虐,灭绝了礼节信用而致力于权变诡诈,弄得国内怨恨,人人希望他们灭亡,所以一下子灭亡了而没有人哀怜他们。霍光显贵的时候,独自一人辅助年幼的昭帝,诛杀灭掉了共事的官员,废掉昌邑王的帝位而立宣帝,没有人敢违抗;霍禹继承了父亲霍光的职位,霍山、霍云掌握大权,各个女婿专门掌管皇宫的卫戍部队,还使本族和皇家通婚。王家显贵的时候,九人封侯,五人为大司马,能乘坐朱轮之车的达官贵人有二十三个;王太后独揽朝政,在成帝、哀帝、平帝三代都掌握了大权;王莽做宰衡,封为安汉公,处于摄政的地位而使用假皇帝的称号,身居君位,最后便篡夺了皇帝之位,经过十多年,自以为身居皇位已经很久,威势已树立而恩德已流行,永远不会有灾祸败亡了,所以就随心所欲、肆意妄为,偏爱亲近的人而不顾疏远的人,聚集了一群小人,加重赋税竭尽民力,用来奉养没有功劳的家族亲信,行动起来就

动为奸诈,托之经义,迷罔百姓,欺诬天地,自以我密,人莫之知。皇天从上鉴其奸,神明自幽照其态[15],岂有误哉?

干一些邪恶诡诈的勾当,还假托经书的义理把这些行径说得有根有据,以此来迷惑蒙骗百姓,欺瞒糊弄天地,自以为自己做得十分周密,别人没有谁能知道。其实,上天在上边洞察了他们的奸诈,神祇在暗处洞察了他们的邪恶,哪会有失误呢?

注释

1 **太后**:帝王的母亲,此指汉惠帝的母亲吕雉,汉高祖刘邦之妻。惠帝即位,她被尊为太后,掌握实权。惠帝死后,她临朝称制,掌握朝政八年,排斥刘邦旧臣,分封诸吕为王侯,以侄吕产、吕禄掌南北军。她死后,周勃、陈平等灭诸吕,拥立文帝,恢复了刘汉政权。　**称制**:把自己的命令称为"制",指行使皇帝的权力而发号施令。制,皇帝的命令。

2 **禄**:即吕禄;吕后次兄吕释之的小儿子。　**产**:即吕产,吕后长兄吕泽的次子。

3 **四王**:吕后当政时,所立吕氏四王为:立长兄吕泽之子吕台为吕王,立吕台之弟吕产为吕王(后徙为梁王),立吕禄为赵王,立吕台之子吕通为燕王。

4 **磐结**:盘绕聚结。磐,通"盘",盘曲,回绕。

5 **五霸**:五个称霸的人。具体所指古代有异说。战国时人们往往以齐桓公、晋文公、楚庄王、吴王阖闾、越王勾践为五霸。汉代人往往以齐桓公、晋文公、秦穆公、宋襄公、楚庄王或齐桓公、晋文公、秦穆公、楚庄王、吴王阖闾为五霸。若究其实,则春秋五霸应为齐桓公、晋文公、楚庄王、吴王夫差、越王勾践。因为阖闾未称霸中原而会合诸侯,只有夫差才会诸侯于黄池,取得了霸主的地位。至于秦穆公与宋襄公,实未成为霸主。

6 **一朝**(zhāo):一个早晨,形容时间极短。　**摩**:通"磨"。

7 **霍氏**:指霍光,汉武帝死后,昭帝即位仅八岁,霍光被任命为大司马、大将军,受遗诏与车骑将军金日䃅、左将军上官桀、御史大夫桑弘羊等辅少主,政事全由霍光决定。公元前80年,上官桀父子、桑弘羊与盖长公主、燕王刘旦谋杀霍光,废昭帝,立燕王为帝。谋泄,霍光尽诛上官桀父子、桑弘羊宗族,盖长公主、燕王自杀。公元前74年,昭帝死,他迎立昌邑王刘贺(武帝孙)。刘贺即位后行为淫乱,被霍光所废。霍光等立宣帝。自昭帝时,霍光的儿子霍禹及其兄之孙霍云皆为中郎将,霍云之弟霍山为奉车都尉。霍光的两个女婿为东西宫卫尉。公元前70年,霍光的女儿又被立为皇后。公元前68年,霍光临死前又以霍禹为右将军。霍光死后,宣帝亲政,又封霍山为乐平侯,领尚书事;封霍云为冠阳侯;霍禹继为博陆侯,任大司马。其后霍氏之兵权日削。公元前66年,霍禹等阴谋废宣帝。事泄,霍云、霍山自杀,霍禹被腰斩,霍光妻被弃市,霍皇后被废。

8 **诸婿专典禁兵**:霍光女婿范明友为未央宫卫尉(掌管宫门屯卫),长女婿邓广汉为长乐宫卫尉,次女婿任胜为中郎将羽林监(掌管三署郎宿卫宫殿掖门户),中女婿赵平为散骑骑都尉(掌管羽林骑兵)。禁兵,守卫皇宫的军队。禁,皇宫。

9 **婚姻本族**:指霍光将女儿嫁给汉宣帝。

10 **王氏**:指元帝皇后王政君一家。王政君是王莽的姑母,元帝死后成帝即位,尊她为皇太后。成帝死后哀帝立,她为太皇太后。哀帝死后平帝立,她以太皇太后临朝称制,以王莽为大司马,委政于王莽。平帝死后王莽居摄,其后王莽自立为真皇帝,尊她为"新室文母太皇太后"。

11 **九侯五将**:"五将"指五大司马。大司马掌管军事,往往用来加在将军的称号之前,所以此文说"五将"。元帝时王皇后之父王禁被封为阳平侯,死后长子王凤袭阳平侯。成帝即位,王凤为大司马、大将军。其弟王崇封安成侯,其庶弟王谭为平阿侯、王商为成都侯、王立为红阳侯、王根为曲阳侯、王逢时为高平侯。王凤死,堂弟王音为大司马、车骑将军,封安阳侯。王谭死后,子王仁袭平阿侯。接着又追封王太后已故之弟王曼为新都哀侯,封王曼之子王莽为新都侯。王音死后,王商为大司马、卫将军,四年后更为大将军。王商死后,王根为大司马、骠骑将军。王根因病免官后,王莽为大司马。

12 **朱轮**:古代达官贵人所乘的车。因用大红漆漆轮,故名。

13 **宰衡**：周成王时周公旦为太宰，商汤时伊尹为阿衡。汉平帝元始四年(4)给王莽加上"宰衡"的称号，意指王莽之忠贤可与周公、伊尹媲美，其职与宰相相同。
14 **居摄**：处于摄政的地位，即暂居皇帝之位而代为处理政务。摄，代理。
  假号：代理执政的称号，指王莽自称"假皇帝"。假，不真，非正式。古代代理政事称为"假"。
15 **态**：通"慝"，邪恶。

原文

夫鸟以山为卑而增[1]巢其上，鱼以渊为浅而穿穴其中，卒所以得之者，饵也。贵戚惧家之不吉而制诸令名，惧门之不坚而为作铁枢，卒其所以败者，非苦[2]禁忌少而门枢朽也，常苦崇财货而行骄僭[3]、虐百姓而失民心尔。

译文

鸟以为山岭太低而在它的上面筑巢栖息，鱼以为水潭太浅而在它的里面打洞安身，最后之所以被人捕获，是因为诱饵的缘故啊。皇亲国戚怕家中不吉利而为宫室制定了美好的名称，怕大门不坚固而为它制作了铁的转轴，最后他们之所以破败，并不是被禁忌少与门轴腐烂所困，而常常是被积聚钱财货物而行为骄横僭越、虐待百姓而失去民心的罪恶行径所困罢了。

注释

1 **增**(zēng)：聚柴木造成居处。
2 **苦**：被……搞苦，为……所困。
3 **僭**(jiàn)：超越本分。

原文

孔子曰："不患无位，患己不立"。[1]是故人臣不奉遵礼法、竭精

译文

孔子说："不担忧没有职位，而担忧自己无以立身。"所以臣子不奉行礼制遵守法令、竭尽精力考虑本职工作、献出诚意辅助

思职、推诚辅君、效功百姓、下自附于民氓、上承顺于天心,而乃欲任其私知、窃君威德以陵下民[2],反戾天地、欺诬神明、偷进苟得以自奉厚[3],居累卵之危而图泰山之安,为朝露之行而思传世之功,譬犹始皇之舍德任刑而欲计一以至于万[4]也,岂不惑哉?

君主、为百姓效劳立功、在下使自己依附于民众、向上顺从天意,却竟然想凭自己个人的智慧、窃取君主的刑赏大权来欺侮下面的民众,违背天地、欺骗神祇、不择手段地向上爬、不顾一切地谋取私利来使自己俸禄优厚,处在像垒起来的蛋那样的危险境地却去谋求泰山似的安稳,做出像早晨的露水那样很快就会消失灭亡的举动却希望立下流传后代的功业,打个比方,就像秦始皇舍弃德化、使用刑罚而想使秦朝的皇帝从一世一直数到万世,难道不是迷惑了吗?

注释

1 引文见《论语·里仁》。

2 任:凭。　威德:使用刑罚造成的威势和使用奖赏造成的恩德,引申指刑赏大权。

3 偷:与"苟"同义,苟且,指不义。　奉:通"俸",俸禄。

4 计一以至于万:从一计算到万。秦始皇统一天下后命令说:"中古有号,死而以行为谥。如此,则子议父、臣议君也,甚无谓,朕弗取焉。自今已来,除谥法。朕为始皇帝,后世以计数,二世、三世至于万世,传之无穷。"计,计算,数。

浮侈

导读

浮:虚浮,游荡,指不踏踏实实地去从事农业,而是去经商或不干正事、四处游荡。侈:奢侈,指讲求排场,铺张浪费。文章主要抨击了当时社会中弃农经商、游手好闲、奢侈过度的歪风邪气以及造成这种歪风邪气的政风。

作者首先猛烈地抨击了当时游手好闲的风尚,如互相欺诈、组织黑帮、从事赌博、弹鸟射雀、做巫祝骗人等,指出这种社会风气致使衣食供不应求,民众饥寒交迫,结果导致人们为非作歹而使国家面临危亡。

其次,作者又严厉地批判了当时的奢侈之风。其笔锋所向,上至京师贵戚,下至士人百姓,大凡衣服、饮食、车舆、文饰、房舍、宴请、丧葬等各个方面无不涉及。

最后,作者指出,当今的浮侈之风,并不是出于民众的本性,而是当时混乱的政治和教化造成的,所以统治者的要务在于,根据民情加强教育,移风易俗以致太平。

原文

王者以四海为一家[1],以兆[2]民为通计。一夫不耕,天下必受其饥者;一妇不织,天下必受其寒者。今举世舍农桑,趋商贾,牛马车舆,

译文

圣王把天下当作一个家,将亿万人民作通盘考虑。一个男子不耕作,天下一定有因此而挨饿的人;一个妇女不纺织,天下一定有因此而受冻的人。现在整个社会都舍弃了农耕和采桑养蚕,投奔于商业,牛马车辆,充塞道路;以不劳动为业的人,挤满了大小

填塞道路;游手为功[3],充盈都邑;治本者少,浮[4]食者众。"商邑翼翼,四方是极。"[5]今察洛阳[6],浮末者什于农夫,虚伪游手者什于浮末。是则一夫耕,百人食之;一妇桑,百人衣之。以一奉百,孰能供之?天下百郡千县,市邑万数,类皆如此,本末何足相供?则民安得不饥寒?饥寒并至,则安能不为非?为非,则奸宄[7]。奸宄繁多,则吏安能无严酷?严酷数加,则下安能无愁怨?愁怨者多,则咎征并臻[8]。下民无聊,而上天降灾,则国危矣。

城市;务农的人少,靠从事工商业来混饭吃的人多。《诗经》上说:"首都商邑多整齐,四方以它为准则。"现在看一下洛阳,从事工商业的人十倍于农夫,弄虚作假而不劳动的人十倍于工商业者。这样的话,那就是一个男子耕作,一百个人吃他生产的粮食;一个妇女采桑养蚕,一百个人穿她生产的纺织品。靠一个人来奉养一百个人,谁能供应得上?天下有上百个郡、上千个县,大小市镇数以万计,大都像这个样子的话,那么农业和工商业之间怎么能够互相供应?那民众哪能不挨饿受冻?民众饥寒交迫,那么他们怎么能不为非作歹。民众为非作歹,那么在外造反作乱、在内盗窃捣乱等事情都会发生。在外在内的邪恶不法之事繁多,那么官吏哪能不严厉残酷地进行制裁?严厉残酷的刑罚频繁地施加到人们头上,那么下面的百姓哪能没有忧愁怨恨?忧愁怨恨的人多了,那么灾祸的迹象就会同时出现。下面的百姓没有依靠,而上天又降下灾祸,那么国家就危险了。

注释

1 **王者**:指奉行王道而成就了帝王大业的圣王。　**四海**:古代人以为中国四周皆有海,所以把中国叫作四海之内,把外国叫作海外,把天下叫作四海。

2 **兆**:一万亿。此文极言其多。古代天子统治下的民众称"兆民"(因其人口多),诸侯统治下的民众称"万民"。

3 **游手**:让双手游荡着,指不劳动。　**功**:事,指职业、工作。

4 **浮**：虚浮，指从事工商业活动。
5 **商邑**：商朝的首都，在今河南商丘睢阳附近。 **翼翼**：庄严雄伟的样子。
  是极：即"极是"，以此作为准则。极，中，中正的准则。这里用作动词，表示"以……为中正的准则"。以上两句引自《诗经·商颂·殷武》。
6 **洛阳**：东汉都城，在今河南洛阳东北白马寺东。
7 **奸宄**(guǐ)：在外造反作乱叫作"奸"，在内盗窃捣乱叫作"宄"。
8 **臻**：至，到来。

原文

夫贫生于富，弱生于强，乱生于治，危生于安。[1]是故明王之养民也，忧之劳[2]之，教之诲之，慎微防萌，以断其邪。故《易》美"节以制度，不伤财，不害民"[3]；《七月》[4]诗大小教之，终而复始[5]。由此观之，民固不可恣也。

译文

贫穷产生于富裕，衰弱产生于强盛，动乱产生于太平，危险产生于安全。所以英明的帝王治理民众的时候，使他们担忧，使他们发愁，教育他们，指导他们，谨慎地对待某些微小的事情，制止某些刚萌发的事物，以此来杜绝他们的邪恶。所以《周易》赞美"用制度来节制，就既不损伤财物，也不损害民众"；《七月》诗把大大小小的事情都教给人民，叙述到一年年终又开始叙述第二年。由此看来，民众本来就是不可以放任自流的。

注释

1 富裕了不节制用度就会贫穷，强盛了骄傲自满就会衰弱，太平了不励精图治就会动乱，安全了忘乎所以就会危险，所以说："贫生于富，弱生于强，乱生于治，危生于安。"
2 **劳**：忧愁。这里用作使动词。
3 引文见《周易·节卦·象》。
4 《七月》：《诗经·豳风》中的一篇。它详细叙述了周代先祖生活的方方面面，大的方面如春耕、采桑、修剪桑枝、纺织、收获、冬猎等，小的方面如割草、搓绳、封窗、糊门等，以此来教导农民。

5 **终而复始**：结束后又开始。指《七月》在叙事时，叙述到一年年终，又重新开始叙述第二年的事，周而复始，反复强调。

原文

今民奢[1]衣服，侈饮食，事口舌而习调欺以相诈绐[2]，比肩是也[3]。或以谋奸合任[4]为业，或以游敖博弈为事[5]。或丁夫世不傅犁锄[6]，怀丸挟弹，携手遨游；或取好土，作丸卖之。夫弹，外不可以御寇，内不足以禁鼠，晋灵[7]好之以增其恶，未尝闻志义之士喜操以游者也。唯无心之人，群竖[8]小子，接[9]而持之，妄弹乌雀，百发不得一，而反中人面目。此最无用而有害也。或坐[10]作竹簧，削锐其头，有伤害之象，傅以蜡蜜[11]，有甘舌之类[12]，皆非吉祥善应。或作泥车、瓦狗、马骑、倡排诸戏弄小儿之具以巧诈[13]，此皆无益也。

译文

现在民众衣着奢侈，大肆吃喝，从事辩说而学习欺骗来互相诈骗，很多人都是这样。有的人以谋划邪恶之事纠合守信卖命之徒作为自己的职业，有的人以游逛下棋作为自己的事业。有的成年男子一生一世不接触犁把、锄头，胸前揣着弹丸，腋下挟着弹弓，手挽手地游荡；有的人取来好的泥土，做成弹丸出售。用弹弓发射弹丸，对外不可以用来抵抗外敌，在内还不能够用来禁止老鼠，晋灵公爱好这种事而加重了自己的罪恶，从来没有听说过有志向讲道义的贤士喜欢拿着弹弓去游逛的。只有没有理智的人，那群臭小子，才携带这种东西而拿着它，胡乱地弹射乌鸦、麻雀，发射上百次也射不到一只，却反而弹中了别人的面孔、眼睛。这弹弓是最没有用处而有害处的啊。有的人做一些竹制的簧片，削尖了它的头，有点像伤害人的锋刃，还用蜂蜜涂上去，有点像使舌头甜甜的甜言蜜语，这些都不是什么吉祥的好兆头。还有些人做一些泥塑的车子、陶制的狗、马上的骑兵、歌舞艺人和滑稽演员等各种戏弄小孩的玩具来骗钱，这些都是毫无裨益的行当啊。

注释

1 奢：奢侈。此用作使动词。
2 口舌：说话的器官，引申指辩说。　调：欺。　绐：欺。
3 比肩：肩紧靠着肩，形容人很多。比，并列。
4 任：任侠，指讲哥们儿义气、对朋友守信用而甘愿为朋友不顾一切地出力卖命的行为，也指有这种行为的人。
5 敖：游逛。　博：古代一种在设有弯曲的行棋之道的棋局上击棋的游戏。　弈(yì)：下围棋。
6 丁：壮。　傅：靠近，接触。
7 晋灵：晋灵公身为国君而不遵行君道，曾从台上用弹弓弹人，来看底下的人怎样逃避弹丸，以此来取乐。这成了他的一大罪恶而载于史书（见《左传·宣公二年》），所以说"以增其恶"。
8 竖：对人的鄙称，等于说"小子"。
9 接：当作"挟"。
10 坐：衍文。
11 傅(fū)：涂。　蜡蜜：指蜜，"蜡"只是连类而及之辞。蜡，指蜂蜡，是蜜蜂造蜂巢的材料。
12 甘舌：使舌头甜，引申指使言语悦耳动听，即说一些阿谀奉承的甜言蜜语。　类：与上文"象"对文义同。
13 倡(chāng)：表演歌舞的人。　排：演滑稽戏的人。　巧：欺。

原文

《诗》刺"不绩其麻，女也婆娑"[1]。今妇人多不修中馈，休其蚕织，而起学巫祝[2]，鼓舞事神，以欺诬细民、荧[3]惑百姓。妇女羸弱疾病之家，怀忧愦愦[4]，皆易恐

译文

《诗经》讽刺过"不去搓捻那麻线，姑娘老是舞翩跹"的情况。可是现在的妇女也多半不干家中做饭炒菜的事情，罢手不干其养蚕纺织的活计，却去学习从事巫祝的行当，打鼓跳舞侍奉神灵，以此来欺骗小民、迷惑百姓。那些妻子女儿瘦弱、患有疾病的人家，心怀忧虑而精神恍惚，都容易产

浮侈 | 123

惧,至使奔走便时[5],去离正宅,崎岖[6]路侧,上漏下湿,风寒所伤,奸人所利,贼盗所中[7],益祸益祟,以致重者,不可胜数。或弃医药,更往事神,故至于死亡,不自知为巫所欺误,乃反恨事巫之晚。此荧惑细民之甚者也。

生恐惧心理,以致使他们为吉利的时日奔忙,离开本来的住宅,住在路边处境困难,上边漏雨下边潮湿,被风寒所侵害,被恶人所渔利,被强盗所攻击,既增加了人为的祸患,又增加了鬼神作怪的灾难,因此而造成病情严重的人,多得难以全部清点出来。有的人舍弃了医生和药物,改去求助神灵,所以一直到死,也不知道自己被巫婆所骗而耽误了,却反而悔恨自己求助巫婆太晚了。这是迷惑民众的事情中欺骗性最严重的行当了。

注释

1 绩:缉(jī,旧读 qī)麻,把麻剖析后搓捻成线。 婆娑:盘旋摇摆的样子。这里用来形容跳舞的样子,指妇人跳舞来侍奉神。引诗见《诗经·陈风·东门之枌》。
2 巫:自称能用舞蹈降神并为人祈祷的人。 祝:自称能为人求神祝福的人。
3 荧:惑。
4 愦愦(kuìkuì):昏乱糊涂的样子。
5 走:跑。 便:有利,吉利。
6 崎岖:本指山路险阻不平,此处比喻处境困难艰险。
7 贼:杀人者,强盗。 中(zhòng):攻击。

原文

或裁好缯,作为疏头[1],令工采画,雇人书祝,虚饰巧言,欲邀多福。或裂拆缯彩,裁广

译文

有的人把上好的绸缎剪开,做成祝告文书,叫画工画上彩色的图画,雇人写上祈祷之词,虚伪地加上一些花言巧语,想以此来求取洪福。有的人把彩色的绸缎撕开,裁成

数分,长各五寸,缝绘²佩之。或纺彩丝而縻³,断截以绕臂。此长无益于吉凶,而空残灭缯丝,萦悸⁴小民。或克削绮縠⁵,寸窃⁶八采,以成榆叶、无穷、水波之文⁷,碎刺缝紩⁸,作为笥囊、裙襦⁹、衣被,费缯百缣¹⁰,用功十倍。此等之俦,既不助长农¹¹工女,无有¹²益于世,而坐食嘉谷,消费白日,毁败成功,以完为破,以牢为行¹³,以大为小,以易为难,皆宜禁者也。

宽度为数分、长度各五寸的绸条,然后缝合各种颜色的绸条把它佩带在身上。有的人把彩色的丝纺成粗绳,截断后把它绕在胳膊上。这些做法对于吉凶祸福常常毫无裨益,而白白地糟蹋毁灭了丝绸,使民众迷惑而胆战心惊。有的人用刀刻削花绸绉纱,每一寸都附上八种色彩,使它成为榆叶、无穷、水波之类的花纹,再绣上五彩图案缝合起来,做成方形竹器的外套、下裙、短袖衫、衣服被褥等,耗费的丝织品价值上百匹细绢,用去的功夫是平常的十倍。诸如此类的一些事情,既不能有助于优秀的农夫和纺织女工,又无益于社会,而只是让这些人坐着白吃上好的粮食,消耗美好的时光,毁坏已做成的产品,把完好的搞成破碎的,把牢固的搞成不牢的,把大的搞成小的,把容易的搞成难办的,这些都是应该禁止的事情啊。

注释

1 **疏**(shū,旧读 shù)**头**:是一种和尚、尼姑为信徒拜佛忏悔时焚化的祝告文书,上面分别写明主人姓名及拜忏缘由等。疏,分条陈述。头,缘起,缘由。
2 **绘**:用五种彩色丝线刺成各种图案花纹的纺织品。此指各种彩色的绸条。
3 **而**:犹"为"。　**縻**(mí):牛鼻绳,此文泛指粗绳。
4 **悸**:因害怕而心跳。
5 **克**:通"刻",用刀刻。　**绮**(qǐ):用同一种颜色的经纬丝织出各种图案花纹的丝织品。　**縠**(hú):绉纱,一种有绉纹的质地轻薄的丝织品。
6 **窃**:附着。

7 **无穷**:一种周而复始的重复形图案。 **文**:同"纹"。
8 **碎**:"缞"(cuī)之形讹,缞,通"䘏"(cuī)。缞刺指刺绣。 **紩**:缝。
9 **襮**(bó):短袖衫。
10 **缣**(jiān):双丝织成的微带黄色的细绢,汉以后也用作货币。
11 **长农**:当作"良农"。
12 **无有**:当作"又无"。
13 **行**(háng):不牢。

原文

山林不能给野火,江海不能灌漏卮。孝文皇帝躬衣弋绨¹,足履革舄,以韦带剑,集上书囊以为殿帷;盛夏苦暑,欲起一台,计直²百万,以为奢费而不作也。今京师贵戚,衣服、饮食、车舆、文饰、庐舍,皆过王制,僭上甚矣。从奴仆妾,皆服葛子升越³,筒中女布⁴,细致绮縠⁵,冰纨锦绣⁶;犀象珠玉,琥珀玳瑁,石山隐⁷饰,金银错镂⁸;獐麂履舄,文组彩褨⁹。骄奢僭主,

译文

山上的森林不能够满足野火的焚烧,江河大海不能够灌满泄漏的酒器。孝文皇帝身穿黑色的粗厚线绨,脚穿粗硬的生皮鞋子,用皮带佩带宝剑而不另加饰品,把臣子上书时呈上的文书袋积聚起来做成宫殿里的帷帐;盛夏被酷暑害苦了,想建造一座高台,计算下来价值上百万个铜钱,便以为太奢侈浪费而不建造了。现在京城里的皇亲国戚,衣服、饮食、车子、装饰、房屋,都超过了皇帝的规模,超越本分而冒用皇上的享受标准已经很厉害了。他们的随从奴婢仆人侍女,都穿着精细的葛布——葛子、升越,名贵的麻布——筒中、女布,以及精致的熟绢、花绸、绉纱,雪白的细绢、织锦缎、绣花衣,佩带着犀牛角、象牙、珍珠、宝玉、琥珀、玳瑁做成的装饰品,图案为岩石凸起、山陵高耸的饰物,以及用金银镶嵌雕刻成的饰品;穿着獐皮、麂皮做成的单底鞋、复底鞋,鞋边上还绲着花纹丝带,鞋内还有彩色丝绸鞋垫。他们放纵奢侈超越本分而冒用君主的享受标准,还传来传

转相夸诧。箕子所唏[10],今在仆妾。富贵嫁娶,车軿各十[11],骑奴侍僮夹毂节引[12]。富者竞欲相过,贫者耻不逮及。是故一飨之所费,破终身之本业。古者必有命民,然后乃得衣缯彩而乘车马。今者既不能尽复古,细民诚可不须[13],乃逾于古昔孝文,衣必细致,履必獐麂,组必文采,饰袜必緰此[14],挍饰[15]车马,多畜奴婢。诸能若此者,既不生谷,又坐为蠹贼[16]也。

去互相夸耀。箕子所哀叹的奢侈,如今在他们的仆人侍妾身上也有了。富贵人家嫁女娶妻,男子所乘的马车与女子所乘的屏蔽箱式车各有十辆,骑马的奴仆护卫在车的两旁,服侍的僮仆按照车铃发出的节奏在前引路。富裕的人都争着想超过别人的排场,贫穷的人为及不上别人的排场而感到羞耻。所以一次宴请宾客的费用,就破费了他们一辈子种田所积聚的家业。古代的帝王总会对人有所任命,人只有被任命以后才能够穿绫罗绸缎而乘车驾马。现在已经不能完全恢复古代的一套了,对这些地位卑微的小人实在也可以不去要求他们做到古代的一套,但现在他们竟然超过了从前的孝文皇帝,衣服一定要用精致的熟绢,鞋子一定要用獐皮、麂皮,鞋边的绳条一定要有花纹,袜子一定要用细麻布,还装饰车马,养了很多奴仆婢女。众多能这样生活的人,既不会生产粮食,又坐着不劳动而成了社会的蛀虫、害虫啦。

注释

1 **孝文皇帝**:即汉文帝,"孝文"是其谥号。 **弋**:通"黓"(yì),黑色。 **绨**(tí):一种粗厚的丝织物。文帝贵为天子而穿绨,形容其节俭。

2 **直**:通"值"。

3 **服**:使用,包括穿着和佩带。从"葛子"到"彩袜",都是"服"的宾语。 **葛子**:布名,细葛布。 **升越**:布名,是一种越地所产的精细葛布。

4 **筒中**:布名,一种产于安汉(今四川南充南)的名贵细麻布。 **女布**:布名,是秭归(今湖北秭归)一带生产的精美麻布。

5 **细**:精致。 **致**:一种质地细密的熟绢。

6 冰纨(wán):一种雪白的细绢。　锦:用不同的彩色经纬丝织出各种图案花纹的丝织品。　绣:用不同的彩色丝线刺成各种图案花纹的纺织品。
7 隐:形容凸起高耸的样子。
8 错:刻出文字或花纹后进行涂饰或镶嵌。　镂(lòu):雕刻。
9 文组:带有花纹的丝带,此指鞋子的绳条。　祼:通"屧"(xiè),鞋垫。
10 箕子所唏(xī):箕子所哀叹的。传说商纣王做了象牙筷,箕子就叹其奢侈了。他认为,用了象牙筷,势必会用犀玉之杯,吃牦牛、大象、豹子的胚胎,穿锦缎绸衣,住高房大屋,如此下去,天底下的东西都拿来也不足以让纣王享用了。
11 车:此指男子所乘的车。　軿(píng):妇女所乘的四周有屏蔽的车。
12 毂(gǔ):泛指车。"夹毂"承"骑奴"而言,"节引"承"侍僮"而言。
13 须:求。
14 饰:衍文。　褕(tóu)此:即"褕紶",一种特别精细的麻布。此,通"紶"(zī)。
15 挍(jiào)饰:装饰。挍,同"校"(jiào)。
16 贼:吃禾苗节的害虫,比喻对社会有危害的人。

原文

子曰:"古之葬者,厚衣之以薪,葬之中野,不封不树,丧期无时。后世圣人易之以棺椁。"[1]桐[2]木为棺,葛采为缄[3];下不及泉,上不泄臭。后世以楸梓槐柏杻樟[4],各取方土所出,胶漆分致[5],钉细要[6],削除铲靡[7],不见际会[8],其坚足恃,其用足任,如此

译文

孔子说:"古代埋葬死人,用柴草厚厚地裹住他,把他埋葬在野地里,不堆土筑坟,也不种树,服丧的期限没有规定的时间。后代的圣人用内棺外椁替换了过去的葬法。"古代用桐木做成棺材,用葛蔓作为捆住棺材的绳索;埋葬时下面不触及地下水,上面不泄漏臭气就行了。后代便又改用楸树、梓树、槐树、柏树、香椿、桦树之类做棺材,各自取用当地所出产的木材,用胶或漆涂在榫中,敲进定榫,再削平打磨,使接缝不显露出来,它的坚固完全可靠,它的功用能够保证,像

可矣。其后,京师贵戚,必欲江南櫏梓豫章梗楠[9];边远下土,亦竞相仿效。夫櫏梓豫章,所出殊远,又乃生于深山穷谷,经历山岑[10],立千步[11]之高、百丈之溪,倾倚险阻[12],崎岖不便,求之连日然后见之,伐斫连月然后讫,会众然后能动[13]担,牛列然后能致水,油溃入海[14],连[15]淮逆河,行数千里,然后到雒。工匠雕治,积累日月。计一棺之成,功将千万。夫既其终用,重且万斤,非大众不能举,非大车不能挽。东至乐浪[16],西至燉煌[17],万里之中,相竞用之。此之费功伤农,可为痛心!

这样就可以了。在那之后,京城中的皇亲国戚,一定要用江南出产的櫏木、梓木、樟木、梗木、楠木来做棺材;边远地区与穷乡僻壤,也争着仿效京城里的做法。那櫏木、梓木与樟木,产地特别遥远,而且还长在深山以及无路可通的山谷里面,采伐的人要翻山越岭,站到上千步高的山峰上,或进入上百丈深的山谷里,跋涉在那倾斜参差、险恶不平、崎岖难走的高山深谷中,所以要连续找它们好几天才能发现它们,砍伐几个月才能完工,聚集很多人才能进行肩扛,牛排成了队才能把它们拉到河中,从油水流出而进入大海,再从淮河逆流而上、从黄河逆流而上,历经几千里,然后才能到达洛阳。工匠再雕刻加工,累计又要不少时间。算一下一口棺材做成,人工将近千万。不久以后棺材最终使用时,重量近万斤,没有很多人就不能抬起来,没有大车就不能牵引它。东边到乐浪郡,西边到敦煌郡,这上万里之间的地方,都互相争着使用这种棺材。这种事情浪费功夫损害农业,真是令人痛心!

注释

1 **棺椁**(guǒ):古代的棺材有多层,最里面的叫"棺",套在"棺"外的各层大棺材都叫"椁"。以上用《周易·系辞下》之文。
2 **桐**:指梧桐。桐木木质疏松,不堪用来建造房屋,用它做棺材,形容其俭朴。
3 **采**:蔓。 **缄**(jiān):捆束西的绳索。

4 **楸**(qiū):落叶乔木,木材可造船建房。 **梓**(zǐ):落叶乔木,木质轻而易割,古代常用来作琴瑟、雕版及建筑材料。 **杻**(chūn):即"椿",香椿。 **樺**(huà):同"桦",古代常用来做杯盘等。

5 **分**:分配,此指均匀地涂刷。 **致**:给予,此指涂刷。

6 **钉**(dìng):钉进去,指把细要打入固定。 **细要**(yāo):今俗称"定榫",是一种用来连结棺板的零件,两头大而中央小,连结时从板缝旁嵌入。

7 **靡**(mó):通"磨"。

8 **见**(xiàn):同"现",显现。 **际会**:交接,此指棺板及定榫的接缝。

9 **檽**(nòu):一种树木,皮可染紫。 **豫章**:是两种樟树,其木质致密,是制作家具、舟船的良材。 **梗**(pián):黄梗木,一种优质木材。 **楠**:木质坚密芳香,是建筑、造船的良材。

10 **经历**:一一经过。 **岑**(cén):小而高的山。

11 **步**:量词,一步为六尺。

12 **倾倚**:倾斜不整齐的样子。 **险阻**:地势险恶不平。

13 **动**:行动,举行。

14 **油**:古水名,出武陵郡孱陵县(今湖北公安)西,向东南流至油口(在今湖北公安)入长江。 **溃**:水离开河道决堤而出叫"溃",此指树木漂流出油水而进入长江。

15 **连**:逆流而上,与"逆"同义。

16 **乐浪**:郡名,是汉代最东边的郡,治所朝鲜县,在今朝鲜平壤南。

17 **燉煌**:即敦煌,郡名,是汉代最西边的郡,治所在今甘肃敦煌西。

原文

古者墓而不坟[1],中世坟而不崇。仲尼丧母,冢高四尺,遇雨而堕,弟子请治之,夫子泣曰:"礼不修墓。"鲤[2]死,有棺而无椁。文帝

译文

古代筑墓而不垒坟头,中古垒起坟头而不堆高。孔子死了母亲,坟高四尺,碰上下雨而坍塌了,他的学生请求把它修一下,孔夫子抽泣着说:"按照礼制,不能修墓。"孔鲤死了,埋葬时有内棺而没有外棺。文帝葬在芷阳,明帝葬在洛阳南边,都不在墓穴中

葬于芷阳³,明帝⁴葬于洛南,皆不藏珠宝,不造庙,不起山陵⁵,陵墓虽卑而圣高。今京师贵戚、郡县豪家,生不极养,死乃崇丧。或至刻金镂玉,楠梓梗楠,良田造茔,黄壤致藏,多埋珍宝、偶人、车马,造起大冢,广种松柏,庐舍祠堂,崇侈上⁶僭,宠臣贵戚,州郡世家,每有丧葬,都官属县⁷,各当遣吏赍奉,车马帷帐,贷假⁸待客之具,竞为华观。此无益于奉终,无增于孝行,但作烦搅扰,伤害吏民。

贮藏珍珠宝玉,不造庙,不建造高坟,坟墓虽然低而圣德却崇高。现在京城中的皇亲国戚与郡、县中的豪门大族,亲人活着的时候不周到地奉养,死了却隆重地大办丧事。有的人甚至雕刻黄金、雕琢宝玉作为葬品,用糯木、梓木、梗木、楠木做棺材,在良田里建造坟墓,在黄土下放置藏品,大量地埋入珍珠、宝玉、偶人、车马,造起了大坟,大面积地种上松树、柏树,建造房屋祠堂,崇尚奢侈放纵而向往超越名分。荣耀显赫的大臣和高贵的皇亲国戚,州、郡一级那些世代显贵的家族,每当有了丧葬之事,国都中的官府、州郡所管辖下的县邑,都要各自派遣官吏去送礼,车马、帷幕、帐篷,以及借来的招待宾客的设备用具,都争相搞得好看。这对于养老送终毫无好处,对于孝顺父母的德行也毫无增进,只是制造麻烦、扰乱社会、损害官吏和民众而已。

注释

1 **墓而不坟**:古代墓葬,封土隆起的叫"坟",平的叫"墓"。
2 **鲤**:指孔鲤,字伯鱼,孔子之子。
3 **芷阳**:县名,汉文帝九年(前171年)改为霸陵,地在今陕西西安东北,汉文帝死后葬于此。
4 **明帝**:汉明帝刘庄,死后葬于洛阳东南显节陵。
5 **山陵**:帝王的高大陵墓,秦代称山,汉代称陵,所以通称山陵。
6 **上**:通"尚",崇尚。
7 "都官"承"宠臣贵戚"而言,"属县"承"州郡世家"而言。

8 **假**：与"贷"同义,借。

原文

今按鄗、毕之郊[1],无文、武之陵;南城[2]之垒,无曾皙[3]之冢。周公非不忠也,曾子[4]非不孝也,以为褒君显父不在聚财;扬名显祖不在车马。孔子曰:"多货则伤于德,币美则没礼。"[5]晋灵厚赋以雕墙,《春秋》[6]以为非君;华元、乐吕厚葬文公[7],《春秋》以为不臣[8]。况于群司士庶,乃可僭侈主上、过天道乎?景帝时,武原侯卫不害坐葬过律夺国[9];明帝时,桑民[10]扶阳侯坐冢过制髡削。

译文

现在考察一下鄗、毕的郊外,并没有文王、武王的高大陵墓;南城县堆砌的坟群中,并没有曾皙的高坟。周公旦并不是不忠于君主啊,曾子并不是不孝顺父亲啊,而是认为赞扬君主、显扬父亲不在于给他们的坟墓中聚集多少财物,传扬他们的名声、光耀祖宗不在于随葬车马的多少。孔子说:"多用财物就会伤害德,礼物太美就会埋没礼。"晋灵公加重税收来修饰墙壁,《春秋》认为他不像个君主;华元、乐吕奢侈地埋葬宋文公,《春秋》认为他们不像臣子。何况是各种主管部门的官吏及士人百姓,就能够超越名分比君主奢侈、超过上天的安排吗?景帝在位时,武原侯卫不害因犯了葬礼超过法定标准的罪而被剥夺了封国;明帝在位时,桑氏扶阳侯因犯了坟墓高度超过制度的罪而被处以剃去头发的刑罚、被削减了封地。

注释

1 **鄗**(hào):又作"镐",周武王之都,在今陕西西安长安西北丰镐村附近。**毕**:指毕原,在今陕西咸阳、西安附近渭河之南北。其中西安西南部分为文王、武王、周公所葬之地。

2 **南城**:又称南武城,汉置南城县,在今山东平邑西南。

3 **曾**(zēng)**皙**:姓曾,名蒧(diǎn),字子皙,春秋时鲁国南武城人,曾参的父亲,孔子的学生。
4 **曾子**:名参(shēn),字子舆,孔子的学生,以孝著称。
5 以上两句本于《仪礼·聘礼》,是否为孔子之语,尚有待考证。
6 **《春秋》**:此指《左传》。《左传·宣公二年》:"晋灵公不君,厚敛以雕墙。"
7 **乐(yuè)吕**:春秋时宋国大夫。 **文公**:指宋文公,春秋时宋国国君。
8 《左传·成公二年》载:"宋文公卒,始厚葬……君子谓华元、乐举于是乎不臣。臣,治烦去惑者也,是以伏死而争。今二子者,君生则纵其惑,死又益其侈,是弃君于恶也,何臣之为?"
9 **武原**:侯国,在今江苏邳州西北泇口。 **卫不害**:卫肱之孙。
10 **民**:当为"氏"字之误。

原文

今天下浮侈离本,僭奢过上,亦已甚矣!凡诸所讥,皆非民性,而竞务者,乱政薄化使之然也。王者统世,观民设教,乃能变风易俗以致太平。

译文

现在天下的人虚浮奢侈、离开本业,超越名分、铺张浪费而超过皇上的用度,也太严重啦!凡是上文所指责的各种事情,都不是产生于人的本性,人们争着去做这些事情,是混乱的政治和不淳厚的教化使他们这样的。圣明的帝王统治社会,观察民情设置教化,就能够移风易俗而达到太平盛世。

慎微

导读

慎微:谨慎地对待细微的事。文章主要论述了积善致福与积恶致祸的道理,劝导人们坚持不懈地行小善而去小恶。

文章指出,下自百姓,上至国君,如果积善就能得福,如果积恶就会危亡。积善多的,即使有一恶,也不过是一种过失,所以"未足以亡";积恶多的,即使有一善,也不过是一种"误中","未足以存"。所以,君子总是致力于积善,因而能使自己尊贵而为后人怀念。无德的小人则认为小善无益而不去做,小恶无害而不去掉,最后便沦为罪大恶极、不可赦免的坏人而遭殃。文章最后引用古人之言指出,究竟是积善得福,还是积恶致祸,都在于自己。末了以"可无思乎"的慨叹作结,更使此文余音袅袅、发人深省。

原文

凡山陵之高,非削成而崛起也,必步增而稍上焉;川谷之卑,非截断而颠陷也,必陂池[1]而稍下焉。是故积上不止,必致嵩[2]山之高;积下不已,必极黄泉[3]之深。非独山川也,人行亦然:有

译文

一般说来,山陵的高大,并不是笔直地砍削成或突兀而起的,一定是一步步地增高而渐渐地上升到山顶的;河流山谷的低下,也不是呈笔直地截断或一下子跌落之状的,一定是平缓地倾斜着而渐渐地下降到河底的。所以,连续向上堆积而不停止,一定能达到嵩山的高度;连续向下挖掘而不停止,一定能达到地下水的深度。不单单是山陵河流如此,人的品行也如此:如果有个平民百姓常常

布衣积善不息，必致颜、闵[4]之贤；积恶不休，必致桀、跖[5]之名。非独布衣也，人臣亦然：积正不倦，必生节义之志；积邪不止，必生暴弑之心。非独人臣也，国君亦然：政教积德，必致安泰之福；举错数失[6]，必致危亡之祸。故仲尼曰："汤、武非一善而王也，桀、纣非一恶而亡也。三代之废兴也，在其所积。积善多者，虽有一恶，是谓过失，未足以亡；积恶多者，虽有一善，是谓误中[7]，未足以存。"人君闻此，可以悚惧[8]；布衣闻此，可以改容。

行善而不懈怠，就一定能获得颜回、闵子骞般的贤名；常常作恶而不罢休，就一定会招致夏桀、盗跖般的恶名。不单单是平民百姓如此，臣子也如此：积累正派的思想观念而不知疲倦，一定会产生出守节操、讲道义的志向；积聚起邪恶的念头而不加限制，一定会产生出行凶杀君的心思。不单单是臣子如此，国君也如此：在政治教化方面积累了恩德，一定会得到安定太平的福气；采取措施屡次失误，一定会招致危险灭亡的祸患。所以孔子说："商汤、周武王并不是做了一件好事就称王天下的，夏桀、商纣王并不是做了一件坏事就灭亡的。夏、商、周三个朝代的垮台和建立，取决于他们所积累的德行。积累善行多的，即使有一点罪恶，这也被认为是因疏忽而犯了错误，还不够使他灭亡；积累罪恶多的，即使有一点善行，这也被认为是无意中做对了，还不能使他存在下去。"君主听见了这些话，可以使他心中恐惧；平民听见了这些话，可以使他脸上变色。

注释

1 **陂池**(pōtuó)：也作"陂陀"，坡度平缓的样子。
2 **嵩**：山高大，也泛指高。
3 **黄泉**：地下水。古人认为黄泉在地层极深处，所以用来形容深。
4 **闵**：指闵子骞，孔子的学生，以孝行与清廉闻名。
5 **跖**(zhí)：春秋战国之际鲁国造反者的领袖，古人视之为贪婪的典型，故又称"盗跖"。
6 错:通"措"。　数(shuò):屡次。
7 误:失误,不是故意。　中:不偏不倚,做得恰到好处。
8 悚(sǒng):恐惧。　思:同"惧"。

原文

是故君子战战栗栗,日慎一日,克己三省,不见是¹图。孔子曰:"善不积不足以成名,恶不积不足以灭身。小人以小善谓无益而不为也,以小恶谓无伤而不去也。是以恶积而不可掩,罪大而不可解也。"² 此蹶属³所以迷国而不返,三季所以遂往而不振者也⁴。

译文

所以君子战战兢兢,一天比一天谨慎,克制自己,再三反省,设法对付尚未显现出来的小事。孔子说:"善行不积累就不能用来成就好名声,罪恶不积累就不够用来毁灭自身。没有道德的小人认为很小的好事是毫无裨益的因而不去做,认为很小的罪恶是毫无妨害的因而不改掉。因此他们的罪恶就积累起来以致无法掩盖,罪行极大以致不能赦免。"这就是蹶一类的人使国家误入迷途而不知回头改正的原因,也就是夏、商、周三个朝代在最后衰亡的时期一直垮下去而不能挽救的缘由啊。

注释

1 是:构成宾语前置句式的指代性助词。
2 谓:通"为"。　解:免除。孔子的话引自《周易·系辞下》。
3 属:类,辈。
4 三季:三代之末。　遂:前进。

原文

夫积微成显,积著成¹。鄂誉鄂誉²,

译文

积累起细微的就会变成显著的,积累起显著的就会变成具体的。直说或阿谀、谏诤或奉

鄂致存亡。圣人常慎其微也。文王小心翼翼,成王夙夜敬止[3],思慎微眇,早防未萌,故能太平而传子孙。

承,直说谏诤与阿谀奉承导致了国家的存在与灭亡。圣人常常谨慎地对待那些微小的事情。周文王小心翼翼,周成王从早到晚恭敬谨慎,一直在考虑如何谨慎地对待微小的事情,及早地防止还没有萌发的坏事,所以能使天下太平而把王位传给子孙。

注释

1 成:当作"成象"。
2 鄂:通"谔"(è),直言。 誉:赞誉,指阿谀奉承。
3 止:语助词。

原文

且夫邪之与正,犹水与火,不同原,不得并盛。正性胜,则遂重己不忍亏也,故伯夷饿死而不恨。邪性胜,则忸怵而不忍舍也[1],故王莽窃位而不惭,积恶习之所致也。夫积恶习非久,致死亡非一也。世品人遂。

译文

再说那邪恶与正派,就像水和火一样,有不同的根源,不可能同时旺盛。正派的品质占了上风,那就会成全、看重自己的优秀品质而不忍心使它欠缺,所以伯夷饿死了也不怨恨什么。邪恶的品质占了上风,那就会习惯于做邪恶的事而不肯舍弃不干,所以王莽窃取了皇位也不感到惭愧,这是积累了邪恶的习惯所导致的结果啊。积累邪恶的习惯虽然不用很久,而导致死亡却也不是一朝一夕的事。它们取决于世俗的品评和世人的促成。

注释

1 忸:通"狃"(niǔ),习惯。 怵:"怵"(shì)之形讹。怵,习惯。

原文

夫贤圣卑革,则登[1]其福。庆封、伯有[2],荒淫于酒,沉湎无度,以弊其家。晋平殆政[3],惑[4]以丧志,良臣弗匡,故俱有祸。楚庄、齐威[5],始有荒淫之行、削弱之败,几于乱亡,中能感悟,勤恤民事[6],劳精苦思,孜孜不怠,夫[7]出陈应,爵命管苏[8],召即墨[9],烹阿[10]大夫,故能中兴,强霸诸侯,当时尊显,后世见思,传为令名,载在图籍。由此言之,有希人君,其行一也。知己曰明,自胜曰强。夫有不善未尝不知,知之未尝复行,此颜子所以称"庶几"[11]也。

译文

贤能圣明的人谦虚改过,所以能得到幸福。庆封、伯有,因为喜欢喝酒而荒废政务、放纵作乐,沉溺于酒而没有限度,因而毁坏了自己的家园。晋平公怠慢政务,迷惑于女色而丧失了神志,优秀的大臣不去纠正,所以他们都遭殃。楚庄王、齐威王,开始的时候有荒废政务、放纵作乐的行为以及国土被削、衰弱挨打的失败,差一点危乱而灭亡,由于中途能够有所感触而醒悟了,为民众的事情忧虑操心,动尽脑筋,苦苦思索,孜孜不倦,楚庄王把陈应驱逐出境,爵封任命苏从,齐威王召见即墨大夫,烹杀阿城大夫,所以他们能由衰微而重新兴盛,强大地称霸诸侯,在当时尊贵显赫,在后代被人怀念,广泛传扬而成就了美好的名声,并记载在图书典籍中。从楚庄王、齐威王的这些事迹来说,有希望的君主,他们的行为是一样的。能够认识自己叫作明察,能够战胜自己叫作坚强。有了不良的行为没有不察觉的,察觉了不良的行为没有重犯的,这就是颜回被称赞为"差不多"的原因啊。

注释

1 **登**:通"得"。
2 **庆封**:春秋时齐国大夫,公元前546年执政。次年,他因为喜欢打猎喝酒,就让儿子庆舍当政,自己与卢蒲嫳互换妻妾喝酒。栾子雅等攻庆氏,庆封奔鲁,接着又奔吴。公元前538年,楚灵王伐吴,他被擒灭族。　**伯有**:即春秋时郑国大夫良霄,字伯有。他喜欢喝酒,有一天夜里饮酒撞钟作乐。到了上朝的时候,卿大夫来朝见他,他尚未喝罢。喝罢后朝见国君,又将让子晳(驷氏)出使到楚国去,自己却回家饮酒。子晳攻打他,他逃奔许国,接着又回郑国,被驷带所杀。

3　**晋平**:晋平公,名彪,春秋时晋国君主。　**殟**:通"殆"。

4　**惑**:迷惑,指迷惑于女色。公元前541年,晋平公生了病,向秦国求医。秦景公派医和去看病。医和看后说:"此病不可治,是因为您惑于女色,就像得了使人神志惑乱的蛊病。"医和出来后,对晋国的辅佐大臣赵孟说:"你使晋国不乱,可谓是良臣,但平公好色而你没有使他改正,必受其灾。"这年十二月,赵孟就死了。

5　**楚庄**:楚庄王,春秋时楚国君主。传说他即位三年,不发布政令,左手抱郑姬,右手抱越女,日夜放纵作乐,楚国遭受严重饥荒以及山戎进攻、庸国背叛,国家危急。大臣劝谏后,他才停止淫乐,治理朝政,杀了几百人,进用了几百人,大得人心,与秦、巴灭庸,于是国势大盛。后又大败晋军,又使鲁、宋等国归附,成为霸主。　**齐威**:齐威王,战国时齐国国君,即位后不问政事,把国事都委托给卿大夫,所以九年之间,诸侯都来侵略。于是威王奖赏了有政绩的即墨大夫,烹杀了贿赂威王近臣来博取赞誉的阿城大夫,于是齐国人大为震惊,不敢文过饰非而竭尽忠诚,齐国大治。诸侯有二十余年不敢攻打齐国。他任用邹忌为相,田忌、孙膑为大将和军师,国力大强,曾打败强大的魏国,成为诸侯中最强的国家,自称为王,对天下发号施令。

6　**勤**:忧虑,担心。　**恤**:忧虑,顾惜。

7　**夫**:犹"彼",他们,指楚庄王与齐威王。

8　**管苏**:当作"苏从",是楚庄王时犯颜直谏的大夫。

9　**即墨**:战国时齐邑,在今山东平度东南。此指即墨大夫。

10　**阿**(ē):邑名,在今山东阳谷东北。

11　**庶几**:差不多,指其品德修养已经达到了相当高的程度。这是孔子对颜回的称赞,见《周易·系辞下》。

原文

《诗》曰:"天保定尔,亦孔之固。俾尔亶厚,胡福不除,俾尔多益,以莫不庶。"¹ 善也,此言也!言天保佐王者,定其性命,甚坚固也。使汝信厚,何不治?而多益之,甚庶众焉。不遵履五常²、顺养性命以保南山之寿、松柏之茂也?

译文

《诗经》上说:"上天保佑安定你,真是非常的坚定。使你忠实又厚道,什么福气不降临?使你多多得利益,因而没啥不丰盛。"说得好啊,这些话!这是说上天庇护、辅助圣王,确定了他的品性和命运,非常坚定。使你诚实又厚道,怎么会不安定太平?而多多地使你得到利益,非常地富庶众多啊。还能不去遵行五种伦常、顺从上天、护养品性和命运来保住南山似的寿命和松柏似的茂盛吗?

注释

1 除:给予。　庶:富庶。引诗见《诗经·小雅·天保》。
2 五常:五种伦常,指君臣有义、父子有亲、兄弟有叙、夫妇有别、朋友有信。

原文

"德輶如毛。"¹ "为仁由己。"² "莫与并蜂,自求辛螫。"³ "祸福无门,唯人所召。"⁴ "天之所助者,顺也;人之所尚者,信也。履信思乎顺,又以尚贤,是以'吉,无不利'也。"⁵ 亮哉,斯言!可无思乎?

译文

"道德如毛易养成。""奉行仁爱靠自身。""没人给你害人精,自找痛苦遭毒针。""祸福没有固定途径,全由人们自己招请。""天所赞助的,是顺理;人所崇尚的,是诚实。履行诚实的原则时考虑到顺理,又能尊重贤能的人,因此'吉祥,而没有不吉利的'。"说得明白透彻啊,这些话!可以不加思考吗?

注释

1 德輶(yóu)如毛:是《诗经·大雅·烝民》中的诗句,字面意义是"道德轻得像毛发",指培养道德是轻而易举的事。辁,轻。
2 **为仁由己**:是孔子的话,见《论语·颜渊》。
3 **并蜂**:又作"并封""屏蓬",是古代传说中一种有两个头的野猪似的有毒动物,此文喻指害人之物。　**辛**:酸痛。　**螫**(shì):动物用有毒的牙或刺来伤害人。以上两句是《诗经·周颂·小毖》中的话。
4 **门**:出入口,指固定的途径。引文见《左传·襄公二十三年》。
5 以上几句是孔子解释《周易·大有·上九》"自天祐之,吉,无不利"的话,见《周易·系辞上》,此文引用时稍有删改。

实贡

导读

实贡:诚实地推荐。文章主要批判了选举中弄虚作假的腐败作风和君主不管实情而听信名声的过错,主张如实选拔真正的贤人。

文章指出,人们都知道国家因为臣子贤能而兴盛,因为臣子谄媚而衰微;君主因为臣子忠诚而安全,因为臣子嫉妒而危险。但是,国君衰亡的事却连续不断地发生,这并不是因为世上没有忠信贤能之士,而是因为贤人得不到任用。当今号称国土辽阔、人口众多、朝廷清明,却没有正直优秀的官吏在位,这主要是因为政风腐败,群臣百官都拉帮结派而任用亲信,不根据实际的德才而凭虚假的吹捧选举人才。作者猛烈地批评这种官场作风,竭力主张选举那些正直清廉、忧君哀民、好善嫉恶、赏罚严明的贤士,根据其才能授予官职,以振兴国家而形成太平安定的局面。

原文

国以贤兴,以谄衰;君以忠安,以忌危。此古今之常论,而世所共知也。然衰国危君继踵不绝者[1],岂世无忠信正直之士哉?诚苦忠信正直之道不得行尔。

译文

国家因为臣子的贤能而兴盛,因为臣子的谄媚而衰微;君主因为臣子的忠诚而安全,因为臣子的嫉妒而危险。这是古今经久不变的论断,是社会上的人都知道的。但是衰微的国家、处于险境的君主却接连不断,这哪里是因为世上没有忠诚正直的贤士呢?实在是苦于忠诚正直的原则不能实行罢了。

注释

1 继踵(zhǒng):接踵,后面的人的脚尖接着前面的人的脚跟,形容多得接连不断。踵,脚后跟。 绝:断。

原文

夫十步之间,必有茂草;十室之邑,必有俊士。贤材之生,日月相属[1],未尝乏绝。是故乱殷有三仁[2],小卫多君子[3]。以汉之广博,士民之众多,朝廷之清明,上下之修治,而官无直吏,位无良臣。此非今世之无贤也,乃贤者废锢而不得达于圣主之朝尔。

译文

在十步之中,一定会有茂盛的青草;在十户人家的城镇中,一定会有才智出众的人士。贤能人才的出生,就像太阳和月亮互相接连一样,从来没有缺乏断绝过。所以,就是危乱的商朝也还有三个讲求仁德的贤人,就是弱小的卫国也还有很多有德行的君子。现在凭借着汉朝国土的辽阔,士人和平民的众多,朝廷的清廉明察公正执法,君臣上下的整饬有秩序,但是官府中却没有正直的官吏,职位上却没有贤能的臣子。这并不是因为现在社会上没有贤能的人,而是因为贤能的人被罢免禁锢而不能来到圣明君主的朝廷上任职罢了。

注释

1. 属(zhǔ):连接。
2. **乱殷**:指商纣王统治下的商朝。 三仁:三个仁人,指数谏纣王的微子、箕子、比干。
3. **小卫多君子**:公元前544年,吴公子季札到卫国,见到蘧瑗(蘧伯玉)、史狗、史鳅(史鱼)、公子荆、公叔发、公子朝,十分喜欢,赞叹说:"卫多君子,未有患也。"

原文

夫志道者少友,逐俗者多俦。是以举世多朋党而用私,竞背质而趋华。贡士者,非复依其质干、准其材行也,直虚造空美,扫地洞说¹,择能者而书之。公卿、刺史、掾、从事²、茂才³、孝廉且二百员。历察其状⁴,德侔颜渊、卜、冉⁵;最其行能,多不及中。诚使皆如状文,则是为岁得大贤二百也。然则灾异曷为讥?此非其实之效。

译文

有志于奉行正确的政治原则的人朋友很少,而追随世俗的人同伴却很多。因此,全社会有很多官吏拉帮结派而任用自己的党羽,都不顾实际的品质而追求表面上的美好。推荐人才的官员,不再依据他们的资质才干、衡量他们的才能品行,而只是凭空捏造一些不切实际的赞美之词,剔除其污秽的言行而空吹一通,再选择善于写文章的人把这些写下来。三公九卿、刺史以及各级副官佐吏,每年推荐的茂才、孝廉近两百个。一一细看他们的推荐文书,他们的德行都与颜渊、卜商、冉耕等哲人相等;但总结一下他们实际的品行和才能,多半及不上中等的人。如果他们真的都像推荐文书上写的那样,那么这就是每年得到了大贤人两百个。既然这样,那么自然灾害和怪异的自然现象为什么要来谴责呢?这些灾害怪异都是推荐选举时名不副实而产生的效验啊。

注释

1 扫地:清除地上尘土,喻指剔除其污秽的言行。　洞:空洞。
2 掾(yuàn):副官、佐吏的通称。　从事:官名,也称从事史,是汉代州一级的佐吏。
3 "茂才"上当有"岁举"二字。
4 状:向上级陈述事实的文书。
5 卜:姓。此指卜商,字子夏,孔子的学生,擅长于文献典籍的研究。　冉:姓。此指冉耕,字伯牛,孔子的学生,以德行著称。

原文

　　夫说粱饻食肉[1],有好于面目[2],而不若粝粢藜烝之可食于口也[3]。图西施、毛嫱[4],可悦于心,而不若丑妻陋妾之可御于前也。虚张高誉,强蔽疵瑕,以相诳耀,有快于耳,而不若忠选实行[5]可任于官也。周显拘时[6],故苏秦[7];燕哙利虚誉[8],故让子之[9]:皆舍实听声、"呕哇"之过[10]也。

译文

　　谈论米饭吃肉,可以在心里感到喜悦,但不如粗粮稻饼野菜蒸熟后可以吃到嘴里。画西施、毛嫱,可以在眼中有美感,但不如丑陋的妻子、难看的小妾可以侍奉在跟前。不切实际地进行夸张、高度地加以赞誉,竭力掩盖其毛病缺点,以此来互相欺骗炫耀,可以在耳中有快感,但不如忠诚地选举、如实地使用人才可以使他们在官府中胜任自己的职务。周显王拘泥于当时的毁谤,所以疏远了苏秦;燕王哙贪图空洞的赞誉,所以把君位让给了子之:这些都是舍弃了实际情况而听信名声、为了追求虚名而"呕吐"的过错啊。

注释

1 粱:谷子,去壳后称小米,在古代是粮食中的优良品种。　饻(fàn):同"饭"。
2 有好于面目:当作"有好于目",且与下文"有悦于心"对调。

3 粝(lì):粗米,整粒的劣等米。 粢(cí):通"餈",稻饼,用整粒米做成的饼。藜:一种嫩时可食用的野菜。

4 西施、毛嫱:春秋时越国的美女。

5 行:用。

6 周显:周显王,东周天子。 时:当作"时毁"。

7 故:当作"故疏"。 苏秦:战国时纵横家。为了尊显,他去求说周显王。因为当时人都说他虚言浮说,智识短浅,所以周显王也不信任他。

8 燕哙(kuài):燕王哙,战国时燕国国君。传说隐士潘寿(鹿毛寿)劝燕王将国家政权让给子之,说:"人们称道尧贤明,是因为他曾把天下让给许由,而许由不接受,结果尧就有了让掉帝位的美名而实际上并没有失去天下。现在大王把国家政权让给子之,而子之一定不会接受,那么大王就有了尧一样的德行。"燕王哙贪图虚名,就在公元前318年把政权让给了子之。公元前315年,太子平等起兵攻打子之。次年,齐宣王乘机攻占燕国,他和子之都被杀。 利:贪。

9 子之:燕王哙的相国。

10 "呕哇"之过:指追求虚名而舍弃实利的过错。呕哇,呕吐。据《吕氏春秋·介立》《列子·说符》等记载,爰旌目饿倒在路上,狐父之盗给他吃饭后他眼睛才能看见人,他知道是狐父之盗给他喂食,以为不义而"呕之",因呕不出而死去。据《孟子·滕文公下》记载,陈仲子以哥哥的俸禄为不义之禄而不吃。有人送给他哥哥一只鹅,后来他母亲杀了并给他吃了。他哥哥从外面回来,说:"这是那鹅肉啊。"他便出门"哇之"。此文便用了这两个典故。

原文

夫圣人纯,贤者驳[1]。周公不求备,四友不相兼[2],况末世[3]乎?是故高祖所辅佐[4],光武所将相,不遂伪举,不责

译文

圣人纯洁无瑕,贤人善恶相杂。周公旦对人不求全责备,文王的四个友人也各有所长而不能同时具备别人的才能,何况是没落时期呢?所以高祖选用辅佐大臣,光武皇帝任命将军丞相,不成全虚伪的推荐,不要

兼行,亡秦之所弃、王莽之所捐,二祖⁵任用,以诛暴乱,成致治安。太平之世而云无士,数开横选而不得直,甚可愤也。

求同时具备各种德行,对于灭亡的秦朝所舍弃、王莽所抛弃的人,这两个开国皇帝都加以任用,用他们讨伐暴虐作乱的人,从而形成了太平安定的政治局面。在太平的社会中却说没有贤士,屡次开展广泛的选举却得不到正直的人,正是非常令人纳闷啊!

注释

1 驳:原义指马毛色不纯,引申指混杂不完美、有善也有恶。
2 四友:指周文王之四友:南宫括,散宜生,闳夭,太颠。友,志向相同而相互帮助的人。　相:指代性副词,指别人的才能。　兼:同时具备。
3 末世:末了的年代,王朝行将灭亡的时期。
4 辅佐:辅佐大臣。此用作动词。
5 二祖:指高祖、世祖。祖,庙号,是对开国皇帝的尊称。

原文

夫明君之诏也若声,忠臣之和也当如响应¹,长短、大小、清浊、疾徐必相和也。是故求马问²马,求驴问驴,求鹰问鹰,求駹问駹³。由此教令,则赏罚必也。

译文

那英明君主的命令就像声音,忠臣的响应应当像回声应和一样,那音调的悠长短促、洪大细小、清越粗重、急速舒缓一定要相应。所以君主要马,臣子就得寻觅马;君主要驴,臣子就得寻觅驴;君主要鹰,臣子就得寻觅鹰;君主要狗,臣子就得寻觅狗。发布命令要达到这种地步,那么奖赏和刑罚就得首先严格实行。

注释

1 和(hè):应和,响应。　响:回声。
2 问:打听,寻觅。
3 駹(máng):通"尨"(máng),杂色狗。

原文

夫高论而相欺,不若忠论而诚实。且攻玉以石,治金以盐,濯锦以鱼,浣布以灰[1]。夫物固有以贱治贵、以丑治好者矣。智者弃其所短而采其所长以致其功,明君用士亦犹是也。物有所宜,不废其材,况于人乎?

译文

夸大地做高度的评价而互相欺骗,不如忠诚地进行评论而诚实待人。再说,雕琢玉器用石头,清洗金器用盐水,漂洗织锦缎用鱼胶,洗涤布帛用灰水。物品本来就有用低廉的来整治珍贵的、用丑陋的来整治美丽的了。聪明的人抛弃物品的短处而择取它们的长处来成就自己的事业,英明的君主使用士人也是像这样的啊。物品有了某一方面的适宜用途,也不把它的本身全部抛弃,何况是人呢?

注释

1 浣布以灰:古代常常将丝、麻织物浸渍在和了草木灰、楝树叶灰、蚌壳灰的温水中以除去污垢杂质来进行漂白。

原文

夫修身慎行,敦方正直,清廉洁白,恬淡无为,化之本也。忧君哀民,独睹乱原,好善嫉恶,赏罚严明,治之材也。明君兼善而两纳之。恶行之器[1]也,为金玉宝;政之材,刚铁用。无此二宝,苟务作异以求名,诈静以惑众,则败俗伤化。

译文

修养身心谨慎行事,敦厚规矩端正刚直,清廉守节洁白无瑕,淡泊寡欲清静无为,这是进行教化的榜样。为君主担忧而怜悯百姓,独具慧眼地看出动乱的源头,爱好善行而憎恨邪恶,奖赏惩罚严格分明,这是治国的人才。英明的君主同时赏识这两种人而双双接纳他们。前者是制止罪恶行为的工具,是黄金玉器般的宝物;后者是政治方面的人才,具有钢铁般的功用。没有这两种宝物,苟且地致力于标新立异来求取名誉,假装虚静无为来迷惑民众,那就会伤风败俗。现在社会上

今世慕虚者,此谓"坚白"[2]。"坚白"之行,明君所憎,而王制所不取。

喜欢虚名的那些人,可以称作是辩论"坚硬和白色"的空谈家。辩论"坚硬和白色"的行为,是英明的君主所憎恶的,也是圣王的制度所排斥的。

注释

1. 恶行之器:当作"止恶行之器",承上文"化之本"而言。
2. 坚白:指石头的坚硬和白色两种属性,它是战国时争论的一个重要命题。以名家公孙龙为代表的"离坚白"论者认为"坚"和"白"两种属性是各自独立、互相分离的,因为眼睛看到"白"而看不出"坚",手摸到"坚"而不能感知"白"。后期墨家则主张"坚白相盈",认为"坚"和"白"不能离开具体的石头而独立存在。

原文

是故选贤贡士,必考核其清素[1],据实而言。其有小疵,勿强衣饰以壮虚声。一能之士,各贡所长。出处默语,勿强相兼。则萧、曹、周、韩之伦[2],何足得[3]矣?吴、邓、梁、窦之徒[4],而致十[5]。各以所宜,量材授任,则庶官无旷[6],兴功可成,太平可致,麒麟可臻[7]。

译文

所以选举贤人推荐士人,一定要考察核实他们的实情,根据事实来介绍。他们有什么小毛病,千万不要勉强地加以掩盖文饰来壮大其虚假的美名。凡有一种技能的人,就要让他们各自贡献出所擅长的技能。或出来做官、或在家隐居、或沉默不言、或建议谈论,不要强求他们同时具备别人的才能。若能这样,那么萧何、曹参、周勃、韩信一类的人,哪里值得访求呢?吴汉、邓禹、梁统、窦融一类的人,则能招致一大批。对每一个人都拿合宜的位置安排给他们,根据他们的才能来授予职务,那么众多的官职就不会形同虚设,振兴国家的功业就可以成就,太平安定的局面就可以形成,吉祥的麒麟就可以被招来。

注释

1. **清素**:真情本心,真实的内情。素,通"愫",诚心,真情。
2. **萧**:指萧何,秦末曾为沛县吏,佐刘邦起义,楚汉战争中,他推荐韩信为大将,以丞相身份留守关中,对刘邦战胜项羽、建立汉朝贡献极大。**曹**:指曹参,秦末曾为沛县狱吏,跟从刘邦起义,屡立战功。汉惠帝时,继萧何为相国。
3. **何足得**:哪里值得获取。意谓人才济济,足可建功立业了,不必再刻意访求著名的将相之材。
4. **吴**:指吴汉,为刘秀(光武帝)偏将军,屡建战功,刘秀即位后任大司马。**邓**:指邓禹,少年时游学长安,与刘秀(光武帝)亲善。刘秀起兵后,他为前将军,有战功,刘秀即位后任大司徒。**梁**:指梁统,曾与窦融等率军和光武帝合攻隗嚣,有功而封为成义侯,后又到朝廷任太中大夫。**窦**:指窦融。更始帝败,他割据河西,为河西五郡大将军,后归光武帝协助攻灭隗嚣有功,封安丰侯。平陇、蜀后,又为冀州牧,旋即升任大司空。
5. **而致十**:当作"而致十也"。"十"表示十倍,形容人才很多,招一可致十。
6. **旷**:空,虚设。官职空旷指官员不能胜任其职,官位上有了人等于没有人。
7. **麒麟**:传说中的仁兽名。**臻**(zhēn):至。麒麟到来,是吉祥的征兆,形容社会呈现出一派太平和乐的景象。

原文

且燕¹小,其位卑,然昭王尚能招集他国之英俊²,兴诛暴乱,成致治强。今汉土之广博,天子尊明,而曾无一良臣,此诚不愍兆黎之愁苦、不急贤人之佐治尔。

译文

再说燕国弱小,它的国际地位低下,然而燕昭王还是能招引聚集其他国家的英雄豪杰,振兴自己的国家而讨伐暴虐混乱的国家,造成了安定强大的政治局面。现在汉朝的领土这样辽阔,天子英明圣哲,却竟然没有一个贤能的臣子,这实在是不怜悯亿万人民的忧愁痛苦、不急于寻觅贤人来帮助治国

孔子曰："未之思也，夫何远之有？"[3]忠良之吏，诚易得也，顾圣王欲之不[4]尔。

啊。孔子说："只是还没有想他呀，如果想的话，有什么遥远的呢？"忠诚善良的官吏，实在是很容易得到的，就看圣明的皇上想要他们还是不想要他们罢了。

注释

1 燕(yān)：周代诸侯国，燕王哙时，因内乱，一度被齐攻占，国势衰弱，所以燕昭王即位后，称"燕小力少"。由于燕昭王招贤纳士，燕国又一度强盛，曾攻占齐国七十多城。
2 昭王：指燕昭王，名平，燕王哙的太子。他即位后欲报齐仇，故招纳贤士，师事郭隗，于是乐毅自魏往，邹衍自齐往，剧辛自赵往，贤士争相投奔。他以乐毅为上将军，与秦、赵、韩、魏合力攻齐，齐地除莒、即墨外，尽为燕所得。这是燕国历史上最强盛的时期。
3 何远之有：即"有何远"，指就在身旁，唾手可得。孔子语见《论语·子罕》。
4 不(fǒu)：相当于"否"。

第四卷

班禄

导读

班：分别等级。班禄：规定俸禄等级。文章主要追述与颂扬了古代的"班禄"制度，抨击了周朝衰微以后的种种弊端，主张君主要以足够的俸禄供养贤臣。

作者指出，人类产生之后由于有了侵夺，所以上天授命天子来进行管理。这种君权神授的思想虽不正确，但作者强调上天设立君主并不是让他来奴役人民，而是让他来诛暴除害以利民，则显然有可取之处。接着，作者认为古代的爵禄制度保障了官吏的经济生活，使他们能一心为公，因而百姓能安居乐业。后来周王朝渐渐忽视了禄养贤臣，于是群臣贪赃枉法，谋求财利去搜刮百姓，周朝就衰弱混乱了。因此，作者希望君主以礼制节制自己，采取先富后教的办法，使臣民有足够的养生之资而懂得廉耻，以消除奸邪而使天下太平。

原文

太古之时，烝黎初载[1]，未有上下，而自顺序，天未事焉，君未设焉。后稍矫虔[2]，或相陵虐，侵渔不止，为萌[3]巨害。于是天命圣人，使司牧之，使不失性。四

译文

远古的时候，人类刚刚产生，没有上下尊卑之分，而自然而然地既和顺又有秩序，既没有侍奉、祭祀上天，也没有设立君主。后来渐渐出现了假托名义巧取豪夺的现象，有些人则欺侮虐待别人，侵犯掠夺没有个完，成为民众的大祸害。于是上天授命圣人，派他管理统治民众，使民众不丧失天性。天

海蒙利,莫不被德,佥共奉戴[4],谓之天子。故天之立君,非私此人也以役民,盖以诛暴除害利黎元[5]也。是以人谋鬼谋,能者处之。

下的人都得到了好处,没有人不蒙受他的恩泽,就共同拥护、推戴他,称他为天子。所以上天设立君主,并不是偏爱这个人而让他来奴役民众,而是让他来讨伐暴虐、铲除祸害、使百姓得利的。因此要和众人商量、和鬼神谋划,让得民心、顺天意的能人处在君位上。

注释

1 **烝黎**:群众。 **载**:始。
2 **矫**:假托,诈称。 **虔**(qián):劫夺,强取。
3 **萌**:通"氓"(méng),老百姓。
4 **佥**(qiān):皆,都。 **奉**:辅助,拥护。 **戴**:推戴,拥戴。
5 **黎元**:黎民,百姓。

原文

《诗》云[1]:"皇[2]矣上帝,临下以赫。监观四方,求民之瘼[3]。惟此二国[4],其政不获。惟此四国[5],爰究爰度[6]。上帝指之,憎其式廓[7]。乃眷西顾[8],此惟与度[9]。"盖此言也,言夏、殷二国之政不得,乃用奢夸廓大,上帝憎之,更求民之瘼圣人,与天下四国究度而使居之也。

译文

《诗经》说:"上帝老天真伟大,俯瞰天下很分明。观察四方的情形,谋求民众的安定。看这两个大国家,他们治理不得当。看那四个小国家,又是谋划又设想。上帝指责这两国,憎恶他们用败类。于是回顾向西看,此人可使居王位。"大概这些话啊,是说夏、殷两个国家的治理不得当,只是任用奢侈浪费、大手大脚的人,上帝憎恶他们,就另外寻求使民众安定的圣人,和天下四国谋划而使他居于天子之位。

注释

1　引诗见《诗经·大雅·皇矣》。这是一首赞美周王朝与周文王的诗。
2　皇:大。
3　瘼:通"莫",定。
4　惟:语助词。　二国:指殷纣、夏桀之国。
5　四国:指有道的四方之国。
6　爰(yuán):句首语气词。　究:谋划,研究。　度(duó):谋划,考虑。
7　式:用。　廓:大,指大手大脚、奢侈浪费的人。
8　睠(juàn):同"眷",回头看。　西顾:向西看,指观看周文王所居之处。周文王都于丰(今陕西西安长安西北沣河西岸),在殷都朝歌(今河南淇县)之西,所以说"西顾"。
9　此:指代周文王。　度:同"宅",居。

原文

前哲良人,疾奢夸廓无纪极也,乃惟¹度法象,明著礼秩²,为优宪艺³,县之无穷。故《传》⁴曰:"制礼,上物不过十二,天之道⁵也。"是以先圣籍⁶田有制,供神有度,奉己有节,礼贤有数;上下、大小、贵贱、亲疏,皆有等威;阶级衰杀⁷,各足禄其爵位;公私达其等级⁸,礼行德义。

译文

古代的圣哲之士和贤能之人,痛恨奢侈浪费、大手大脚而没有法度准则,于是就思考、揣度效法天地的现象,明确地制定了礼制和爵位等级,制定了完善的法律准则,使它们无止境地流传下去。所以《左传》说:"制定了礼制,献上的物品不能超过十二,因为这是上天的规则。"因此古代的圣明君主耕种田地有一定的制度,供奉祭祀天神有一定的法度,奉养自己有一定的节制,用礼节对待贤人有一定的分寸等级;上司和下属、年纪大的和年纪小的、地位高的和地位低的、关系亲近的和关系疏远的,都有与其身份相称的威仪;等级渐次递减,使其中的每一级爵位各自得到足够的俸禄;君主和臣子都和自己的等级名分相关联,按照礼制来奉行仁德道义。

注释

1 惟:思考,谋虑。
2 袟:爵位,等级。
3 艺:准则,法度。
4 《传(zhuàn)》:指《左传》。此引文与《左传·哀公七年》不尽相同。
5 天之道:上天的规则。太阳和月亮沿黄道运行一周,每年会合十二次,每次会合都有一定的部位,所以古人把黄道附近的一周天分为十二次。岁星每年行经一个星次,十二年绕天一周,太阳每月行经一个星次,十二月绕天一周,所以说"十二"是"天之道"。
6 籍:通"藉"(jí)。"藉"有践踏的意思,从"耒",其本义是踩踏耒(木锹)来翻土耕作的意思。根据古代的礼制,君主不能忘记自己是从什么地方来的,为了表示对祖先的敬意,必须亲自耕作,用自己的劳动成果作祭品来祭祀祖先,所以就制定了"藉田"的礼仪,由君主在春耕前先到公田里手拿耒耜翻一下地。
7 阶级:等级。 衰(cuī):由大到小、依一定的等级递减。 杀(shài):与"衰"同义。
8 公:公家,指君主。 私:私人,指臣下。 达:通,指相互联系。

原文

当此之时¹也,九州之内,合三千里,尔²八百国。其班禄也,以上农为正,始于庶人在官者,禄足以代耕,盖食³九人。诸侯下士⁴亦然;中士倍下士,食十八人;上士倍中士,食三十六人;大夫倍

译文

在这个时代,九州之内,合计三千里见方,一千八百个国家。他们规定俸禄的等级时,以耕作技术高明的上等农夫的收获为基准,从平民百姓中在官府当差的人开始,他们的俸禄足够用来代替其亲自去耕作所得到的收入,大概可以供养九个人。诸侯的下士也这样;中士的俸禄是下士的两倍,可以供养十八个人;上士的俸禄是中士的两倍,可以供养三十六个人;大夫的俸禄是上士的

之,食七十二人。小国之卿[5],二于大夫;次国[6]之卿,三于大夫;大国[7]之卿,四于大夫,食二百八十八人;君各什其卿。天子三公采视公、侯[8],盖方百里;卿采视伯,方七十里;大夫视子、男,方五十里;元士视附庸[9],方三十里。功成者封。

两倍,可以供养七十二个人。小国的卿,其俸禄是大夫的两倍;次一等国家的卿,其俸禄是大夫的三倍;大国的卿,其俸禄是大夫的四倍,可以供养二百八十八个人;小国、次国、大国的国君的俸禄分别是他们的卿的十倍。天子的三公的封地和公爵、侯爵的相同,大概是一百里见方;天子的卿的封地和伯爵的相同,是七十里见方;天子的大夫的封地和子爵、男爵的相同,是五十里见方;天子的元士的封地和附庸一样,是三十里见方。凡大功告成的人,就赐给他一定的封地。

注释

1 **当此之时**:指西周初。
2 **尔**:当作"千"。
3 **食**(sì):通"饲",供养。
4 **士**:官名,古代诸侯置上士、中士、下士之官,位于大夫之下。
5 **小国**:指五十里见方的诸侯国。 **卿**:官名,位于君之下、大夫之上。
6 **次国**:指七十里见方的诸侯国。
7 **大国**:指一百里见方的诸侯国。
8 **采**:也称采地、食邑,卿、大夫的封地。 **视**:比照,和……一样。 **公、侯**:爵位名。古代爵位由高而低分为公、侯、伯、子、男五等。
9 **元士**:官名,指天子的士。 **附庸**:指领地不满五十里见方、不和天子直接联系而附属于诸侯的小国。

原文

是故官政[1]专公,不虑私家;子弟事学,不

译文

所以官吏大臣专门为公,不考虑自己的家;他们的后代致力于学习,不去谋求财

于²财利。闭门自守,不与民交争,而无饥寒。之道而不陷³,臣养优而不隘,吏爱官而不贪,民安静而强力。此则太平之基立矣。

利。官吏大臣都关上家门克制自己保持操守,不和民众互相争夺产业,因而民众没有挨饿受冻的。君主归于正道而不失误,大臣给养充足而不小气,官吏珍视自己的官职而不贪婪,民众安分守己而努力劳动。这样的话,那么安定太平的基础就确立了。

注释

1 政:通"正",长。

2 于:犹"为"。

3 之:当作"君之"。之,犹"归"。　陷:陷落,失误。

原文

乃惟慎贡选,明必黜陟,官得其人,人任其职。钦若昊天,敬授民时。¹同我妇子,馌彼南亩。²上务节礼,正身示下;下悦其政,各乐竭己奉戴其上。是以天地交泰³,阴阳和平,民无奸匿⁴,机衡⁵不倾,德气流布而颂声作也。

译文

于是就考虑谨慎地推荐选拔人才,查明情况后坚决地进行罢免和提拔,每个官职都能得到理想的人选,每个人都胜任自己的职务。又恭敬地顺从上天,慎重地把时令节气教给人们,和自己的妻子孩子一起,到田间给耕作者送饭。君主致力于节操礼仪,端正自己的身心给臣民作示范;臣民喜欢他的政策,每个人都乐意献出自己的一切来辅助、拥戴自己的君主。因此天地之气互相融合贯通而万物顺利地生长,阴阳之气和谐平静,民众没有奸诈邪恶的行为,政权不被颠覆,仁德的气氛流行传布而歌功颂德的乐曲也就产生了。

注释

1 敬:慎重。以上两句用《尚书·尧典》之语。

2 饁(yè):给耕作者送饭。　南亩:朝南的田地,秦汉以后为农田的泛称。以上两句用《诗经·豳风·七月》之语。
3 天地交泰:即《周易·泰卦》所说的"天地交而万物通"之意。交,接触;泰,通。
4 慝(tè):同"慝"(tè),邪恶。
5 机衡:即"玑衡",北斗七星中的天玑、玉衡二星,指代北斗星,比喻政权的枢要机关。

原文

其后忽养贤而《鹿鸣》[1]思,背宗族而《采蘩》[2]怨,履亩税而《硕鼠》作[3],赋敛重而谭告痛[4],班禄颇而倾甫赖[5],行人定而《绵蛮》讽[6],故遂耗[7]乱衰弱。

译文

在那以后,周王朝忽视奉养贤人因而《鹿鸣》表达了对贤人的思念,背离了祖宗家族的期望因而《采蘩》表达了埋怨之情,步一下田地的面积来征收赋税而《硕鼠》就创作出来了,税收繁重而谭国大夫就诉说起痛苦来了,规定俸禄等级偏颇不公正而圻父被憎恶,使者缺乏资财而《绵蛮》作了婉言讽谕,所以周王朝最终就黑暗混乱而衰弱了。

注释

1 《鹿鸣》:《诗经·小雅》中的一篇,诗篇以野鹿鸣叫起兴,主要写宴请贤德的嘉宾。
2 《采蘩》:《诗经·召南》中的一篇,主要写女子采蘩(白蒿)以供贵族在宗庙中祭祀祖先。此文说"背宗族",盖取《鲁诗》之说,指周康王很晚起床,背离了宗族的期望。
3 履:步行,指用脚步测量土地的面积。　《硕鼠》:《诗经·魏风》中的一篇,诗中将统治者比喻为硕鼠(一种在田间偷食粟、豆的大老鼠),控诉其对自己的横征暴敛。
4 谭告痛:指《诗经·小雅》中的《大东》一诗,该诗主要控诉了周王朝对东方诸侯国的榨取搜刮。谭,古国名,在今山东济南东。此指代谭国的

大夫。通,当为"痛"字之误。
5 倾甫赖:指《诗经·小雅·祈父》一诗中武士们对祈父征调失常的指责。倾,当作"顾",通"圻"(qí),天子都城周围千里之地。顾甫,也作"圻父",官名,司马的别称。赖,憎恶,用作被动词。
6 定:当为"乏"字之形讹。《绵蛮》:《诗经·小雅》中的一篇。"绵蛮"表示鸟小而力量薄弱的样子。全诗以"绵蛮黄鸟"起兴,描写了微贱的使者缺乏饮食、疲于奔命的情景,委婉地批评了没有仁爱之心的大臣。
7 耗(mào):通"眊"(mào),昏昧不明。

原文

及周室微而五伯作[1],六国[2]弊而暴秦兴,背义理而尚威力,灭典礼而行贪叨[3],重赋敛以厚己,强臣下以弱枝,文德不获封爵,列侯不获[4]。是以贤者不能行礼以从道,品臣不能无枉以从利。君又骤赦以纵贼,民无耻而多盗窃。何哉?咸气加而化上风[5],患害切而迫饥寒。此臧纥[6]所以不能诘其盗者也。《诗》云:"大风有隧,贪人败类。"[7]"尔之教矣,民斯效矣。"[8]

译文

等到周王朝衰微而五霸出现,六国破败而暴虐的秦国兴起,背弃了合宜的道理而崇尚威势武力,毁灭了典章礼制而干贪得无厌的事,加重税收来使自己富足,加强臣子的权势来削弱自己的旁支亲属,用礼乐制度来进行道德感化的人不能获得封地爵位,有德的列侯不能获得治理民众的权力。因此贤人不能遵行礼制来顺从道义,群臣百官不能不徇私枉法去追求财利。君主又屡次赦免来放掉盗贼,民众毫无耻辱之心而多去盗窃。为什么会这样呢?是因为行凶作恶的气氛影响了民众而人们被上面的歪风邪气同化了,是因为民众的祸患灾害迫在眉睫而被饥饿寒冷逼迫了。这就是臧纥不能追究查办盗贼的原因啊。《诗经》上说:"大风一定有来路,贪婪之人坏种族。""你去这样教导了,民众因此仿效啦。"

注释

1. **周室**：指周王朝。古代的国家为帝王之家所拥有,所以称"室"。 **伯**(bà)：通"霸"。
2. **六国**：战国时与秦国一起称雄的楚、齐、燕、韩、赵、魏等六个国家。
3. **叨**(tāo)：同"饕",贪。
4. **不获**：当作"不获治民"。
5. **咸**：当作"戌"(lì),凶暴。 **加**：施加,指给予影响。 **化上风**：化于上风,被上面的风气所改变。
6. **臧纥**：鲁国司寇。当时鲁国多盗,季武子让臧纥"诘盗",臧纥回答说:"我不能诘。因为你身为正卿而召来外国的大盗并重赏他,我怎么能除去国内之盗呢? 在上位的人不做的事,如果有人做了,那么处罚他之后,就没有人再敢效尤。在上位的人所做的事,民众也去做,这是理所当然的,又怎么可以禁止呢?"
7. 以上两句诗引自《诗经·大雅·桑柔》。
8. 以上两句诗引自《诗经·小雅·角弓》。

原文

是故先王将发号施令,谆谆如也,唯恐不中而道于邪[1]。故作典以为民极,上下共之,无有私曲。三府制法,未闻赦彼有罪、狱货惟宝者也。

译文

所以古代的圣明帝王将要发布命令的时候,总是十分诚恳谨慎,只怕它不正确而把人引向邪恶。所以制作了典章制度作为民众的准则,上上下下共同遵守它,没有谋取私利的歪门邪道。三公衙门制定的法令中,我还没有听说过要赦免那些有罪的人、把在审理诉讼案件时接受的贿赂当作宝物的。

注释

1. **中**：正。 **道**(dǎo)：通"导"。

原文

是故明君临众,必以正轨,既无猒有[1],务节礼而厚下[2],复德而崇化,使皆阜[3]于养生而竞于廉耻也。是以官长正而百姓化,邪心黜[4]而奸匿绝。然后乃能协和气而致太平也。《易》曰:"圣人养贤,以及万民。"[5]为本,君以臣为基。[6]然后高能[7]可崇也,马肥,然后远能可致也。人君不务此而欲致太平,此犹薄趾[8]而望高墙、骥瘠而责远道,其不可得也必矣。

译文

所以英明的君主统治民众,一定使用正确的法度,完全没有大肆搜刮民财而占为己有的事,致力于用礼制来节制自己而使臣民富裕,恢复仁德而崇尚教化,使臣民都能富足地供养活着的人而在廉洁知耻方面争强。因此官吏大臣正派而百姓被感化,邪恶的思想被消除而奸诈邪恶的事不再发生。如此以后才能协调中和之气而达到太平安定。《周易》说:"圣人供养贤人,以此来养及亿万人民。"国家把民众作为根基,君主将臣子作为基础。基础深厚,然后高墙才可以垒起来;马匹肥壮,然后远方才可以到达。君主不致力于此而想达到太平安定,这就好像在浅薄的地基上指望垒起高墙、骏马瘦弱了却还要它跑远路,这种愿望不可能实现是完全可以肯定的了。

注释

1 **既无猒(yàn)有**:完全没有饱饱地占有。既,尽。猒,同"餍",饱。
2 **节礼**:节于礼。 **厚**:富,此用作使动词。
3 **阜**:丰富,富足。
4 **黜**:消除,去掉。
5 **以及万民**:圣君以俸禄供养贤臣,而贤臣治理好国家后民众都能安居乐业、丰衣足食,所以说"以及万民"。引文见《周易·颐卦》。
6 **为本,君以臣为基**:当作"国以民为本,君以臣为基。基厚"。
7 **能**:犹"乃"。下同。
8 **趾**:通"址",地基。

述 赦

导读

述赦：论赦免。文章主要抨击了当时频频大赦的做法以及宣扬赦免的种种论调。

作者认为，惠及坏人就会伤害良民。当今屡次赦免罪人，所以恶人更加猖獗而善人反而遭殃，因为善人不犯罪，根本不会在赦免中得到什么好处，而只会进一步遭到恶人的危害。至于恶人，因为赦免而更加趾高气扬、放肆作恶了。因此，天子必须严格地实施赏罚而不应该赦免罪犯。仁政的要义是养育万民，而绝不是姑息养奸、放纵罪犯。本性恶劣的人顽固不化、死不改悔，即使赦免了他们，也只能让他们继续犯法作恶，而根本不能因此感化他们。只有坚决加以惩处，才可消除人们的侥幸心理而杜绝为非作歹的邪念。所以，要把国家治理好，关键在于严明法令，而不在于屡屡赦免。对于犯小罪的人，如果是出于故意，那就是恶人，罪再小也得严加惩处；只有因过失而犯罪的好人，那才可以通过赦免来挽救他们。总之，赦免的实施要因人制宜，只赦免因过失而犯罪的好人，对于故意犯罪的恶人则必须坚决加以惩处。

原文

凡治病者，必先知脉之虚实、气之所结[1]，然后为之方，故疾可愈而寿可长也。为国者，必先知民

译文

大凡治疗疾病的人，必须先了解病人脉象的虚实、邪气所凝聚的地方，然后给他开药方，所以病人的疾病可以治好而其寿命可以延长。治理国家的人，必须先了

之所苦、祸之所起,然后设之以禁,故奸可塞、国可安矣。

解民众的疾苦、祸乱的起因,然后给它设置禁止的办法,所以奸邪可以杜绝而国家可以安定。

注释

1 **知脉**:是中医诊病的方法之一,即通过切脉来了解脉象,医生根据脉象的浮、沉、迟、数(速)、细、滑、涩、长、短等来诊断疾病。 **虚实**:是中医理论中的纲领之一,具有丰富的内容。概而言之,就是指外邪和病人正气的盛衰。当正气因各种原因而受损时,显出不足的现象,就称为"虚",即所谓"精气夺则虚"。当外邪刺激人体,使人体表现了有余的抵抗力,就称为"实",即所谓"邪气盛则实"。所以,"虚"是一种不足,"实"是一种有余,都是不正常的病症。

原文

今日贼良民之甚者,莫大于数赦。赦赎数,则恶人昌[1]而善人伤矣。奚以明之哉?曰:孝悌之家,修身慎行,不犯上禁,从生至死,无铢两[2]罪,数有赦赎,未尝蒙恩,常反为祸。何者?正直之士之为吏也,不避强御,不辞上官[3]。从事[4]督察,方怀不快;而奸猾之党,又加诬言——皆知赦之不久,则且共横枉侵冤[5],

译文

现在残害良民最厉害的,莫过于屡次赦免罪人。赦免和赎罪频繁不断,那么坏人就会猖獗而好人就会遭到伤害了。用什么来说明这个道理呢?可以这样说明:孝顺父母敬爱兄长的家庭,都修养身心谨慎行事,不去触犯上面的禁令,从出生到死去,没有丝毫的罪过,所以屡次进行赦免赎罪,他们也从来没有从中得到什么恩泽,反而常常遭殃。为什么呢?因为正直的人做官,不回避强暴,不巴结乞求大官。从事史来视察,正好对这些正直的官吏心怀不满;而奸诈狡猾的党徒,又加以诬告——因为他们都知道赦免近在眼前,于是就姑且勾结在一起放肆地冤屈迫害这些正直的官吏,捏造罪状上书

诬奏罪法[6]——令主上妄行刑辟,高至死徙,下乃沦冤[7]。而彼冤之家,乃甫当乞鞫、告故以信直[8],亦无益于死亡矣。及隐逸行士,淑人君子,为谗佞利口所加诬覆冒[9]。下土冤民,能至阙者,万无数人;其得省问者,不过百一;既对[10]尚书,空遣去者,复十六七;虽蒙考覆,州、郡转相顾望[11],留吾真事[12],春夏待秋冬,秋冬复涉春夏,如此行逢赦者,不可胜数。

君主言其罪恶及触犯的法律——使君主胡乱地施行刑法,重的甚至被处死或流放,轻的也被判罪罢免。而那些被冤枉的人家,就是在开始判罪时乞求追查、诉说缘故以求伸雪平反,也对蒙冤而死的人毫无裨益了。至于隐居避世之人、有德行的高士,品德善良的人、有道德的君子,也被善于诋毁、能说会道的人横加罪名、肆意诬赖埋没陷害。这些边远地区被冤枉的好人,能到朝廷上来申诉的,一万个人当中也没有几个;而其中得到过问的,不超过百分之一;已经向尚书汇报了案情而毫无收获空着双手被打发走的,又有十分之六七;即使受到考查复核的,州一级、郡一级的长官又转来转去互相观望,拖延抵制这种核实过的事情,从春天、夏天等到秋天、冬天,从秋天、冬天又拖到春天、夏天,像这样一直拖到碰上大赦才释放的,多得数不清。

注释

1 **昌**:通"猖",放肆,猖獗。
2 **铢两**:比喻一点儿。铢,古代重量单位,二十四铢为一两。
3 **辞**:请,指说好话请求。 **上官**:大官,此文指从事之类。
4 **从事**:此当指汉代的部郡(国)从事史,每郡(国)各一人,掌管督促郡(国)文书,察举非法。刺史凭借他来督察地方,权任颇重,至有奏免太守、相国,按杀县令、县长者。
5 **横**:蛮横,放纵。 **枉**:冤屈,诬告。
6 **诬**:诬蔑,诽谤。 **奏**:向君上进言或上书。
7 **沦冤**:当为"论免"之形误。

8 甫:开始。 当:判罪。 乞鞫:乞求审讯,指对原判不服而要求重新审问追查。鞫,通"鞫"(jū),审问,追查。 信直:伸直,指申冤,使受到的委屈得以伸直舒展。信,通"伸"。
9 加诬:虚构捏造不实之词。 覆冒:遮盖,引申指欺下瞒上加以诬陷。
10 对:回答,指汇报案情。
11 州:公元前106年,除京师附近七郡外,分境内为十三个监察区,即豫州、冀州、兖州、徐州、青州、荆州、扬州、益州、凉州、并州、幽州、交趾、朔方等十三区,每区置刺史一人,故称为十三刺史部,也习称十三州。至公元前89年,又以京师附近七郡设置司隶校尉部,性质略同刺史部。东汉时朔方并入并州,交趾改称交州,加上司隶校尉部,仍合称十三部或十三州。 顾:回头看。 望:向前看。
12 留:滞留,拖延。 吾:通"悟"(wǔ),违反,抵触,指顶着不干。

原文

又谨慎之民,用天之道,分地之利,择莫犯土[1],谨身节用,积累纤微以致小过。此言质良盖民[2],惟国之基也。

译文

还有那些谨慎小心的平民百姓,利用上天的规律而抓住农时,分辨大地的功用而因地制宜地种植,拔草扒土,严格地节制自己而节约用度,积累起点点滴滴,才形成小小的错误。这些都是正直善良的好人,是国家的基础啊。

注释

1 择莫犯土:当作"捽草杷土"。捽(zuó),揪,拔。
2 言:当作"皆"。 质:当作"贞"。 盖:当作"善"。

原文

轻薄恶子,不道凶民,思彼奸邪,起作盗贼,以财色杀人父母,戮人之子,灭人之门,

译文

那些轻浮刻薄的恶少,横行不法的暴徒,心里有了那些奸诈邪恶的念头,就起来做强盗了,为了钱财女色而杀害别人的父母,杀死别人的子女,杀尽别人全家,夺取别人的财

取人之贿。及贪残不轨凶恶弊吏,掠杀不辜,侵冤小民。皆望圣帝当为诛恶治冤,以解蓄怨。反一门赦之,令恶人高会而夸诧,老盗服藏[1]而过门,孝子见仇而不得讨,亡主见物而不得取,痛莫甚焉。故将赦而先暴寒者,以其多冤结悲恨之人也。

物。还有那些贪婪残忍、横行不法、穷凶极恶的坏官吏,掠夺、杀害无辜之人,欺负、冤枉平民百姓。人们都想圣明的皇帝一定会为平民百姓惩处坏人、审理冤情,以此来消除积蓄在人们心头的怨恨。可是现在却把他们一律赦免了,致使恶棍举行盛大的宴会而向人夸耀,惯偷带着偷来的财物而耀武扬威地经过被盗人家的家门,孝子见到了杀父的仇人而不能讨还血债,失主看见了自己被盗的东西而不能取回,痛心的事没有比这更厉害的了。所以将要大赦而天气先会突然变冷,这是因为冤枉地结案而悲哀怨恨的人很多的啊。

注释

1 藏(zāng):通"赃"。

原文

夫养稊稗者伤禾稼,惠奸宄者贼良民。《书》曰:"文王作罚,刑兹无赦。"[1]是故先王之制刑法也,非好伤人肌肤、断人寿命者也,乃以威奸、惩恶、除民害也。天下[2]本以民不能相治,故为立王者以统治之。天子在于奉天威命[3],共[4]行赏罚。故经[5]称:

译文

养护稊草就会伤害庄稼,慈爱坏人就会伤害良民。《尚书》上说:"文王制定刑罚,惩处这些人而不赦免。"所以古代的圣明帝王制定刑法,并不是因为他们热衷于伤害人们的肌肤、中断人们的长寿,而是要用它来威慑坏人、惩戒恶人、除去民众的祸害。上天本来因为民众不能互相治理,所以为民众设立了帝王来统治他们。天子的职责在于奉行上天的刑法,恭敬地实施赏罚。所以经书上说:"上天任命有德的人,天子、诸侯、卿、大夫、士这五等人的礼服分别有五种等

"天命有德,五服五章[6];天罚有罪,五刑[7]五用。"《诗》刺"彼宜有罪,汝反脱之"[8]。古者唯始受命之君,承大乱之极——被前王之恶,其民乃并为敌仇,罔不寇贼、消义、奸宄、夺攘——以革命受祚[9],为之父母,故得一赦。继体[10]以下,则无违焉[11]。何者?人君配乾而仁[12],颐育万民以成大功,非得以养奸活罪为仁、放纵天贼为贤也。

级的彩色图案作为标志;上天惩罚有罪的人,用五种刑罚施加到五种罪行不同的人身上。"《诗经》讽刺说:"那人应该判有罪,你却使他得解脱。"古代只有最初接受天命的开国君主,承接了混乱到极点的局面——由于受到前代帝王的虐待,他统治下的人民就都成了仇敌,无不骚扰残杀、毁灭道义、造反盗窃、强取掠夺——用革命的手段推翻了旧王朝而取得了帝位,做人民的父母,所以可大赦一次。以后继承王位国统的各代君主,就不能违背信赏必罚的原则了。为什么呢?因为君主的德行要和上天相当才被认为是仁慈,要靠养育亿万人民来成就伟大的功业,而不能把姑息养奸救活罪犯当作仁慈、把放纵违背天意的杀人者当作贤德啊。

注释

1 引文见《尚书·康诰》。

2 **下**:衍文。

3 **威命**:威严的命令,指刑法。

4 **共**:通"恭"。

5 **经**:经书。以下引文见《尚书·皋陶谟》,文字略有不同。

6 **五服**:指天子、诸侯、卿、大夫、士所穿的五种等级的礼服。　**五章**:五种等级的彩色图案。

7 **五刑**:指墨(脸上刺字后涂墨)、劓(yì,割鼻子)、剕(fèi,断脚)、宫(破坏生殖器,即男子阉割、女子幽闭)、大辟(砍头)。

8 引诗见《诗经·大雅·瞻卬》。

9 **革命**:变革过去的一切来顺应天命。古人认为帝王受命于天来统治下民,所以称推翻旧王朝而建立新王朝为革命。　祚(zuò):帝位。
10　**继体**:继承体统,指继承君位国统,而非开国创业。
11　**焉**:代词,指代"奉天威命,共行赏罚"的原则。
12　**配**:匹配,媲美,相当。　**乾**:八卦之一,代表天。

原文

今夫性恶之人,居家不孝悌,出入不恭敬,轻薄慢傲,凶悍无辨[1],明以威侮侵利为行,以贼残酷虐为贤[2],故数陷王法者,此乃民之贼,下愚极恶之人也。虽脱桎梏而出囹圄,终无改悔之心,自诗以赢敖头[3],出狱踧踖[4],复犯法者,何不然?

译文

现在那些本性恶劣的人,住在家中不孝顺父母、敬爱兄长,和人来往不恭敬,轻浮、刻薄、骄慢、高傲,凶暴、蛮横而顽固不化,公开地把欺凌、侮辱、侵犯、渔利他人当作自己的德行,把狠毒、凶横、残酷、暴虐当作自己的贤能,所以屡屡掉进圣王制定的法网,这便是人民的敌人,是最愚蠢、最恶劣的人啊。即使卸去了脚镣、手铐而被放出了监狱,也始终没有悔罪改正的心思,他们仗着能够得到赦免和赎罪,所以出狱时还有点局促不安、徘徊不前,以后就又犯法了,在什么地方不是这样呢?

注释

1　**辨**:通"变"。
2　**贼**:指灭绝人性的行凶。　**残**:指横行不法的残杀。
3　**自诗以赢敖头**:当为"自恃以赢赦赎"之讹误。以,犹"能"。
4　**踧踖**(cùjí):局促不安、徘徊不前的样子。

原文

洛阳至有主谐合[1]杀人者,谓之会任之

译文

洛阳甚至有主管纠合刺客来杀人的,人们称之为纠合侠客的专家。他们接受了雇主

家[2]。受人十万,谢客数千,又重馈部吏[3],吏与通奸,利入深重,幡党盘牙[4],请至贵戚宠臣,说听于上,谒行于下。是故虽严令、尹[5],终不能破攘[6]断绝。何者?凡敢为大奸者,材必有过于众而能自媚于上者也。多散苟得之财,奉以谄谀之辞,以转相驱,非有第五公之廉直[7],孰能不为顾?今案洛阳主杀人者,高至数十,下至四五,身不死则杀不止,皆以数赦之所致也。由此观之,大恶之资,终不可化,虽岁赦之,适劝奸耳。

十万钱,酬谢刺客几千钱,又用重金贿赂衙门中的官吏,官吏就和他们串通在一起狼狈为奸,将贿赂送到身居要职手握大权的人那里,众多的党羽互相勾结,其请求于是直达皇亲国戚以及显贵荣耀的大臣那里,他们的劝说被君主听从,他们的请求在下面得到实行。所以即使是严厉的洛阳令、河南尹,也始终不能摧毁消灭他们。为什么呢?因为凡是敢于干罪大恶极之事的人,他们的才能一定有超过众人的地方而又能自己去讨好上面的人。他们多拿出一些苟且得来的不义之财去四处赠送,再用一些谄媚阿谀的话去奉承,以此来辗转驱使上面的人,上面的官员如果没有第五公似的廉洁正直,谁能不因此而照顾他们呢?现在考察一下洛阳主管杀人的,多的时候达几十人,少的时候也有四五个,他们这些人不死,那么杀人的事就不会止息,这都是屡次赦免罪犯所造成的啊。由此看来,极其恶劣的资质,终究是不可能通过感化而加以改变的,即使每年都赦免,也正好是鼓励他们作恶罢了。

注释

1 **谐合**:协调会合,纠合。
2 **会**:会合,纠合。 **家**:有专长的人。
3 **部吏**:秦汉时地方乡部、亭部之吏,掌管乡、亭治安及诉讼之事。
4 **幡**:通"蕃",众多。 **盘牙**:"盘互"之形误。
5 **尹**:汉代官名,掌治京师。东汉定都洛阳,洛阳县在西汉时属河南郡,光武帝仿效西汉之法,改河南郡为河南尹。

6 攘：“坏”字之误。
7 第五：复姓。此指第五伦，以廉洁正直著称。他任蜀郡太守时，将郡中富裕的官吏罢免，任用孤贫志行之士，使贿赂得以绝迹。章帝时任司空，曾上书要求抑制外戚骄奢擅权。　**公**：第五伦为司空，司空为东汉时三公之一，故称。

原文

或云："三辰有候[1]，天气当赦，故人主顺之而施德焉。"未必然也。王者至贵，与天通精，心有所想，意有所虑，未发声色，天为变移。或若休咎"庶征"、"月之从星"[2]，此乃宜有是事。故见瑞异，或戒人主，若忽不察，是乃己所感致，而反以为天意欲然。[3]非直也！

译文

有人说："日、月、星辰有征兆，根据天象、气候应当赦免了，所以君主就顺从天意而对罪犯布施恩德。"这种说法不一定对。圣明的帝王极其尊贵，他们的精神和上天相通，心里有什么想法，意念中有什么考虑，还没有表露在声音、脸色上，上天就为此而变动了。这或许就像《尚书》中所提到的好的与坏的"多种征兆"、"月亮跟从星星"之类，这才是应该有的事情。所以上天显现出吉祥的征兆或怪异的现象，这乃是君主自己感动上天而造成的，现在却反而认为是上天的意念想要这样。有人竟以此来告诫君主，如此糊涂不明察，绝不是正直的话啊！

注释

1 三辰：日、月、星。　**候**：征候、征兆。
2 休：美好，此指《尚书·洪范》中所说的与君主的善行相应的美好的征兆。如君主严肃恭敬，有及时雨来顺应；君主政治清明，有及时的晴朗来顺应；君主明察，有及时的暖热来顺应；君主深谋远虑，有及时的寒冷来顺应；君主圣达，有及时的风来顺应。　**咎**：灾祸，此指《尚书·洪范》中与君主的恶行相应的灾祸的征兆。如君主狂妄，有长久的雨来顺应；君主有差错，有长久的晴天来顺应；君主安逸享乐，有长久的炎热来顺应；君主急躁，有长久的寒冷来顺应；君主昏昧，有长久的风来顺应。　**庶**：

众多。　**月之从星**:指公卿顺从下民,就会混乱而出现"月从星"的征兆。
3　**或戒人主,若忽不察**:当在下文"非直也"之上。

原文

俗人又曰:"先世欲赦,常先遣马,分行[1]市里,听于路隅,咸云当赦,以知天之教也,乃因施德。"若使此言也而信,则殆过矣。夫民之性,固好意度者也,见久阴则称将水,见久阳则称将旱,见小贵则言将饥,见小贱则言将穰,然或信或否。由此观之,民之所言,未必天下。前世赎赦稀疏,民无觊觎。近时以来,赦赎稠数[2],故每春夏,辄望复赦。或抱罪之家,侥幸蒙恩,故宣此言,以自悦喜。诚令仁君闻此,以为天教而辄从之,误莫甚焉。

译文

平庸的人又说:"前代将要赦免时,常常先派人骑马,分别到市场与居民区中走访,到大路上打听,人们都说应当大赦,因此知道这是上天的教令,于是就布施恩德实行大赦了。"假使这些话被听信,那恐怕就要犯错误了。那平民百姓的天性,本来就是喜欢凭主观意念进行猜测,看见长期阴天就说要有水灾了,看见长期晴天就说要有旱灾了,看见物价稍微昂贵了些就说要闹饥荒了,看见物价稍微便宜了些就说要丰收了,但是这一类话有的真实有的不真实。由此看来,平民百姓所说的,不一定就是上天发布下来的。前代赎罪赦免的事稀少,人们没有什么非分的希望。近一段时期以来,赦免赎罪的事十分频繁,所以每到春天、夏天,人们总是指望再次赦免。有些犯了罪过而内心不安的人家,希望侥幸地蒙受恩泽,所以宣扬这种话,以此来自我陶醉。假如仁慈的君主听见了这种话,以为这是上天的教令而立即依从它,那错误实在没有比这更厉害的了。

注释

1　**行**:巡视,走访。
2　**数**(cù):密。

原文

论者多曰:"久不赦,则奸宄炽而吏不制,故赦赎以解之。"此未昭政[1]乱之本原、不察祸福之所生者之言也。凡民之所以轻为盗贼、吏之所以易作奸匿者,以赦赎数而有侥望也。若使犯罪之人终身被命[2],得而必刑,则计奸之谋破而虑恶之心绝矣。夫良赎可[3],孺子可令姐[4],中庸之人可引而下。故其谚曰:"一岁载[5]赦,奴儿噫嗟[6]。"言王诛不行,则痛瘀[7]之子皆轻犯,况狡[8]乎?若诚思[9]畏盗贼多而奸不胜故赦,则是为国为奸宄报[10]也。夫天道赏善而刑淫。天工,人其代之。故凡立王者,将以诛邪恶而养正善。而以逞邪恶逆,妄莫甚焉。

译文

议论此事的人多半说:"长期不赦免,那么坏人就会气焰嚣张而官吏就不能制服他们,所以用赦免赎罪的方法来瓦解他们。"这是不明了治乱的根源和祸福的起因的人所说的话啊。大凡平民百姓之所以容易去做盗贼、官吏之所以容易为非作歹,是因为赦免赎罪频繁而他们有了侥幸免受惩罚的希望。假如犯罪的人一辈子受到通缉,抓到就一定加以惩处,那么打算行奸的谋划就会不攻自破而想作恶的念头也会被杜绝了。赦免赎罪实行了,那么可以使幼儿骄纵起来,可以把中等的人引向下等。所以谚语说:"一年两赦,弱孩呎啐。"这是说帝王的处罚不实行,那么得了热病的孩子都会轻意犯法,更何况是矫健的人呢?如果真是怕盗贼多而奸恶不能战胜所以才进行赦免,那么这就是治国时被坏人作了判决。上天的原则是奖赏善行而惩罚邪恶。上天安排的工作,人应当代替上天来管理。所以凡是确立帝王,都是要用他来惩处邪恶的人而保养正派善良的人。现在让他去放任奸邪罪恶叛逆的人,荒谬没有比这更厉害的了。

注释

1 **政**:当作"治"。

述赦

2 **命**:指判定罪名而命令逮捕法办。

3 **良**:当作"赦"。 **可**:当作"行"。

4 **姐**(jǔ):骄纵。

5 **载**:通"再"。

6 **奴**:通"驽",无能。 **噫嗟**:形容放纵骄横、神气活现的样子。噫,叹词,表示愤怒。嗟,叹词,表示轻蔑的呼唤。

7 **痛瘀**:两种热病。痛病的症状是疼痛,瘀病的症状是有瘀血。

8 **狡**:壮健。

9 **思**:衍文。

10 **报**:判决。

原文

且夫国无常治,又无常乱。法令行,则国治;法令弛,则国乱。法无常行,亦无常弛。君敬法,则法行;君慢法,则法弛。昔孝明帝[1]时,荆州[2]举茂才,过阙谢恩。赐食事讫,问何异闻,对曰:"巫[3]有剧贼九人,刺史数以窍[4]郡,讫不能得。"帝曰:"汝非部南郡从事[5]邪?"对曰:"是。"帝乃振怒,曰:"贼发部中而不能擒,然'才'何以为'茂'[6]?"搥数百,便免官,而切让州、郡。十日之间,贼即伏诛。由此

译文

再说国家不会有永久的安定,也不会有永久的动乱。法令实行了,那么国家就安定;法令废弛了,那么国家就动乱。法令不会经常实行,也不会经常废弛。君主尊重法令,那么法令就能实行;君主怠慢法令,那么法令就会废弛。从前孝明皇帝在位的时候,荆州推荐的一个茂才,拜访朝廷感谢皇上之恩。明帝赐他饮食的事完毕后,问他有什么奇异的见闻,他回答说:"巫县有势力强大的盗贼九人,刺史屡次为此督察我郡,至今未能抓获。"明帝说:"你不是部南郡从事吗?"他回答说:"是的。"明帝便勃然大怒,说:"盗贼产生在你分管的郡中却不能抓获,这样的'才'凭什么算作'茂'?"将他棒打几百下,就罢了他的官,并严厉地责备荆州刺史、南郡太守。十天之

观之,擒灭盗贼,在于明法,不在数赦。

内,盗贼就伏法了。由此看来,擒获消灭盗贼,关键在于严明法令,不在于屡屡赦免。

注释

1 **孝明帝**:即汉明帝,"孝明"是其谥号。
2 **荆州**:东汉时治所在武陵郡汉寿(故城在今湖南常德东北)。
3 **巫**:巫县,东汉时属南郡管辖,地在今重庆巫山北。
4 **窃**:当作"察"。
5 **部南郡从事**:官名,即分管南郡的从事史。部,统率,分管。南郡,治所江陵(今湖北荆州)。
6 **茂**:优秀。此句针对上文"茂才"而言,是一种析词式修辞法。

原文

今不显行赏罚以明善恶、严督牧守以擒奸猾,而反数赦以劝之,其文常曰:"谋反大逆不道[1]诸犯不当得赦,皆除之,将与士大夫洒心更始[2]。"岁岁洒之,然未尝见奸人冗吏有肯变心悔服称诏者也[3]。有司奏事,又俗[4]以赦前之微过,妨今日之显[5]举。然则改往修来更始之诏,亦不信[6]也。

译文

现在不大张旗鼓地实行赏罚来彰明善恶、严厉地督促州牧太守去捕捉奸诈狡猾的坏人,却反而屡次赦免来勉励他们,那大赦令的条文中常常说:"谋划反叛大逆不道的犯人不应当获得赦免,其余的都免罪,应随从群臣百官洗心革面重新开始。"但年年让他们清除邪恶之心,却从来没有看见邪恶的百姓、作乱的官吏中有人肯改变思想悔改错误、承认罪过响应诏书的。有关部门的官吏上书君主汇报情况时,又想拿赦免前某些人所犯的小错误,来妨害现在对他们的提拔推荐。既然这样,那么通过赦免来要求人们改掉以往的一切,在以后的日子里修身养心、重新开始的诏书,也就在自欺欺人了。

注释

1 **大逆不道**:指犯上作乱不遵守礼法。
2 **将**:从。 **与**:随。 **洒心**:洗净心灵,清除邪恶的思想。洒,通"洗"。
3 **宄**:"宄"字之形误。 **悔服**:悔过服罪。 **称**:配合,报答,响应。
4 **俗**:通"欲"。
5 **显**:使显贵,提拔。
6 **信**:语言真实,不欺。

原文

《诗》讥"君子屡盟,乱是用长"[1],故不若希其令,必其言。若良不能于无赦者,罕之为愈。令世岁老古时一赦[2],则奸宄之减十八九,可胜必也。昔大司马[3]吴汉老病将卒,世祖[4]问以遗戒,对曰:"臣愚不智,不足以知治,慎无赦而已矣。"

译文

《诗经》指责"国君屡次誓盟言,祸乱因此更增添",所以不如少发布那大赦令,使自己说出的话一定能做到。如果实在不能没有赦免,那还是使赦免的事少一些为好。假如三十年或罪犯年老时才赦免一次,那么邪恶作乱的人就会减少十分之八九,可以战胜他们也就是必然的事了。从前大司马吴汉年老病重将要死亡时,世祖光武帝问他拿什么话留下来告诫后人,他回答说:"我愚昧不聪明,不能够精通政治,千万别赦免罪犯就是了。"

注释

1 **君子**:有地位的人,指国君。引诗见《诗经·小雅·巧言》。
2 **世**:三十年。 **老古**:年老。年岁大叫"老",经历久叫"古"。
3 **大司马**:官名,三公之一。东汉光武帝建武二十七年(51)改名太尉,掌管全国军事,并与司徒、司空一起谋划国家大事。
4 **世祖**:即光武帝刘秀。"世祖"是其庙号,"光武"是其谥号。

原文

夫方以类聚,物以群分。人之情皆见乎辞。故诸言不当赦者,非修身修行,则必忧哀谨慎而嫉毒奸恶者也。诸利数赦者,非不达政务,则必内怀隐[1]忧、有愿为者也。人君之发令也,必谘于群臣。群臣之奸邪者,固必伏罪。虽正直吏,犹有公过。自非鬻拳、李离[2],孰肯刑身以正国?然则是皆接[3]私计以论公政也。与狐议裘,无时焉可。

译文

思想学说按类汇聚,万物按类分开。人的思想、感情都会在言辞中表现出来。所以众多说不应当赦免罪犯的人,不是修养身心讲求德行的人,就一定是担忧、怜悯谨慎的良民而痛恨、憎恶奸邪的恶人的人。众多认为屡屡赦免罪犯是有利的人,不是不通晓政治事务的人,就一定是内心怀有深深的忧虑而有意为非作歹的人。君主发布命令,一定会向群臣咨询。群臣中的奸诈邪恶之徒,本来就要被治罪。即使是正直的官吏,也还会有办公中的失误。如果不是鬻拳、李离那样的人,谁肯惩处自己来端正国家的法制?这样的话,那么群臣百官就都是带着个人的盘算来讨论国家政务的啊。所以和群臣百官商量治罪之事,就如同和狐狸商量取它的皮来做皮衣,没有什么时候是可行的。

注释

1 **隐**:通"殷"。
2 **鬻拳**:春秋时楚国大夫。他曾强谏楚文王,用武力迫使文王依从。随后他又说,威胁君主是最大的罪恶,就给自己处以刖刑(砍掉脚)。楚国人让他当守门之吏。后来楚文王抵御巴国之军,大败而还,鬻拳闭门不纳。文王被迫改打黄国,战胜后在归途中病死,鬻拳葬王后自杀以殉。 **李离**:春秋时晋文公的司法大臣。他错误地听信了下属的话而误杀了人,就把自己囚禁起来,判处自己死罪。文公说这是下属的罪过。他则说自己身为官长而不让位给下属,享受高薪而不分利给下属,所以误杀了人也不能归罪于下属。误杀了人必须抵命,于是他就用剑自杀来赎罪。

晋文公因此而端正了国法。

3 挟：当作"挟"。

原文

《传》曰："民之多幸，国之不幸也。"[1] 夫有罪而备[2]辜，冤结而信理[3]，此天之正也，而王之法也。故曰："无纵诡随，以谨无良。"[4] 若枉善人以惠奸恶，此谓"敛怨以为德"[5]。先帝制法，论衷刺刀者[6]。何则？以其怀奸恶之心，有杀害之意也。圣主有子爱之情，而是有杀害之意，故诛之，况成罪乎？

译文

《左传》说："民众中有很多人侥幸得赏或免罪，就是国家的不幸。"有罪而被治罪，冤枉地结案而被申雪平反，这是上天的正道与圣王的法度。所以说："不要放纵诡诈之奸，以防人们不去行善。"如果冤屈好人而关怀奸诈邪恶的人，这叫作"把聚集怨恨作为自己的德行"。前代皇帝制定法令，对袖子中暗藏刺刀的人也要判罪。为什么呢？因为这种人心怀邪恶的念头，有杀人害命的意图。圣明的君主有爱民如子的感情，而这种人有杀人害命的意图，所以要惩处他，那么更何况是已经铸成罪恶的人呢？

注释

1 引文为《左传·宣公十六年》所载谚语。
2 备：通"伏"。
3 信理：申理，使受屈得直，即昭雪冤屈。
4 诡随：诡诈放肆。引文为《诗经·大雅·民劳》中的诗句。
5 敛怨以为德：是《诗经·大雅·荡》中的诗句。
6 论：判罪。 衷：当作"裹"，裹，同"袖"。

原文

《尚书·康诰》[1]："王[2]曰：'於戏[3]！封[4]，敬

译文

《尚书·康诰》载："周公说：'唉！封，要慎重严明地实施你的刑罚。人犯有小罪

明乃[5]罚。人有小罪，匪省[6]，乃惟终自作不典。式尔[7]，有厥罪小[8]，乃不可不杀。'"言恶人有罪虽小，然非以过差为之也，乃欲终身行之，故虽小，不可不杀也。何则？是本顽凶思恶而为之者也。"乃有大罪，匪终，乃惟眚哉。适尔，既道极[9]厥罪，时[10]亦不可杀。"言杀人虽有大罪，非欲以终身为恶，乃过误尔，是不杀也。若此者，虽曰[11]赦之，可也。金作赎刑，赦作宥罪，皆谓良人吉士时有过误、不幸陷离[12]者尔。

如果不是过失，而是始终自主地去做不法的事。这样，即使他的罪行小，却也不可不杀。'"这是说恶人犯有的罪行即使小，但并不是因为过失才犯了这种罪，而是主观上想终生去做这种事，所以他的罪行即使小，也不可以不杀掉。为什么呢？因为这种人本来就是顽固凶暴存心作恶而犯罪的人。周公又说："人如果犯有大罪，但他并不是始终如此，而只是过失罢了。如果这样，只要他已经彻底讲清了自己的罪行，这个人也就不可以杀掉了。"这是说杀了人虽然有大罪，但他并不是主观上要使自己终生作恶，只是一种过失罢了，这种人不要杀掉。像这种人，即使去赦免他，也是可以的。用罚金作为对赎罪者的刑罚，赦免搞起来而饶恕有罪的人，都不过是针对好人善士中偶尔有了失误、不幸失足犯罪的人而言的啊。

注释

1 **《尚书·康诰》**：是周公告诫康叔的诰词。
2 **王**：指周公。当时成王年幼，周公代成王执政，所以史官称之为"王"。
3 **於戏**(wūhū)：同"呜呼"。
4 **封**：康叔的名。
5 **乃**：你的。
6 **匪**：非。 **省**：通"眚"(shěng)，过失。
7 **式**：句首语气词。 **尔**：如此。
8 **有**：虽然。 **厥**：他的。

述赦 | 179

9 **道极**:说尽。
10 **时**:犹"是",这。
11 **曰**:犹"有"。
12 **离**:通"罹"(lí),遭遇,此指犯罪。

原文

先王议谳¹狱以制,原情论意²,以救善人,非欲令兼纵恶逆以伤人也。是故《周官》差八议之辟³,此先王所以整万民而致时雍也。《易》故"观民设教"⁴,变通移时之议⁵。今日救世,莫忽此意。

译文

前代圣王根据制度来评判罪过,推究罪人的初衷、审查罪人的意图,以便挽救犯了罪的好人,并不是要让法官同时放掉邪恶叛逆的坏蛋去伤害别人啊。所以《周礼》分别罗列了八条评议罪人的法律,这就是前代圣王用来整治亿万人民而致使时世安定太平的办法啊。《周易》因此要"观察民情设置教化",并议论那随机应变迎合时宜的道理。现在拯救社会,千万不能忽视这里面的意思啊。

注释

1 **谳**(yàn):评议或审判罪过。
2 **原**:推究根源。 **论**:考察,审查。
3 **《周官》**:《周礼》在汉代初出时的名称。 **差**(cī):次第,依次罗列。 **八议之辟**:指《周礼·秋官·小司寇》里八条评议特殊罪人(皇亲国戚、帝王的老朋友、贤人、能人、有功者、地位高贵之人、为国辛勤操劳之人、宾客)的法律。周代礼制所规定的"刑不上大夫",实际上是指对这些特殊之人不可施刑,所以在刑法中没有关于其犯罪时的制裁条律。凡以上八种人一旦犯罪,因为在刑书中找不到相应的法律条文,所以就制定了这"八议之辟",以便在这八种人犯罪时进行评议,评议后确认其罪,再依照相应的国法处以刑罚。这种法律思想,既体现了"救善人"的立场,又体现了"非欲令兼纵恶逆"的观点,所以王符引以为证。辟,法律。

4 **观民设教**：见《周易·观卦·象辞》。
5 **变通移时之议**：即议论变通趋时。《周易·系辞下》："变通者，趣时者也。"意为《易经》的变通就是迎合时节，引申指人的变通迎合时机。之，构成宾语前置句式的结构助词。

三式

导读

三式：三种范式，指古代政治措施中值得效法的三种典范做法。文章主要论述了以重赏严刑的手段来治理臣子的问题。

文章开头三节为第一种范式，论述对国家最高官员三公的治理方法。中间四节为第二种范式，论述对诸侯的治理方法。最后四节是第三种范式，论述对郡守、相国的治理方法。作者认为，对于有功德政绩的官员，应该进行赏赐乃至封侯，对于无功德政绩或邪恶无状的，应该罢黜或施以重刑。总之，只有奖赏丰厚而且讲信用，处罚严厉而且一定执行，才能使群臣尽心做好本职工作，致使良臣辈出而天下大治。

原文

高祖定汉[1]，与群臣约，自非刘氏不得王[2]，非有武功不得侯[3]。孝文皇帝始封外祖[4]，因为典式，行之至今。孝武皇帝[5]封

译文

高祖奠定汉朝时，和群臣约定，如果不是姓刘的就不能封为王，没有战功的就不能封为侯。孝文皇帝开始封外祖父为侯，于是就成了典范，实行到现在。孝武皇帝给丞相封爵，以此来褒奖有德行的人，后

爵丞相，以褒有德，后亦承之，建武乃绝。 | 来也承袭了这种做法，到光武帝建武年间（25—56）才绝迹。

注释

1 **定汉**：奠定汉朝。指汉高祖平定天下之后。
2 **自**：犹"若"，如果。　**王**：皇族或功臣的最高封号。此用作动词。
3 **侯**：古代爵位名。此用作动词。
4 **封外祖**：汉文帝即位后，追尊其母薄姬为皇太后，追尊薄太后之父为灵文侯。
5 **孝武皇帝**：即汉武帝，"孝武"是其谥号。公元前124年，以公孙弘为丞相。在此之前，汉朝常以列侯为丞相，但公孙弘没有爵位，于是武帝下诏封公孙弘为平津侯，以褒扬文德。

原文

传[1]记所载，稷、卨、伯夷、皋陶、伯翳[2]，同受封土。周宣王[3]时，辅相大臣以德佐治，亦获有国，故尹吉甫作封颂二篇[4]，其诗曰："亹亹申伯，王缵之事。于邑于谢，南国是式。"[5]又曰："四牡彭彭，八鸾锵锵，王命仲山甫，城彼东方。"[6]此言申伯、山甫文德致升[7]平，而王封以乐土，赐以盛服[8]也。

译文

根据古书的记载，后稷、契、伯夷、皋陶、伯益，都得到过封地。周宣王的时候，辅佐大臣以德行来帮助治理，也获得了封国，所以尹吉甫创作了歌颂受封的诗歌两篇，诗歌说："勤勉不懈的申伯，宣王使他继续任职。在谢地修筑封邑，统治南方以身作则。"又说："四匹雄马喧喧响，八只车铃丁丁当。宣王命令仲山甫，筑城前往那东方。"这是说申伯、仲山甫用礼乐制度来进行道德感化而招致了富足太平，因而宣王把安乐之地封给他们，把华美的衣服车骑赐给他们。

注释

1 **传**:古书的记载。下句提到的人均见于《尚书·舜典》。
2 **伯夷**:一作"柏誉",姓姜,曾被舜任为秩宗(掌管郊庙祭祀之礼的官)。 **伯翳**:即伯益,古代嬴姓各族的祖先,被舜任为虞(掌管山泽的官),因助禹治水有功,被选为继承人。禹去世后,他避居箕山之北,夏禹之子启被拥戴继位。一说禹去世后,启及其党羽攻打伯益而从他手中夺取了帝位。
3 **周宣王**:姓姬,名静,他任用仲山甫、尹吉甫、方叔、召虎等,效法文王、武王、成王、康王时的政风,诸侯因此又宗奉周王朝,史称中兴。
4 **尹吉甫**:周宣王时的大臣。相传他作了不少诗来赞美宣王。 **颂**:通"诵",指可以朗诵的诗歌。
5 **亹亹**(wěiwěi):形容勤勉不懈的样子。 **申伯**:周宣王的大臣,因是申国(在今河南南阳)国君,为伯爵,所以称"申伯"。 **缵**(zuǎn):继续,继承,这里用作使动词。 **于**:前一个"于"字犹"为"。 **谢**:一作"序",是周宣王新封给申伯的土地,在今河南南阳南。 **南国**:指周王朝南边的国家。 **是**:构成宾语前置句式的结构助词。 **式**:模式,榜样,这里用作动词,表示"为……作出榜样",引申指统治。此上四句诗见《诗经·大雅·崧高》。
6 **牡**:雄性的鸟兽,此指雄马。古代一车驾四马,"四牡"指同拉一辆车的四匹骏马。 **彭彭**(bāngbāng):形容行进时强壮有力的马蹄声。 **鸾**(luán):通"銮"(luán),一种铃,常饰于帝王的车子上。 **仲山甫**:周宣王的大臣。以上四句诗见《诗经·大雅·烝民》。
7 **升**:庄稼成熟。
8 **服**:指器服。

原文

《易》曰:"鼎折足,覆公餗,其刑渥,凶。"[1]此言公不胜任,则有渥

译文

《周易》说:"鼎折断了脚,翻倒了三公的美味佳肴,他们受到的刑罚很重,不吉利。"这是说三公不能胜其职,就会遭受重刑。

刑也。是故三公在三载之后,宜明考绩黜刺,简[2]练其材。其有稷、卨、伯夷、申伯、仲山甫致治之效者,封以列侯,令受南土、八蛮[3]之赐。其尸禄[4]素餐,无进治之效,无忠善之言者,使从渥刑。是则所谓"明德慎罚"[5],而简练能否之术也。诚如此,则三公竞思其职,而百寮争竭其忠矣。

所以三公在任职三年之后,应该明确地考核他们的政绩来进行贬黜督责,并选择理想的人才来任职。如果他们有后稷、契、伯夷、申伯、仲山甫那种招致安定太平之功的,就封为列侯,使他们得到南方国土、八铃之车似的赏赐。如果他们像受祭者似的不治事而空受俸禄、吃白食,没有进用贤人、治好国家的成绩,没有忠诚有效的言论,就让他们去受重刑。这就是所谓的"明确地奖赏、谨慎地处罚",也是区别贤能与否的办法。如果真像这样,那么三公就会率先考虑自己的职责,而百官就会抢着竭尽自己的忠诚了。

注释

1 **鼎**:在古代既用来烹调食物,也用作旌功或记载功绩的礼器。它是国之重器,有三足,所以用来喻指三公。 **铼**(sù):烹调好的珍贵食物。引文见《周易·鼎卦》。

2 **简**:选择,分别。

3 **蛮**:为"鸾"之形讹。

4 **尸禄**:指不治事而空受俸禄,就像受祭者那样不做事而享用祭品。

5 **明德慎罚**:是《尚书·康诰》中的话。

原文

先王之制,继体立诸侯,以象贤也。子孙虽有食旧德之义,然封疆立国不为诸侯,张官置吏不为大夫,必有功

译文

前代圣王的制度是,君位的继承人被立为诸侯,是因为他能效法祖先的贤德。子孙虽然有依靠先辈的功德而享受爵禄的道理,但是筑起疆界、建立国家不是为了诸侯,设立官职、安置官吏不是为了大夫,一定要

于民乃得保位,故有考绩黜刺、九锡三削之义[1]。《诗》云:"彼君子兮,不素餐兮。"[2] 由此观之,未有得以无功而禄者也。

有功于人民才能保住官位,所以有考核政绩来进行贬黜督责、赏赐九种器物、三次削减封地或爵位的合理措施。《诗经》说:"那些君子啊,不吃白食啊。"由此看来,古代从来没有谁能够凭其无功的身份来取得爵禄的。

注释

1. **九锡**:是古代帝王褒奖大臣的一种措施,即根据大臣的功德赏赐车马、衣服、乐则、朱户、纳陛、虎贲、铁钺、弓矢、秬鬯等九种器物。锡,赐。
  三削:是一种惩罚措施,指依次削减封地与爵位。如百里之侯,一削为七十里侯,再削为七十里伯,三削为寄公。七十里伯,一削为五十里伯,再削为五十里子,三削地尽。五十里子,一削为三十里子,再削为三十里男,三削地尽。五十里男,一削为三十里男,再削为三十里附庸,三削爵尽。
2. 引诗见《诗经·魏风·伐檀》。

原文

当今列侯,率皆袭先人之爵,因祖考之位,其身无功于汉,无德于民,专国南面,卧食重禄,下殚百姓,富有国家。此素餐之甚者也。孝武皇帝患其如此,乃令酎金[1],以黜之,而益多怨。今列侯,或有德宜子民[2],而道不得施;或有凶顽丑,不宜

译文

现在的列侯,全都是承袭祖先的封爵,继续待在祖父、父亲的官位上,他们本身对汉王朝没有什么功劳,对民众没有什么恩德,却独霸封国而处在君位上,躺着不干事而享受优厚的俸禄,对下榨尽民脂民膏,富裕地拥有封国。这是些白吃俸禄的官员中程度最严重的人啊。孝武皇帝对他们的这种情况深感忧虑,于是就命令他们到宗庙饮酎酒献黄金,以其献金不足来废黜他们,但怨恨却更多了。现在的列侯,有的有德行而应该统治民众,但那正确的政治原则不能实施;

有国,而恶不上闻。且人情,莫不以己为贤而效其能者。周公之戒"不使大臣怨乎不以"[3]。《诗》云:"驾彼四牡,四牡项领。"[4] 今列侯年卅以来,宜皆试补长吏墨绶以上[5],关内侯补黄绶[6],以信其志,以旌其能。其有韩侯、邵虎之德[7],上有功于天子,下有益于百姓,则稍迁位益土,以彰有德。其怀奸藏恶、尤无状者,削土夺国,以明好恶。

有的凶暴愚昧恶劣,不应该拥有封国,但他们的罪恶不被皇上所了解。况且人之常情,没有谁不以为自己贤能而想舒展自己的才能。所以周公旦告诫儿子"不要让大臣因为不被任用而抱怨"。《诗经》也说:"驾驭那四匹雄马,四匹马脖子肥大。" 现在的列侯年龄在三十岁以上的,都应该试任佩有黑色印绶以上的长官,关内侯则试任佩有黄色印绶的副官,以此来施展他们的抱负,来表现他们的才能。他们如果有韩侯、邵虎似的德行,对上有功于天子,对下有益于百姓,那就逐渐晋升他们的官位、增加他们的封地,以此来表彰有功德的人。对于那些胸怀奸计、心藏恶念、罪行特别无法形容的,就削减他们的封地、剥夺他们的统治权,以此来表明皇帝的爱憎。

注释

1 **酎(zhòu)金**:汉武帝时,以资助宗庙祭祀为由,令王侯至宗庙尝酎献黄金,叫酎金。酎,醇酒。
2 **子民**:以民为子,即为民父母而安抚人民,指统治人民。
3 引语见《论语·微子》,是周公告诫其儿子伯禽的话。
4 **项**:肥大,隆起。 **领**:颈。引诗见《诗经·小雅·节南山》。
5 **补**:委任(官职)。 **长吏墨绶以上**:指郡、县的长官。列侯爵位最高,用金印紫绶,现让他们当郡、县长官,实为降级试用。长吏,大官,指郡、县的长官。墨绶,结在县令印环上的墨色丝带。
6 **关内侯**:秦汉爵位分二十级,关内侯为第十九级,地位仅次于列侯。**黄绶**:黄色印绶,为县丞(县级佐官)、县尉(县级佐官,主管一县军事)所用。

7 **韩侯**:指周宣王时的韩国国君,传说他非常贤能,《诗经·大雅·韩奕》对他作了歌颂。　**邵虎**:即召穆公,名虎。周厉王暴虐,"国人"围攻王宫,他把太子静藏在家中,以其子替死。厉王死后,他拥立太子继位,即周宣王。当时淮夷不服,他奉宣王之命率军战胜淮夷,《诗经·大雅·江汉》即歌颂此事。

原文

且夫列侯,皆剖符受策[1],国大臣也,虽身在外,而心在王室,宜助聪明,与智贤虑,以佐天子,何得坐作奢僭、骄育负责、欺枉小民、淫恣酒色、职为乱阶、以伤风化而已乎[2]?诏书横[3]选,犹乃特进[4],而不令列侯举[5]。此于主德大洽、列侯大达,非执术督责总览[6]独断御下方也。今虽未使典始[7]治民,然有横选,当循王制,皆使贡士,不宜阙也。

译文

再说那些列侯,都是被皇帝分封任命并得到了皇帝策书的,是国家的大臣,虽然身在外地,但心里应该时刻怀念着朝廷,应该帮助皇帝增进聪明,和聪明贤能的人谋划国事,以此来辅佐皇帝,怎么能生活奢侈超越名分、骄傲自大欠人钱财、欺负冤枉平民百姓、放肆饮酒纵欲女色、专门成为祸乱的来源、以此来败坏风俗教化就拉倒了呢?现在皇帝颁发命令破格选拔,还竟然特别进用官员,却不命令列侯推荐人才。这对皇帝来说恩德似乎非常周遍,对列侯来说也非常得意,但并不是掌握权术、督察责罚、总揽大权、独自决断、控制臣下的办法啊。现在即使还没有使他们开始从事治理民众的事,但既然有了破格选拔,就应当遵循圣王的制度,使他们都推荐人才,而不应该让他们空着不管事。

注释

1 **剖符**:剖分信符,指任命官吏、分封领地等。　**策**:策书。汉代皇帝任免三公、分封诸侯王、授予爵位,都用策书作为符信,即所谓"策命"。
2 **育**:稚,表示把别人视为幼稚,即自大,与"骄"同义。　**责**:同"债"。　**职**:

主。　**乱阶**:祸乱的阶梯,指祸乱的由来。
3 **横**:不循正道,指不根据正常的规章制度。
4 **特进**:特别进用,指不经过考察试用。
5 **举**:当作"举士"。
6 **览**:通"揽"。
7 **典始**:当作"始典"。典,掌管,从事。

原文

是¹诚封三公以旌积德,试列侯以除素餐,上合建侯之义,下合黜刺之法。贤材任职,则上下蒙福;素餐委国,位无凶人。诚如此,则诸侯必内思刺²行而助国矣。今则不然,有功不赏,无德不削,甚非³劝善惩恶、诱进忠贤、移风易俗之法术也。

译文

如果真的分封三公来表彰不断做好事的人,试用列侯来废黜吃白食的人,那么从晋升的一方面看它就符合封立诸侯的原则,从降职的一方面看它又符合贬黜督责的法度。贤德的人才担任了职务,那么君臣上下就都能得到幸福;吃白食的人丢掉了封国,那么官位上就没有凶恶的人了。如果真像这样,那么诸侯就一定会在心里考虑整饬自己的行为而辅佐国家了。现在却不是这样,对有功劳的人不加奖赏,对没有德行的人不削除封地,这就严重地违背了奖励善行惩处罪恶、引进忠臣贤士、移风易俗的法术啦。

注释

1 **是**:犹"夫"。
2 **刺**:"勑"之形讹。勑,通"饬",整治的意思。
3 **非**:违。

原文

昔先王抚世,选练明德¹以统理民,建

译文

过去前代圣王统治天下的时候,选择具有完美德行的人来治理民众,设置诸侯所治理

正封不过百², 取法于震³, 以为贤人聪明不是过也⁴, 又欲德能优而所治纤, 则职修理而民被泽矣。今之守、相制地千里, 威权势力盛于列侯, 材明德义未必过古, 而所治逾百里, 此所治多荒乱也。是故守、相不可不审也。

的疆域不超过一百里见方, 这是效法雷震所波及的范围, 认为贤人了解情况的能力不可能超过这一限度, 又想让他们的德行才能优裕一些而所治理的事情细小一些, 这样的话, 那么他们的工作就能搞好而民众就能蒙受他们的恩泽了。现在的郡守、相国控制了方圆千里的地方, 其威权势力比列侯还强, 他们的才能、明智、德行、道义并不一定能超过古人, 而治理的范围却超过了一百里见方, 这就是他们在治理中出现很多荒废、紊乱现象的原因啊。所以对于郡守、相国, 是不能不审慎择取的啊。

注释

1 **明德**: 光明的德行, 完美的德性。
2 **正**: 整治。 **封**: 疆界, 引申指疆域。 **百**: 当作"百里"。
3 **震**: 雷, 雷击。
4 **聪明**: 听力和视力, 指了解情况的能力。 **不是过**: 不过此。

原文

昔宣皇帝兴于民间¹, 深知之, 故常叹曰: "万民所以安田里、无忧患者, 政平讼治也。与我共此者, 其惟良二千石²。"于是明选守、相, 其初除者, 必躬见之, 观其志趣, 以昭其能。明察其治, 重其

译文

从前孝宣皇帝从民间登上皇位, 深切地了解到这一点, 所以常常叹息说: "亿万人民之所以安居乐业而没有忧虑祸患, 是因为政治清明而诉讼案件得到了公正的处理。和我共同完成这工作的人, 大概只有优秀的秩禄为二千石的郡守、相国了。"于是明智地提拔挑选郡守、相国, 对于那些第一次任命为郡守、相国的, 一定要亲自见见他们, 看看他们的志向情趣, 以此来了解他们的才能。还

刑赏。奸宄减少、户口增息者,赏赐金帛,爵至封侯。其耗乱无状者,皆衔刀沥血于市。赏重而信,罚痛而必,群臣畏劝,竞思其职,故能致治安而世升平,降凤皇而来麒麟,天人悦喜,符瑞并臻,功德茂盛,立为中宗[3]。由此观之,牧守大臣者,诚盛衰之本原也,不可不选练也;法令赏罚者,诚治乱之枢机也,不可不严行也。

要弄清楚他们的治理情况,加重对他们的惩罚或奖赏。对于辖区内坏人减少、住户人口增长的郡守或相国,就赏赐黄金、绸缎,在爵位方面则甚至给他们封侯。而那些昏乱得无法形容的郡守、相国,则都在集市上被斩首滴血。奖赏丰厚而且讲信用,处罚严厉而且一定执行,群臣受到刑罚的威慑和奖赏的激励,就争着尽心于自己的本职工作,所以能使国家大治而社会富足太平,使凤凰降临、麒麟前来,上天下民愉悦欣喜,吉祥的征兆同时到来,宣帝的功业德行伟大盛美,因而被立为中宗。由此看来,州牧、郡守等大臣,实在是国家兴衰的根源,是不可以不加选择的;法令和赏罚,实在是国家治乱的关键,是不可以不严格实行的。

注释

1 **宣皇帝**:汉宣帝刘询,原名病已,汉武帝的曾孙。因其祖父戾太子刘据遭巫蛊之祸而自杀,父母皆遇害,故幼时生长于民间,了解民间吏治得失。他即位后,杂用"王道""霸道",励精图治,任贤用能,天下大治,史称中兴。　**兴**:兴起,指登上皇位。

2 **二千石**:指郡守与诸侯之相国。汉代郡守之秩二千石(每月得120石),增秩者为中二千石(每月得180石);诸侯相国之秩为真二千石(每月得150石),增秩者为中二千石,故称。石,容量单位,十斗为一石。

3 **中宗**:宣帝的庙号。在汉代,只有有功、有德的皇帝才被称为"祖""宗"。

原文

昔仲尼有言:"政宽,则民慢;慢,则纠之

译文

从前孔子说过:"政策宽大,那么民众就会懈怠;民众懈怠了,就要用严厉的措施来

以猛。猛,则民残;残,则施之以宽。宽以济猛,猛以济宽,政是以和。"[1]今者,刺史守相,率多怠慢,违背法律,废忽诏令,专情务利,不恤公事。细民冤结,无所控告。下土边远能诣阙者,万无数人;其得省治,不能百一。郡、县负其如此也,故至敢延期,民日往上书。此皆太宽之所致也。

纠正他们。政策严厉,那么民众就会受到伤害;民众受到伤害了,就要用宽大的措施给他们恩惠。用宽大来补救严厉,用严厉来补救宽大,政治因此而和谐得当。"现在,刺史、郡守、相国,大多懒惰懈怠,违背法度律令,无视皇帝命令,一门心思追求财利,不顾公家的事务。卑微的百姓被冤枉地结案,没有地方投诉申述。穷乡僻壤及边远地区能到朝廷上来申诉的,一万个人当中也没有几个;而其中得到查看审理的,还不到百分之一。郡、县的官吏依仗着这种情况,所以处理事情时甚至敢于拖延日期,致使百姓天天前往朝廷上书诉说。这都是过于宽大所造成的啊。

注释

[1] 引文见《左传·昭公二十年》。

原文

《噬嗑》[1]之卦,下动上明[2],其《象》[3]曰:"先王以明罚敕法。"夫积怠之俗,赏不隆,则善不劝;罚不重,则恶不惩。故凡欲变风改俗者,其行赏罚者也,必使足惊心破胆,民乃易视。圣主诚肯明察群臣,竭精称职有功效者,无爱金帛封侯之费;

译文

《噬嗑》的卦象,下边震动而上边明亮,它的《象传》说:"前代圣王靠它来明察刑罚修正法律。"在长期懈怠的习俗下,奖赏不丰厚,那么好人就不能受到激励;刑罚不严厉,那么恶人就不会因受到惩罚而知戒。所以,凡是想移风易俗的君主,他施行奖赏和刑罚时,一定要使它能震惊人们的心、吓破人们的胆,然后民众才会改变观点。圣明的君主如果真的愿意明白地考察群臣,对于竭尽心力称职有功的人,不吝惜

其怀奸藏恶刟无状者,图铁锧铖之决⁴。然则良臣如王成、黄霸、龚遂、邵信臣之徒⁵,可比⁶郡而得也;神明瑞应⁷,可期年⁸而致也。

黄金绸缎及封侯的花费去进行奖赏;对于胸怀奸计、心藏恶念、罪行特别无法形容的人,考虑使用腰斩砍杀之类的处决来进行惩罚。这样的话,那么优秀的臣子如王成、黄霸、龚遂、邵信臣之类,就可以每个郡都有;神明降下的祥瑞,就可以年年招来了。

注释

1 **《噬嗑》**：《周易》中的卦名。噬,咬。嗑,合口。噬嗑,咬嚼,所以象征诉讼。此卦通顺,有利于诉讼。

2 **下动上明**：《噬嗑》的卦象是☲☷。下面是八卦中的☷震,象征雷,响雷震动,所以说"下动"。上面是八卦中的☲离,象征火,火光明亮,所以说"上明"。

3 **《象》**：即《象传》,是解释《易经》中卦、爻之象的文字,即说明六十四卦及其阴爻阳爻所象征的事物的注文。

4 **铁(fū)**：铡刀,古用作为腰斩的刑具。　**锧(zhì)**：刑具,腰斩时所用的砧板。　**铖(yuè)**：古代一种像斧子的兵器。　**决**：判决,断案。

5 **王成**：曾为胶东国相,治政很有声望,招来流民八万余口,汉宣帝赐他关内侯,秩中二千石。　**黄霸**：宣帝时,任扬州刺史、颍川太守,以外宽内和得吏民之心,其治理当时称"天下第一"。宣帝赐他关内侯,秩中二千石。　**龚遂**：宣帝时渤海诸郡饥荒,他出任渤海太守,开仓济贫,选用良吏,奖励农桑,境内大治。　**邵信臣**：元帝时,历任零陵太守、南阳太守,曾在南阳开渠筑堤,为民造福,人们尊称他为"召父"。后迁河南太守,在郡守中,治行常为第一。

6 **比**：并。

7 **神明**：神的总称。　**瑞应**：吉祥的应验。古代迷信认为,人君有德,神明就会降下祥瑞来和它相应。瑞,吉兆。应,应验。

8 **期(jī)年**：一年。这里用作状语,表示每年。

爱日

导读

爱日:爱惜时间。文章主要论述了爱惜民众劳动时间的重要性,抨击了官僚们侵扰百姓、办事拖沓、耽误民时的政风。

作者认为,国家的存在靠人民,民众的生存靠庄稼,庄稼的生长靠劳动,劳动要取得成果靠时间,而劳动时间的多少又取决于治乱。国君明察,政治清明,那么臣子就按部就班地工作,百姓一心种田,劳动时间就多了。国君昏乱,政治黑暗,那么社会风气就败坏,上上下下为了拉关系而忙于请客送礼;臣子为非作歹,以权谋私,欺压百姓;百姓则困于徭役苛政,为蒙冤而奔忙于告状上诉;这样,民众的劳动时间就少了。爱惜民众劳动时间、不误农时,实是关系到国计民生的头等大事,所以必须减少徭役,及时审理诉讼案件。文章猛烈地抨击了当时官吏受贿而庇护坏人、官官相护而冤枉好人以及百姓告状时被任意拖延、勒索钱财的腐败政风,严正地指出:如此治讼,只能使正士蒙冤而猾吏侵民,使民众耽误农时而天下饥穷。

原文

国之所以为国者,以有民也;民之所以为民者,以有谷也;谷之所以丰殖者,以有人功也;功之所以能建者,以日力[1]也。治国之日舒而长,故其民闲暇而力有

译文

国家之所以成为国家,是因为有人;人之所以能成为人,是因为有谷物;谷物之所以能茂盛地生长,是因为有人的劳动;人力之所以能有所建树,是靠了劳动日。治理得好的国家时间宽裕而悠长,所以它的民众闲暇而劳动的力量有余;

余;乱国之日促以短,故其民困务而力不足。

混乱的国家时间急促而短暂,所以它的民众被事务所困而劳动的力量不足。

注释

1 **日力**:一天的力量,引申指劳动日。

原文

所谓治国之日舒以长者,非能谒羲和[1]而令安行也,又非能增分度而益漏刻也[2],乃君明察而百官治,下循正而得其所,则民安静而力有余,故视日长也。所谓乱国之日促以短者,非能谒羲和而令疾驱也,又非能减分度而损漏刻也,乃君不明,则百官乱而奸宄兴,法令鬻[3]而役赋繁,则希民[4]困于吏政,仕者穷于典礼,冤民就狱乃得直,烈士交私[5]乃见保,奸臣肆心于上,乱化流行于下,君子载质[6]而车驰,细民怀财而趋走,故视日短也。《诗》云:"王事靡盬,不遑将父。"[7]言在古闲

译文

所谓治理得好的国家时间宽裕而悠长,并不是他们能请求驾驭太阳之车的羲和而叫他笃定慢走,也不是能增多黄道上已划分好的度数或增加漏壶中已有的刻度,而是君主明察,群臣百官秩序井然,臣下遵行正道而各得其所,于是民众安定而劳动的力量有余,所以看起来时间就长了。所谓混乱的国家时间急促而短暂,并不是他们能请求羲和而叫他赶马快速奔驰,也不是能减少黄道上已划分好的度数或削减漏壶中已有的刻度,而是君主不明察,于是群臣百官乱成一片而作乱的坏人起来闹事,法令被官吏用来换钱而徭役赋税非常繁重,于是服役交税的百姓被官吏的苛政所困,做官的被制度礼仪所困,被冤枉的民众到朝廷打了官司才能申冤,有节操的志士要结交了私门权贵才能被担保,奸臣在上为所欲为,乱七八糟的风气在下面流行,有官位的人装载着见面礼乘车奔驰,卑微的百姓带着钱财到处奔走送礼,所以看起来时间就短了。《诗经》说:"君王之事无穷尽,无暇奉养老父亲。"这是说在

暇而得行孝,今迫促不得养也。	古代有空闲因而能尽孝道,现在时间紧迫急促不能奉养老人了。

注释

1 **羲和**:神话中太阳的御者。古代神话传说,太阳乘着六条龙拉的车,由羲和驾驭,从东向西而行。
2 **度**:指黄道(太阳一年中绕地而行的轨道)的度数。 **漏刻**:漏壶标尺上的刻度,引申指时间。漏,漏壶。古代计时器。汉代以铜制成漏壶,其中一长形的部件上刻有符号指示时间,一昼夜共一百刻。汉哀帝时将一昼夜分为一百二十刻。
3 **法令鬻**:法令被出卖,指官吏治事时贪赃枉法。
4 **希民**:指被征发服役与被征收赋税的百姓。希,求,用作动词,表示被求取。
5 **私**:私门,权贵。
6 **质**:通"贽"(zhì)。古代初次拜见尊长时所送的礼物。
7 **靡**(mǐ):没有。 **盬**(gǔ):止息。 **遑**:闲暇,空闲。 **将**:养。引诗见《诗经·小雅·四牡》。

原文

孔子称庶则富之[1],既富则教之。是故礼义生于富足,盗窃起于贫穷;富足生于宽暇,贫穷起于无日。圣人深知力者乃民之本也,而国之基,故务省役而为民爱日。是以尧敕羲和[2],钦若昊天,敬授民时,邵伯

译文

孔子说人口众多了就要使他们富裕,已经富裕了就要教育他们。所以礼义产生于富足,盗窃产生于贫穷;富足产生于时间宽裕闲暇,贫穷产生于没有时间劳动。圣人深刻地认识到劳动是民众赖以生存的根本,也是国家安定的基础,所以致力于减少徭役而为民众爱惜时间。因此尧命令羲氏、和氏,要恭敬地顺从上天,慎重地把时令节气教给人们,邵伯审理案件时不忍心烦扰

讼不忍烦民,听断棠下,能兴时雍而致刑错。

民众,所以在棠梨树下进行判决,因此他们能促成时世安定太平而使刑罚废弃不用。

注释

1 《论语·子路》："子适卫,冉有仆。子曰:'庶矣哉!'冉有曰:'既庶矣,又何加焉?'曰:'富之。'曰:'既富矣,又何加焉?'曰:'教之。'"
2 敕:(皇帝的)命令。　　羲和:羲氏、和氏,尧、舜时掌管天地四时的官。

原文

今则不然。万官挠民,令长自炫[1],百姓废农桑而趋府庭者,非朝晡[2]不得通,非意气[3]不得见,讼不讼辄连月日,举室释作,以相瞻视[4]。辞[5]人之家,辄请邻里[6]应对送饷。比事讫,竟亡一岁功,则天下独[7]有受其饥者矣。而品人俗士之司典者[8],曾不觉也。郡、县既加冤枉,州司不治,令破家活,远诣公府。公府不能昭[9]察真伪,则但欲罢之以久[10],困之资,故猥说一科令[11]:"此注百日,乃为移书[12]。"其不满百日,辄更造数[13],甚

译文

现在却不是这样。成千上万的官吏烦扰百姓,县长自我炫耀大摆架子,百姓停止了耕织而奔赴官府大堂的,如果不是在早晨或下午四点左右官吏着重办公之时就得不到通报,不送财礼就得不到接见,案件审理与否总是要连续拖上几个月,全家人都放下劳作,去看望到官府告状的人。诉讼的人家,还常常要请邻居乡亲去回答官府的查问、送去食物。等到事情完毕,竟然丢掉了一年的劳作,那么天下肯定有因此而挨饿的人了。但是这些俗士般的长官,竟不能察觉这一点。郡、县衙门已经给人横加冤枉,州中长官又不予受理,使百姓毁掉了家中的劳作,长途跋涉赶到三公官署。三公官署不能洞察真假,就只想用长时间的拖延来使他们疲惫不堪,使他们被钱财费用所困,所以苟且立了一条补充条令:"这诉状投了一百天,才给转交文书。"那些投诉不满一百天的,总要再去几次,这太违背了邵伯在棠梨树下审理

违邵伯讼棠之义。此所谓"诵《诗》三百,授之以政,不达,虽多,亦奚以为"者也。[14]

案件的合理原则。这就是孔子所说的"背诵了《诗经》三百篇,把政治任务交给他,他却办不成,那么即使背诵了很多,又拿它来干什么"的那种人啊。

注释

1 **炫**:炫耀。指向人显示自己有地位,大摆架子,使民众难以见到。
2 **晡(bū)**:申时,下午三点至五点。古代官吏在这一时刻进一步处理完早晨留下的事务。
3 **意气**:指馈送财礼以表情意。
4 **相**:指代性副词,此指代"趋府庭者"。 **瞻视**:看望。
5 **辞**:讼。
6 **邻里**:古代的居民组织,五家为邻,五邻为里。
7 **独**:犹"定"。
8 **品**:众多。 **俗士**:鄙俗之士,见识浅陋的人。 **司典**:主管。
9 **昭**:通"照"。
10 **但**:只。 **罢(pí)**:通"疲",用作使动词。
11 **猥**:苟且,随便。 **说**:当作"设"。 **科令**:补充法律正文的律令条例。
12 **移书**:移送文书,即把诉状转交给有关官吏。
13 **更**:再。 **造**:去。
14 **奚以为**:以之为奚。引文是孔子的话,见《论语·子路》。

原文

孔子曰:"听讼,吾犹人也。"[1]从此观之,中材以上,皆足议曲直之辩、刑法之理,虽乡、亭[2]部吏,足以断决,使无怨言。然所以不者,盖有故焉。

译文

孔子说:"审理诉讼,我像别人一样啊。"由此看来,中等才能以上的人,都能够评议是非曲直的争辩、刑法的实施。即使是乡、亭的部吏,也完全能够凭自己的才能裁断判决,使人们没有怨言。然而结果却不是这样,这里面是有缘故的啊。

注释

1 引文见《论语·颜渊》。孔子做过司寇,所以对"听讼"有所感触。
2 **乡、亭**:秦汉时行政区域单位。汉制十里一亭,十亭为一乡。

原文

《传》曰:"恶直丑正,实繁有徒。"[1]夫直者,贞[2]正而不挠志,无恩于吏。怨家务[3]主者,结以货财,故乡、亭与之,为排直家。后反覆时,吏坐[4]之,故共枉之于庭。以羸民与豪吏讼,其势不如也,是故县与部并。后有反覆,长吏[5]坐之,故举县排之于郡。以一人与一县讼,其势不如也,故郡与县并。后有反覆,太守坐之,故举郡排之于州。以一人与一郡讼,其势不如也,故州与郡并,而不肯治,故乃远诣公府尔。公府不能察,而苟欲以钱刀课[6]之,则贫弱少

译文

《左传》说:"憎恶正直,这种人实在有很多。"那正直的人,坚贞正派而不肯委屈自己的志向,没有什么恩惠给那些乡、亭的部吏。而其仇人中奔走求助于主管者的人,则用钱财去笼络,所以乡、亭的部吏就帮助他们,为他们贬斥打击正直的人。到后来案子出现反复的时候,乡、亭的部吏就要因此而被判罪,所以他们就一起在县里的大堂上冤枉正直的人。拿弱小的平民百姓去和这些强横的部吏打官司,那势力当然及不上,所以县官也就和乡亭的部吏站在一起了。后来案子如果有反复,县中的长吏就要因此而被判罪,所以整个县府的官吏就都在郡中贬斥攻击正直的人。拿一个人去和一个县打官司,那势力当然及不上,所以郡里的长官也就和县官站在一起了。后来案子如果有反复,太守就要因此而被判罪,所以整个郡的官吏就都在州中贬斥攻击正直的人。拿一个人去和一个郡打官司,那势力当然及不上,所以州里也就和郡守站在一起了,不肯进行审理,所以正直的人就只能长途跋涉到三公官署来。三公官署的长官不能洞察案情,而只是苟且地想搜刮他们的钱币,那么

货者,终无以旷旬满期;豪富饶钱者,取客使往,可盈千日,非徒百也。治讼若此为务,助豪猾而镇贫弱也,何冤之能治?

贫穷力弱钱少的,终于无法长期地度过这一旬旬而待满期限;富豪钱多的,则雇佣外人让他们去诉讼,可以待满一千天,而不只是一百天啊。处理诉讼案件像这样来搞,实是在帮助富豪及奸猾的官吏而欺压贫穷力弱的平民,能审理什么冤情呢?

注释

1 **丑**:以……为丑,憎恶。 **徒**:同一类的人。引文见《左传·昭公二十八年》。
2 **贞**:指言行一致、有操守。
3 **务**:求,投奔求助。
4 **坐**:获罪,被判罪。
5 **长**(zhǎng)**吏**:县令、县长的佐官,即县丞、县尉。
6 **刀**:古代一种钱币。 **课**:征收(赋税)。

原文

非独乡部辞讼也,武官断狱,亦皆始见枉于小吏,终重冤于大臣。怨故未仇[1],辄逢赦令,不得复治。正士怀冤结而不得信,猾吏崇奸宄而不痛坐。郡县所以易侵小民,而天下所以多饥穷也。

译文

不但乡、亭的诉讼,就是武官审判案件,也都是开始时被小官吏所冤枉,最终在大臣那里蒙受极大的冤屈。仇怨本来还没有报,就遇上赦免的命令,不能再重新审理了。于是正直的贤士带着冤枉的判决而得不到申雪平反,奸猾的官吏推重为非作歹的人而不会被严厉地判罪。这就是郡、县官吏会轻易侵害平民百姓的原因,也是天下会有很多忍饥挨饿、走投无路者的缘故啊。

注释

1 **故**:通"固"。 **仇**:报。

原文

除上天感动[1]、降灾伤谷,但以人功见事言之[2]。今自三府以下,至于县、道[3]、乡、亭,及从事、督邮有典之司[4],民废农桑而守之辞讼告诉及以官事应对吏者[5],一人之日废十万人。人复下计之,一人有事,二人获饷[6],是为日三十万人离其业也。以中农率之[7],则是岁三百[8]万口受其饥也。然则盗贼何从消?太平何从作?

译文

除了上天为此感伤悲痛、降下灾祸而伤害庄稼之外,只从人力被役使这一点来讲一下这件事吧。现在从三公官署以下,一直到县、道、乡、亭各级官府,以及从事、督邮所在的有职掌的主管部门,百姓抛弃了耕织而等着诉讼、争辩、控告、申诉以及因为官司的事去回答官吏的,平均每亭有一个人,则每天就使十万人放弃了劳动。从每个诉讼的人再向下给他们计算一下,一个人有了官司,就要有两个人护理送饭,这就是每天有三十万人离弃了他们的职业。将他们按中等能力的农夫来计算,那么这就是每年有两百万人口因此而挨饿了。这样的话,那么盗贼靠什么来消除?太平从哪里产生呢?

注释

1 **动**:通"恸"。
2 **人功**:人力,劳动力。 **事**:役使。
3 **道**:汉代在少数民族地区所设置的相当于县的行政区。
4 **督邮**:官名,为郡国佐吏。因其督送邮书之职,遂扩大职权至主管督察属县违法之事,权任甚重,时人称为郡佐之极位、守相之耳目。每郡分两部至五部,每部置督邮一人。 **典**:掌管。
5 **守**:守候,等待。 **辞**:诉讼。
6 **获**:当作"护"。 **饷**:送饭。
7 **中农**:据《孟子·万章下》,中等才能的农夫耕田百亩,可供养七个人。 **率(lǜ)**:计算。
8 **三百**:当作"二百"。

原文

孝明皇帝尝问:"今旦何得无上书者?"左右对曰:"反支[1]故。"帝曰:"民既废农,远来诣阙,而复使避反支,是则又夺其日而冤之也。"乃敕公车[2]受章无避反支。上明圣主为民爱日如此,而有司轻夺民时如彼,盖所谓"有君无臣""有主无佐""元首聪明,股肱怠惰"者也[3]。《诗》曰:"国既卒斩,何用不监?"伤三公居人尊位,食人重禄,而曾不肯察民之尽瘁也。

译文

孝明皇帝曾经问:"今天早晨怎么会没有上书的人?"身边的臣子回答说:"是反支日的缘故。"皇帝说:"百姓已经抛弃了农事,长途跋涉来到朝廷,却再使他们回避反支日,这样就又耽误了他们的时间而冤屈他们了。"于是命令公车接受上书时不要回避反支日。极其圣明的君主为民众爱惜时间就像这样,而有关部门轻易地耽误民众的时间又像那样,这大概就是所谓的"有国君而没有臣子""有主上而没有辅佐""元首聪明,大臣懒惰"的情况吧。《诗经》说:"国家命脉已全断,你为什么不察看?"这是伤心三公处在人家所给予的尊贵地位上,吃人家所给予的优厚俸禄,却竟然不肯体察民众的辛劳困顿啊。

注释

1. **反支**:古代用干支来纪日,所以每天有一个地支和日期相配。反支指不吉利的支日。反支日不宜出门做事。
2. **公车**:汉代卫尉的下属机构,掌管宫殿中司马门的警卫工作。臣民上书和征召,都由公车接待。
3. **有君无臣**:本自《公羊传·僖公二十二年》的"有君而无臣"。 **元首聪明,股肱怠惰**:本自《尚书·皋陶谟》的"元首明哉""股肱惰哉"。

原文

孔子病夫"未之得也,患不得之;既得之,患

译文

孔子憎恨那种"没有得到职位的时候,担心得不到它;已经得到了职位,又担

失之"者。[1]今公卿始起州郡而致宰相,此其聪明智虑未必暗也,患其苟先私计而后公义尔。《诗》云:"莫肯念乱,谁无父母?"[2]今民力不暇,谷何以生?百姓不足,君孰与足?[3]嗟哉!可无思乎?

心失掉它"的人。现在三公九卿从刺史郡守晋升上来而后取得了宰相之位,他们的听力、视力、才智、思虑未必不开化,只是患了那苟且地先为自己打算而把为公的原则丢在脑后的毛病罢了。《诗经》上说:"没人肯管这动乱,是谁没了父母亲?"现在民间的劳力没有足够的时间,庄稼靠什么生长?百姓吃穿不够,君主哪有富足?哎呀!这些事情可以不考虑吗?

注释

1 引文见《论语·阳货》。

2 **念**:考虑,指设法对付。　**谁无父母**:这是在质问不肯念乱的人。其意为:有父母的人都为此动乱而忧虑,现在究竟是谁没有了父母而不肯设法对付动乱。引诗见《诗经·小雅·沔水》。

3 **百姓不足,君孰与足**:这是有若回答鲁哀公的话,见《论语·颜渊》。与,犹"有"。

第五卷

断 讼

导读

断讼：判决诉讼案件。文章着眼于从根本上来解决当时诉讼繁多的社会问题，所以主要论述了诉讼案件的起因以及遏止祸乱之源应该采取的政治措施。

作者认为，随着时代的变迁，风俗也发生了变化，因而祸乱的根源也不同了，所以必须因时制宜，采取适当的政治措施，以便用它来"劝善消恶"。作者认为，如今的案件虽然每年数以万计，但主要的根源都在于人的欺诈。那些小人为了眼前利益，就不顾廉耻，以欺骗或胁迫的手段将守节的寡妇出嫁。那些王侯、贵戚、豪富，则骄奢淫逸，欺骗百姓，欠债不还，甚至打死债主。作者认为，要改变这种状况，必须以礼制、道德、法禁、赏罚等手段来消除其根源，既用奖赏来激励好人，又严厉惩处明知故犯的恶人以儆效尤。

原文

五代¹不同礼，三家²不同教，非其苟相³反也，盖世推移而俗化异也。俗化异，则乱原殊，故三家符⁴世，皆革定法。高祖制三章之约⁵，孝文除克肤⁶之刑。是

译文

伏羲、神农、黄帝、唐尧、虞舜在位的五个时代礼制不同，夏、商、周三家教化不同，这并不是他们随随便便地违反过去的礼制教化，而是因为时代发展了而风俗变得不同了。风俗变得不同了，那么祸乱的根源也就不同了，所以夏、商、周三家安抚天下，都变革了既定的法度。高祖制定了三条法律条款，孝文皇帝废除了刺刻皮肤的刑罚。所以如果不是杀人、伤人、

故自非杀伤盗赃,文[7]罪之法,轻重无常,各随时宜,要取足用劝善消恶而已。

盗窃赃物的话,那些轻度打击犯罪的法律,或轻或重并没有永远不变的标准,各个皇帝只是依照当时的需要,关键在于采用它以后足够用来激励善行消除邪恶罢了。

注释

1 **五代**:指五帝(伏羲、神农、黄帝、唐尧、虞舜)在位的时代。
2 **三家**:指三王,即夏、商、周三代的开国帝王。从夏代开始,帝王把国家作为自己一家的私产,世代相传,所以称"三王"为"三家"。
3 **相**:指代性副词,此文偏指古代的"礼""教"。
4 **符**:"抚"之声误。
5 **制三章之约**:指刘邦灭秦后与各县父老豪杰约定的三条法律:杀人的,处死;伤人的,判相应的罪;盗窃的,判相应的罪。
6 **克肤**:刺刻皮肤,也称"刺字",古称墨刑,又称黥,施刑时用刀刺刻犯人的面额,刺明所犯之罪,再用墨涂入字缝。公元前167年,缇萦上书愿代父受刑,文帝怜悯之,认为肉刑使人终生不愈,不合道德,于是就下诏废除当时的黥、劓、断趾(砍掉脚)三种肉刑。克,通"刻"。
7 **文**:"攵"(pū)之形讹。攵,同"攴"(pū),轻度打击。

原文

夫制法之意,若为藩篱沟壍以有防矣[1],择禽兽之尤可数犯者,而加深厚焉[2]。今奸宄虽众,然其原少;君事虽繁,然其守约。知其原少,奸易塞;见其守约,政易治。塞其原,

译文

制定法律的意图,就像修筑篱笆、壕沟来进行防范一样,要选择那些禽兽特别会频繁侵犯的地方,对它们进一步加深加厚。现在乱子虽然很多,但它们的根源却不多;君主的政务虽然繁杂,但他要遵守的原则却很简要。知道乱子的根源不多,奸邪就容易遏止;看到君主所要遵守的原则很简要,政务就容易处理。遏止了乱子的根源,那么乱子

则奸宄绝；施其术，则远近治。 | 就会灭绝；施展了统治的手段，那么远处、近处就都能治理好。

注释

1 藩：篱笆。　壍：同"堑"，壕沟，护城河。　有：犹"为"。
2 加：更加。　厚：加厚，针对"藩篱"而言。

原文

今一岁断狱，虽以万计，然辞讼之辩，斗贼之发，乡部之治，狱官之治者，其状一也。本皆起民不诚信而数相欺绐也。舜敕龙以"谗说殄行，震惊朕师"[1]，乃自上古患之矣，故先慎己喉舌[2]，以元[3]示民。孔子曰："乱之所生也，则言语以为阶。"[4]"小人不耻不仁，不畏不义。"[5]脉脉规规[6]，常怀奸唯[7]，昧冒前利[8]，不顾廉耻，苟且中后，则榆解奴抵[9]，以致祸变者，比屋[10]是也。

译文

现在一年判决的案件，虽然数以万计，但诉讼的争辩，斗殴残杀的发生，乡、亭所处理的，法官所审理的，那情况是一样的。其根源都产生于民众不诚实而经常互相欺骗。舜命令龙的时候用了"谗毁的言论灭绝德行，使我的民众震惊"的话，可见从远古的时候已经担忧谗言了，所以舜先让自己的喉舌谨慎小心，拿好的榜样给民众看。孔子说："祸乱之所以产生，是因为说话不慎给它创造了条件。""小人不把不仁看作可耻，不怕不合道义。"现在的人虎视眈眈、探头探脑地窥测，常常心怀邪恶，贪求眼前的利益而不顾廉耻，苟且做媒以后，就打发斥责那些守节的寡妇，因此招致祸殃灾异的，家家都这样。

注释

1 龙：舜的大臣，曾被舜任命为纳言（掌管转告臣下之言、传达帝王之命的帝王侍御官）。　殄(tiǎn)：灭绝。　师：众人。引文见《尚书·舜典》。

断讼 | 207

2 喉舌：比喻传达王命的重要官员，此指"龙"而言。

3 元：善。

4 所：等于说"所以"。 则：犹"以"，因为。 阶：阶梯，喻指凭借。引文见《周易·系辞上》。

5 引文见《周易·系辞下》。

6 脉脉(mòmò)：形容坏人沉默不言、虎视眈眈的样子。脉，通"眿"。规规(kuīkuī)：暗中偷看的样子。规，通"窥"。

7 奸唯："奸回"之音误，是邪恶的意思。

8 眛：沉迷于，等于说"贪"。 冒：侵犯，引申指不顾一切地求取。

9 榆："揄"(yú)字之误，拉出，抛弃。 解：使脱离，排除。 抵：推，排斥。此节叙述小民的恶行。此句所言，指下文所说的"迫胁遣送"之类。

10 比屋：紧靠着的人家，指挨家挨户。

原文

非唯细民为然，自封王侯贵戚豪富，尤多有之。假举骄奢以作淫侈[1]，高负千万不肯偿责，小民守门号哭啼呼，曾无怵惕惭怍哀矜之意。苟崇聚酒徒无行之人[2]，传空引满，呝啾骂詈[3]，昼夜鄂鄂[4]，慢游是好[5]。或殴击责主人于死，与群盗攻剽劫人无异。虽会赦赎，不当复得在选辟[6]之科，而州司公府反争取

译文

不仅微贱的平民百姓是这样，在分封的王侯、皇亲国戚、富豪之中，这种人特别多。他们弄虚作假、骄横奢侈而使人制作奇巧的玩物，欠的钱高达千万也不肯还债，微贱的百姓守候在他们的家门口大声痛哭呼叫，他们竟然毫无害怕、惭愧、怜悯之心。他们还苟且纠合酒鬼和没有道德的人，递去空杯取来满杯痛饮作乐，叽里呱啦乱骂一通，日夜不停，只喜欢浪荡游玩。有的殴打债主至于死亡，与成群结队的强盗击杀抢劫别人没有什么不同。虽然碰上赦免赎罪，也不该再让他们能处于被选拔征召的品类中，但州中长官和三公官署却反而争

之。且观诸敢妄骄奢而作大责者,必非救饥寒而解困急、振[7]贫穷而行礼义者也,咸以崇骄奢而奉淫湎尔[8]。

着录用他们。再说,看看各个敢于胡乱地骄横、奢侈而制造巨大债务的,一定不是救助挨饿受冻者而解救困顿危急者、救济贫穷而奉行礼义的人,而都不过是崇尚骄横、奢侈并信奉放肆饮酒的人罢了。

注释

1 **以**:犹"使"。　**淫侈**:过度奢侈,指奇巧的玩好。
2 **苟**:苟且,指不合礼义。　**酒徒**:嗜酒者。
3 **啁啾**(zhōujiū):象声词,形容众声嘈杂。　**詈**(lì):骂。
4 **鄂鄂**:不休息的样子。
5 **慢游是好**:即"好慢游"。是,构成宾语前置句式的结构助词。
6 **辟**(bì):征召。
7 **振**:"赈"的本字,救济。
8 **以**:犹"唯"。　**淫湎**:过度地沉迷于酒。

原文

《春秋》之义[1],责知诛率[2]。孝文皇帝至寡动[3],欲任德,然河阳侯陈信坐负六月[4],免国。孝武仁明,周阳侯田彭祖坐当归轵侯宅而不与[5],免国;黎侯邵延坐不出持马[6],身斩国除。二帝岂乐以钱财之故而伤大臣哉?乃欲绝诈欺之端、必国家之法、防祸乱之

译文

《春秋》的道德准则是,责备明知故犯、谴责匪首盗魁。孝文皇帝极其清静无为,想凭借道德感化,但河阳侯陈信还是因为犯了欠债六个月的罪,被罢免侯爵、剥夺封国。孝武皇帝仁慈英明,周阳侯田彭祖因为犯了该归还轵侯住宅却不给的罪,被罢免侯爵、削除封国;黎侯邵延因为犯了不交纳雄马的罪,自身被腰斩、封国被削除。两个皇帝难道热衷于为了钱财的缘故而伤害大臣吗?他们不过是想杜绝欺诈的苗头、坚决实行国家的法令、堵住祸乱的源头来

断讼 | 209

原以利民也。故一人伏正罪而万家蒙乎福者，圣主行之不疑。永平[7]时，诸侯负责，辄有削绌[8]之罚。此其后皆不敢负民，而世自节俭，辞讼自消矣。

使民众得利啊。所以，因一人受到公正的惩处而使千家万户得到幸福的事，圣明的君主做它时毫不迟疑。永平年间，诸侯欠债，就会受到削地废黜的惩罚。从此以后，诸侯都不敢欠百姓的债，而世人自然而然地节约俭朴了，诉讼案件也自然而然地减少了。

注释

1. **《春秋》**：此指《公羊传》。　**义**：主张，道德准则。
2. **率**：同"帅"。
3. **动**：有为。
4. **河阳**：汉代县名，在今河南孟州西北。　**陈信**：陈涓之子。　**坐**：因犯……罪。
5. **周阳**：邑名，在今山西闻喜东。　**田彭祖**：田胜之子。　**轵侯**：指薄昭（薄太后弟）之孙薄梁。轵，汉县名，在今河南济源南。
6. **黎**：西汉县名，在今山东郓城西。　**邵延**：召奴之孙。　**持马**："特马"之形讹，即雄马。
7. **永平**：汉明帝年号，公元58—75年。
8. **绌**：通"黜"。

原文

今诸侯贵戚，或曰勑民慎行[1]，德义无违，制节谨度，未尝负责，身洁规避[2]，志厉青云[3]。或既欺负百姓，上书封[4]租，愿且

译文

现在的诸侯王和皇亲国戚，或许有人抚慰民众谨慎行事，德行道义从不违背，节制俭约谨守法度，从来没有拖欠债务，身心洁白得就像珪璧，志向高尚得可比青云。但有的已经欺骗百姓而欠了百姓的债，却上书皇帝要求加重租税，愿意在将来以此还债。这实

偿责。此乃残掠官民,而还依县官[5]也。其诬罔慢易,罪莫大焉。

是残酷地掠夺官吏民众,而又去依仗皇帝了。他们如此欺诈简慢,罪恶没有什么比这更大的了。

注释

1 曰:犹"有"。 勑(lài):慰劳。
2 规避:当作"珪璧"。珪,用作凭信的玉版。璧,中心有孔的扁平形玉环,其边宽倍于孔。古代常以珪璧形容美德。
3 厉:高。 青云:青天之云,指高空的云,形容志向高尚。
4 封:厚。
5 县官:指天子。

原文

《孝经》曰:"陈之以德义,而民兴行;示之以好恶,而民知禁。"[1]今欲变巧伪以崇美化,息辞讼以闲官事者,莫若表显[2]有行,痛诛无状,导文、武之法,明诡诈之信[3]。

译文

《孝经》上说:"把道德仁义宣传给民众,那么民众就会起来奉行;把什么是好的什么是坏的拿出来给民众看,那么民众就知道所要禁忌的事了。"现在想改变奸诈虚伪的恶习来增进美好的风气,消灭诉讼争辩来使官府的政务清闲,没有什么办法及得上表彰、重用有德行的人,严厉惩处罪恶大得无法形容的人,遵循孝文皇帝、孝武皇帝的法度,明确对欺诈行为的惩罚。

注释

1 引文见《孝经·三才章》。
2 显:使……显贵,指重用。
3 信:当作"罚"。

原文

今侯王贵戚,不得[1]浸广,奸宄遂多。岂谓每有争斗辞讼,妇女必致此乎?亦以[2]传见:凡诸祸根不早断绝,则或转而滋蔓。人若斯邪[3]?是故原官察之所以务念、臣主之所以忧劳者[4],其本皆乡、亭之所治者太半诈欺之所生也。

译文

现在的诸侯王、皇亲国戚,其中道德败坏的人逐渐增加,为非作歹的事就多起来了。难道可以说每次发生争斗诉讼一定是妇女招惹的么?我也是从古书的记载上见到的:凡是各种祸乱的根源不及早铲除消灭,那么有的就会转变而滋长蔓延。人类社会就像这样的么?所以,推究政府考核调查之所以会事务匆忙、臣子君主之所以会忧患劳苦的原因,其根本都在于乡、亭等基层组织所处理的案件多半是由欺诈所产生的。

注释

1 得:通"德"。
2 以:从。
3 斯:这。 邪:即"耶"。
4 原:推究根源。 念:"悤"(cōng)字之讹,悤,"匆"的俗字。

原文

故曰:知其原少,则奸易塞也;见其守约,则政易持也。[1]

译文

所以说:知道乱子的根源不多,那么奸邪就容易遏止;看到君主所要遵守的原则很简要,那么政务就容易操办了。

注释

1 本节当紧接在第五节之末。

原文

"或妇人之行,贵令鲜[1]洁,今以适矣[2],无颜复入甲门[3]。县官[4]原之,故令使留所既入家。"必未昭乱之本原、不惟贞洁所生者之言也[5]。贞女不二心以数变,故有"匪[6]石"之诗;不枉行以遗忧,故美归宁之志[7]。一许不改,盖所以长贞洁而宁父兄也。其不循此而二三其德[8]者,此本无廉耻之家、不贞专之所也。若然之人,又何丑吝[9]?轻薄父兄,淫僻妇女,不惟义理,苟疏一德[10],借本治生,逃亡抵中[11]乎,以致于刳腹芟[12]颈灭宗之祸者,何所无之?

译文

"有的妇女的品行,崇尚使自己贞洁,如果已经出嫁了,就没有脸面另进甲某的家门。官府体谅她们,所以就让她们留在过去所嫁的人家。"这是不明了治乱的根源、不思考贞洁来源的人所说的话啊。有贞操的妇女不三心二意以致屡次变心,所以有"我的心不是石头"的诗篇;不做不正派的事以致给父母留下忧虑,所以有诗篇赞美她们回家省亲的心意。一旦许配就不再改变,乃是用来增进贞洁与安定父兄的德行。那些不遵行这一道德准则而三心二意的妇女,是因为出自不知廉耻的家庭、不讲求贞操、专一的地方。像这样的人,又有什么惭愧耻辱的呢?那些不持重不厚道的父兄,淫乱放荡不守规矩的妇女,不考虑合宜的道理,苟且地抛弃了妇女从一而终的品德,借了本钱来料理生计,用逃跑的办法来赖债啊,以致遭到剖腹、杀头、使宗族覆灭的灾祸,什么地方没有这种人呢?

注释

1 **鲜**:洁。
2 **今**:如果。 **适**:出嫁。
3 **入**:进,指嫁给。 **甲**:指代不明姓名的某人。
4 **县官**:指官府。
5 **必**:当为"此"之形讹。 **乱**:当作"治乱"。

6 **匪**:非,不是。《诗经·邶风·柏舟》:"我心匪石,不可转也。"其意为:石头虽坚固,还会被翻过来;我的心不是石头,坚定得不可扭转。

7 **美归宁之志**:指《诗经·周南·葛覃》所歌颂的"归宁父母"。归宁,回家请安,指在外的子女回父母家省亲。

8 **二三其德**:使自己的德行变化不定,即屡次变心。语见《诗经·卫风·氓》。二三,一会儿二、一会儿三,指反复无常,不专一。

9 **丑**:羞耻,惭愧。 **咨**:耻辱。

10 **疏**:疏远,引申指抛在一边。 **一**:专一,指妇女从一而终。

11 **抵中**:抵当,指赖债。

12 **芟**(shān):刈,割。

原文

先王因人情,喜怒之所能已者[1],则为之立礼制而崇德让;人所可已者,则为之设法禁而明赏罚。今市卖勿相欺[2],婚姻无相诈,非人情之不可能者也。是故不若立义顺[3]法,遏绝其原。初虽惭咨于一人,然其终也长利于万世。小惩而大戒,此所以全小而济顽凶也[4]。

译文

前代的圣王凭借人之常情来统治,对于人之常情能够控制的,就给他们设立礼仪制度而推重道德谦让;对于人们可以控制的,就给他们设置法律禁令而彰明奖赏刑罚。买卖不互相欺骗,嫁娶不互相欺诈,这并不是人之常情所不可能做到的事。所以不如确立合宜的道德准则、设置法律禁令,来遏止、杜绝欺诈的根源。这样,开始的时候虽然会使某一个人感到惭愧、耻辱,但是最后可以使千秋万代得到长久的好处。轻微地加以惩处来使人大加警戒,这是用来保全小人而挽救蠢材、恶人的办法啊。

注释

1 **喜怒**:指代"人情"。 **已**:止。

2 **今**:犹"夫"。 **市**:买。

3 **顺**:陈设。
4 **小**:当作"小人"。　**济**:救助。

原文

夫立法之大要,必令善人劝其德[1]而乐其政、邪人痛其祸而悔其行。诸一女许数家,虽生十子,更百赦,勿令得蒙一还私家,则此奸绝矣。不则髡[2]其夫妻,徙千里外剧县,乃可以毒[3]其心而绝其后。奸乱绝,则太平兴矣。

译文

制定法律的要旨是,一定要使好人被奖赏造成的好处所激励因而喜欢国家的政策、使恶人对刑罚造成的灾祸感到痛苦因而悔恨自己的行为。对于诸多的一个女人许配给几家的现象,即使她生下十个儿子,经历了上百次的赦免,也不能让她得到一个儿子而回到自己的家里,那么这种邪恶的行为就会绝迹了。要不然就给他们夫妻俩处以剃光头发的刑罚,流放到千里以外艰难复杂的县邑,也就可以整治她们的思想而杜绝她们以后重犯。邪恶淫乱的事情绝迹了,那么安定太平也就产生了。

注释

1 **劝其德**:为其德所劝。其德,它的恩德,指法律造成的恩惠,即奖赏带给人的好处。
2 **髡(kūn)**:一种剃去头发的刑罚。
3 **毒**:治理。

原文

又[1]贞洁寡妇,或男女备具,财货富饶,欲守一醮[2]之礼,成同穴之义,执节坚固,齐怀必死,终无更许之

译文

有些贞洁的寡妇,或者是儿子女儿全都有了,钱财也富足,想遵守只嫁一次的礼制,成全与丈夫同葬一个墓穴的道义,坚持节操毫不动摇,一心一意地怀着坚决为贞操而死的决心,始终没有再许配给别人的考虑。但

断讼

虑。遭值不仁世叔、无义兄弟，或利³其娉币，或贪其财贿，或私其儿子，则强中⁴欺嫁。处迫胁遣送，人有自缢房中，饮药车上，绝命丧躯，孤捐童孩。此犹迫胁人、命自杀也。

如果碰到不顾仁德的伯父、叔父和不讲道义的哥哥、弟弟，或者是贪图她的聘礼，或者是贪求她的财产，或者是爱她的儿子而想占为己有，于是就强行做媒或欺骗她出嫁。处在这强迫威胁被遣送的境地，有的妇女就在房间里上吊自杀，或在遣送的车子上喝毒药，断送了性命丧失了身躯，孤零零地抛下了自己的小孩。这等于逼迫人家、叫她自杀啊。

注释

1 又：通"有"。此下两节，当紧接在第三节之下。
2 醮(jiào)：古代用于婚礼的一种斟酒仪式，引申指妇女出嫁。
3 利：贪。
4 中：中介，指做媒。

原文

或后夫多设人客，威力胁载，守将抱执，连日乃缓，与强掠人为妻无异。妇人软弱，猥为众强所扶与执迫¹，幽厄连日，后虽欲复修本志，婴绢吞药²。

译文

或者是后来所嫁的丈夫多安排一些请来的外人，用强力逼她上车，守着、扶着、抱着、拉着，一连几天才给放松，这与强行抢夺妇女来做自己的妻子没有什么不同。妇女软弱，委屈地被众多强有力的人所搀扶、操纵、拉扯逼迫，被禁闭起来连续好几天，后来即使想再遵行本来的志向，也只能上吊自杀、吞下毒药了。

注释

1 猥：曲。　与：执持，控制。
2 婴：缠绕于颈。　绢：通"罥"，缠绕，挂。

衰制

导读

衰制：世道衰微时的制度。文章主要继承了古代的法家思想，论述了世道衰微之时必须严明法令、使用刑罚的主张。

作者认为，三皇不设制度、五帝用象征刑法的图像来感化人、三王彰明法律禁令，这些都是时势使然，不能盲目效法。处在当今衰乱之世，君主必须颁布法令，实行赏罚，真正做到令行禁止，从而使官吏不得行奸、民众不得作乱。这样，群臣百官就不敢不服从命令，国家也就能大治，君主的地位也就能尊贵，再进一步推行三皇五帝的德政也就有可能了。如果君主立法而下面不遵行、臣子处理政务而君主不能控制，那就是亡国，臣民就会作乱，君主就会被弑。作者从历史的教训出发，严厉地批判了那种反对刑杀而只推崇德化的迂腐论调，认为它绝不是通权达变、拯救时世的主张。只有牢握法令，用刑罚来制止行凶，先把国家治理好，然后再去推行三皇五帝的德政，才是正确的治国之道。

原文

无慢制而成天下者[1]，三皇也；画则象而化四表者[2]，五帝也；明法禁而和海内者，三王也。行赏罚而齐万民者，治国也；君立

译文

连简略的制度也没有而使天下安定的，是天皇、地皇、人皇等三皇；给罪人绘制象征刑法的图像而使四方极远之处都受到感化的，是伏羲、神农、黄帝、尧、舜等五帝；彰明法律禁令而使天下和睦协调的，是夏、商、周三代的开国帝王。实行赏罚而使亿万人民行动

法而下不行者,乱国也;臣作政而君不制者,亡国[3]也。

一致的,是治理得好的国家;君主制定了法令而臣民不遵行的,是混乱的国家;臣子处理政务而君主不能控制的,是已经灭亡的国家。

注释

1 慢:简单疏略,宽松。　成:平定。
2 画则象:绘制象征法律的图像,指古代的象刑(象征性的刑罚)。传说上古尧、舜时没有伤害身体的肉刑,而只有象刑:用黑墨画脸来代替脸上刺字的黥刑,用系上草制帽带来代替割鼻子的劓刑,用割去衣服前的蔽膝来代替阉割生殖器的宫刑,用穿麻鞋来代替砍掉脚的刖刑,用穿上无领的红褐色衣服来代替杀头的死刑。则,法。　表:外,外面。
3 亡国:指君主不能控制国家大权。

原文

是故民之所以不乱者,上有吏;吏之所以无奸者,官有法;法之所以顺行者,国有君也;君之所以位尊者,身有义[1]。身有义者,君之政也。法者,君之命也。人君思正以出令,而贵贱贤愚莫得违也,则君位于上,而民氓治于下矣。人君出令,而贵臣骄吏弗顺也,则君几于弑,而民几于乱矣。

译文

民众之所以不动乱,是因为上面有官吏;官吏之所以没有邪恶的行为,是因为国家有法令;法令之所以被顺从执行,是因为国家有君主;君主之所以地位尊贵,是因为其本身掌握了道义。自身把握住有关等级名分的道义,是君主的政务。法令,是君主的命令。君主考虑正道来发布命令,不论是高贵的还是下贱的、不论是贤能的还是愚蠢的都不得违背,那么君主就能在上面进行统治,而民众就会在下面得到治理了。君主发布了命令,但权贵大臣和骄横的官吏却不顺从,那么君主就差不多要被杀害了,而民众就差不多要作乱了。

注释

1 义：合宜的道德准则，其内容主要包括人与人之间的各种等级差别和名分。

原文

夫法令者，君之所以用其国也。君出令而不从，是与无君等。主令不从则臣令行，国危矣。夫法令者，人君之衔辔棰策也¹；而民者，君之舆马也。若使人臣废君法禁而施己政令，则是夺君之辔策而己独御之也。愚君暗主托²坐于左，而奸臣逆道执辔于右，此齐駶马繻所以沉胡公于具水、宋羊叔牂所以弊华元于郑师而莫之能御也³。是故陈恒执简公于徐州⁴，李兑害主父于沙丘⁵，皆以其毒素夺君之辔策也⁶。《文言》⁷故曰："臣弑其君，子杀其父，非一朝一夕之故也，其所由来者渐矣，由辩之不蚤变也⁸。"

译文

法令这种东西，是君主用来治理国家的工具。君主发布了命令而不被听从，这就和没有君主相等了。君主的命令不被听从而臣子的命令被执行，国家就危险了。法令这种东西，就像是君主使用的马嚼子、缰绳、马鞭；而民众，就像是君主的车马。假使臣子废弃了君主的法律禁令而实施自己的政策法令，那就是夺取了君主的缰绳、马鞭而自己单独来驾驭民众了。愚蠢的国君、昏庸的主子寄坐在车子左边，而奸邪的臣子、背叛正道的人在右边手握缰绳驾车，这就是齐国的驾车大夫马繻把胡公沉入具水、宋国的羊叔牂使华元在郑国的军队中失败而没有人能阻止他们的原因啊。所以陈恒在徐州拘捕了齐简公，李兑把赵武灵王害死在沙丘，这都是因为他们憎恨、担忧君主而预先夺取了君主的缰绳、马鞭啊。所以《文言》要说："臣子杀死自己的君主，儿子杀死自己的父亲，并不是一朝一夕的事，其成因从产生以来是逐渐发展的啊，只是由于需要明辨的事君主、父亲没有能及早辨别出来啊。"所以，对于胡乱违反法令

| 是故妄违法之吏，妄造令之臣，不可不诛也。 | 的官吏、胡乱制定法令的大臣，是不可不杀的啊。 |

注释

1. **衔**：马嚼子，用来控制马之行止而勒在马口中的铁。　**棰策**：竹制的马鞭。
2. **托**：寄托，依附，指不掌握统治大权。
3. **驺**(zōu)：官府中养马兼管驾车的小吏。　**马繻**(xū)：齐国的大夫，是胡公的驾车者。　**胡公**：西周时齐国国君，吕氏，名静，"胡"是其谥号。胡公曾虐待过马繻，故马繻把他杀了，并将他沉入具水。　**具水**：即今山东之弥河。　**羊叔牂**：春秋时宋国人，名斟，字叔牂，华元的驾车人。**弊**：败坏。　**华元**：公元前607年春，郑国受楚国之命攻打宋国，宋国任命华元为统帅抵抗郑军。作战前，华元杀羊犒劳军士，但羊斟却未分到羊羹。羊斟怀恨在心，于是在作战时驰马奔入郑国的军队中，使华元被俘而宋军大败。
4. **徐州**：为"徐(shū)州"之误。徐州在今山东滕州南之薛城，为陈恒的封邑。
5. **李兑**：战国时赵国司寇。　**主父**：即赵武灵王，姓赵，名雍，公元前299年，他把王位传给小儿子赵何(惠文王)，自号"主父"，后又可怜长子赵章(公子章)，想分割赵国，使赵章称王于代，于是引起内乱。赵惠文王四年(前295)，李兑与相国公子成帮助惠文王杀公子章于沙丘(在今河北广宗西北大平台)主父离宫中，又怕放了主父而自己被诛，于是继续围主父于沙丘宫中三月余，主父因此被饿死。
6. **毒**：恨，担忧。　**素**：预先。
7. **《文言》**：《周易》十翼之一，专门解释"乾""坤"两卦的义理。下面的引文见《周易·坤·文言》，文字略有不同。
8. **辩**：通"辨"。　**蚤**：通"早"。　**变**：通"辨"。

原文

议者必将以为刑杀

译文

议论政事的人一定会认为刑罚杀戮应

当不用而德化可独任,此非变通者之论也,非叔[1]世者之言也。夫上圣不过尧、舜,而放四子[2];盛德不过文、武,而"赫斯怒"[3]。《诗》云:"君子如怒,乱庶遄沮。君子如祉,乱庶遄已。"[4]是故君子之有喜怒也,善以止乱也。故有以诛止杀[5],以刑御残。

该废除不用而道德感化可以单独使用,这不是通权达变者的言论,不是拯救时世者的主张啊。最圣明的人也没有超过尧、舜的,但他们也流放了四个人;道德伟大的人没有超过周文王、周武王的,但他们也勃然大怒进行征战。《诗经》上说:"君主如果怒斥奸臣,动乱可能马上遏制。君主如果奖赏贤人,祸乱可能马上终止。"所以君子有喜悦和愤怒,善于用它们来制止动乱。所以才有了用杀人的办法来制止杀人,用刑罚来制止行凶。

注释

1 **叔**:当作"救"。

2 **放四子**:指把共工流放到幽州,把驩兜流放到崇山,把三苗流放到三危,把鲧流放到羽山。"放四子"是舜在位时所为,此文之"尧"只是连类而及之辞。

3 **赫斯怒**:是《诗经·大雅·皇矣》之语,指文王之怒。此文之"武"只是连类而及之辞。赫斯,赫然,满脸怒气的样子。

4 **庶**:差不多。　**遄**(chuán):迅速。　**沮**(jǔ):阻止。　**祉**(zhǐ):福,指让贤人得福,即奖赏任用贤人,给他们爵禄。　**已**:止。引诗见《诗经·小雅·巧言》。

5 **以诛止杀**:指用杀掉杀人凶手的办法来除去祸根,并使人不敢杀人。

原文

且夫治世者,若登丘矣,必先蹑其卑者,然后乃得履其高。是

译文

再说治理社会就像登山啊,必须先踩在它的低处,然后才能踏上它的高处。所以,必须先达到用刑法来治理好国家的程度,然后

故先致治国,然后三王之政乃可施也;道齐三王,然后五帝之化乃可行也;道齐五帝,然后三皇之道乃可从也。

夏、商、周三代开国帝王的政治措施才可以施行;治国的方法和三代开国帝王相同了,然后伏羲、神农、黄帝、尧、舜这五帝的教化才可以施行;治国的方法和五帝相同了,然后天皇、地皇、人皇的治理方法才可以遵行。

原文

且夫法也者,先王之政也;令也者,己之命也。先王之政,所以与众共也;己之命,所以独制人也。君诚能授法而时贷之[1],布令而必行之,则群臣百吏莫敢不悉心从己令矣。己令无违,则法禁必行矣。故政令必行,宪禁必从,而国不治者,未尝有也。此一弛一张、以今行古、以轻重尊卑之术也[2]。

译文

再说法制这种东西,是前代圣王的政治措施;命令这种东西,是君主自己发出的命令。前代圣王的政治措施,是用来和众人共同遵守的;自己发出的命令,是用来独自制服别人的。君主如果真能接受前代圣王的法制颁布下去而时常宣传它,发布了命令而必定实行它,那么群臣百官没有谁再敢不尽心服从自己的命令了。自己的命令没有人违背,那么法律禁令就一定能贯彻执行了。政策命令一定能实行,法律禁令一定被遵从,而国家还治不好的,是从来没有过的啊。这就是一方面松一方面紧、在今天实行古代的一套、拿法令的重视与否来调整君主地位高低的办法啊。

注释

1 **授法**:传授法制,指接受先王之法并授给当代臣民。 **贷**:授予,下发,指颁布宣传。

2 **一弛一张**:喻指对臣民的统治要刚柔相济、刑德并用、劳逸结合。弛,放松弓弦。张,绷紧弓弦。 **轻重**:指法令被人轻视或重视。

第六卷

第六米

卜列

导读

卜列：论列占卜。文章从回顾古代的卜筮入手，批判了当时卜筮泛滥的现象，同时也批判了当时各种虚妄的迷信说法。

作者认为，从开天辟地起就有了神和人，人和神的精气是相通的，所以圣贤用卜筮的方法来询问神灵。然而，古人卜筮都是为了成全吉利之事，所以占卜算卦的人推断吉凶，都要使人们"修身慎行以迎福"。而且，圣人虽然重视卜筮，但并不专靠卜筮来决断事情，他们不把违背民意作为吉利，对没有疑问的事也不问卜。今之俗人迷信于卜筮，全靠卜筮来断事，实在糊涂透顶。

接着，作者又批判了当时浅陋的方士以五音来附会姓氏住宅从而推断住户的吉凶以及根据太岁的向背来占吉凶的种种虚妄之说。他认为，姓名这种东西，只能用来推究始祖，而不能用来论定五行。至于住宅，同姓的人递相居住同一住宅而或吉或凶，说明姓氏与吉凶兴衰根本无关。至于太岁等天神，根本不会对人发怒生怨。

作者认为，要使民心向善，不应该用鬼神去吓唬他们，而应该端正其精神。但是，在这没有正道的社会里，要改变他们的落后迷信思想是很难的，只有圣王才能移风易俗，改变人们的精神面貌。

原文

天地开辟有神民，民神异业精气[1]通。行有

译文

天地开辟时就有神和人，人和神事业不同而精气相通。行为有招致耻辱或招来

招召[2],命有遭随[3]。吉凶之期[4],天难谌斯[5]。圣贤虽察不自专,故立卜筮以质神灵[6]。孔子称[7]:"蓍[8]之德圆而神,卦[9]之德方以智。"又曰:"君子将有行也,问焉而已言,其受命而向[10]。"是以禹之得皋陶,文王之取吕尚,皆兆[11]告其象,卜庶[12]其思,以成其吉。

灾祸的,命运有遭遇意外不幸或随顺本人行为的。对吉利或凶险的预测,就是上天的预示也难以相信。圣贤虽然明察也不自己专断,所以设置了占卜算卦的方法来询问神灵。孔子说:"蓍草的德性圆通而神妙,卦象的德性方正而明智。"又说:"君子将有行动,就用言语来询问其吉凶,它接受指令后进行回复就像回响一样。"因此禹得到皋陶,文王得到吕尚,都是龟板的裂纹显示了那迹象,从占卜中取得了那意念,从而成全了那美事。

注释

1 **精气**:阴阳精灵之气,它是构成万物的物质。

2 **招召**:是《荀子·劝学篇》"言有召祸也,行有招辱也"的略语。

3 **遭**:指遭命,即命运与自己的行为不一致,行善而得祸,完全取决于外在的遭遇。 **随**:指随命,即命运跟随自己的行为,行善而得福,行凶而得祸。

4 **期**:约会,引申指预测。

5 **天难谌(chén)斯**:上天难以信赖。这是因为天命无常的缘故。谌,相信。斯,句末语助词。这是《诗经·大雅·大明》中的诗句。

6 **卜**:占卜。古人在龟板上钻凿槽穴,然后用荆木烧灼使龟板发生爆裂,龟甲发出的爆裂之声即是"卜"之字音,爆裂产生的裂纹即是"卜"或"兆"之字形,根据这兆纹来预测吉凶就是占卜,或简称"卜"。 **筮(shì)**:算卦。古人先反复在四十九根蓍(shī)草中随意抽取,每次抽取后数一下,如果是奇数,即画一横"—"为阳爻;如果是偶数,即画二短横"--"为阴爻。抽取三次即得三爻,便可组成八卦中的卦象;抽取六次可得六爻,便可组成六十四卦中的卦象。根据所得卦象来预测吉凶就是算卦。

古代称为"筮"。古人用卜筮来推断吉凶,大事用卜,小事用筮。
7 以下引文见《周易·系辞上》。
8 **蓍**:一种草,古人常用其茎来算卦。蓍草在抽取排列时,就像圆形循环无穷一样,变化无穷而神奇莫测,所以说它的德性是"圆而神"。
9 **卦**:《易》书中具有象征意义的符号,由阳爻(—)和阴爻(--)相配合而成。相传伏羲氏作八卦,每卦由三爻组成,代表同一属性的若干事物。周文王以两卦相叠而将八卦推演为六十四卦(每卦由六爻组成),以象征自然现象和社会现象的发展变化,从而成了人们预测吉凶的符号。卦象一旦形成,便不可变通,就像人品的方正不阿,而根据卦象可以预知吉凶,所以说它的德性是"方"而"智"。
10 **向**:通"响"。
11 **兆**:占卜时龟板经过烧灼而形成的裂纹。占卜者即根据它来判断吉凶。
12 **厎**(zhǐ):致,取得,得到。

原文

夫君子闻善则劝乐而进德,闻恶则循[1]省而改尤,故安静而多福。小人闻善[2],闻恶即慑惧而妄为,故狂躁而多祸。是故凡卜筮者,盖所问吉凶之情,言兴衰之期,令人修身慎行以迎福也。

译文

君子听到善行就欢欣鼓舞而增进自己的品德,听到恶行就整顿反省而改掉自己的过错,所以安宁平静而福气大。小人听到善行就嫉妒而怨恨诽谤,听到恶行就恐惧而胡作非为,所以狂乱急躁而灾祸多。所以凡是占卜算卦的人,大概对人们所询问的吉凶情况,断言其兴盛衰落的到来,是为了使人们修养身心谨慎行事来求取福祚啊。

注释

1 **循**:当作"修"。
2 此下当脱"即嫉妒而怨诽"六字。

原文

且圣王之立卜筮也，不违民以为吉，不专任以断事，故《鸿¹范》之占，"大同"是尚²。《书》又曰："假尔元龟，罔敢知吉。"³《诗》云："我龟既厌，不我告犹。"⁴ 从此观之，蓍龟之情，傥有随时俭易⁵，不以诚邪，将世无史苏⁶之材、识神者少乎？及周史之筮敬仲⁷，庄叔之筮穆子⁸，可谓能"探赜索隐、钩深致远"⁹者矣。使献公¹⁰早纳史苏之言，穆子宿¹¹备庄叔之戒，则骊姬、竖牛之谗¹²，亦将无由而入，无破国危身之祸也。

译文

再说圣明的帝王在设置占卜算卦时，并不把违背民意作为吉利，也不专一地信任占卜算卦来判断事情，所以《洪范》中提到占卜，推崇各方面都同意的"大同"境界。《尚书》又说："即使给你大龟，它也不敢告知吉利。"《诗经》说："我龟已在厌倦中，不再告诉我吉凶。"由此看来，蓍草、龟板在占卜时的情形，偶尔会出现顺应时势的好坏，这是因为占卜算卦者没有用真心呢，还是因为世上没有史苏那样的人才而了解神的人太少了呢？至于周朝史官为田敬仲算卦，庄叔为穆子算卦，可以说是能"窥探幽深之理、求索隐微之处，钩取深处之物、招致远方之情"的了。假如晋献公及早采纳了史苏的意见，穆子对庄叔的告诫及早作了防备，那么骊姬、竖牛的谗言，也就无从侵入，他们也就不会遭到使国家破碎、使自己危亡的灾祸了。

注释

1 **鸿**：通"洪"，大。

2 **大同**：指各个方面全部同意。《尚书·洪范》谈到用占卜来解决疑难时说："汝则（如果）有大疑，谋及乃心，谋及卿士，谋及庶人，谋及卜筮。汝则从（同意），龟从，筮从，卿士从，庶民从，是之谓大同。"这"大同"的境界是《洪范》最推崇的。 **是**：构成宾语前置句式的结构助词。"大同是尚"即"尚大同"。

3 **假**：给予。 **元龟**：大龟，古人用于占卜。引文见《尚书·西伯戡黎》，文字有所不同。

4 **犹**：通"猷"(yóu)，谋划，计谋。引诗见《诗经·小雅·小旻》。
5 **倘**：偶然。　**俭**：通"险"，恶。　**易**：善。
6 **史苏**：晋国主管卜筮的史官，他占卜算卦很准。
7 **敬仲**：即陈完，陈厉公之少子。他年少时，周王朝太史经过陈国，陈厉公让他给陈完算卦，碰上"观"卦变至"否"卦，周太史预言他的子孙将在它国拥有政权。公元前672年，陈宣公杀太子御寇，他怕受牵连而出奔齐国，改姓田，被齐桓公任为工正(掌管百工的官)。他死后，谥为敬仲。他的后代逐渐强大，终于夺取了齐国政权，在周安王时被列为诸侯，史称田齐。
8 **庄叔**：即春秋时鲁国大夫叔孙得臣，死后谥庄，故又称庄叔。　**穆子**：即叔孙豹，叔孙得臣之次子，死后谥穆，所以又称穆子。穆子出生时，庄叔曾用《周易》给他算卦，碰上"明夷"卦变至"谦"卦，拿它给卜官楚丘看，楚丘预言穆子将出奔，接着又回国继承庄叔之位，但他将带回谗人名牛，最后被牛饿杀。结果穆子真的出奔齐国，后回国为鲁国之卿，被家臣竖牛饿杀。
9 **探赜(zé)索隐、钩深致远**：是《周易·系辞上》中的话。
10 **献公**：晋献公，晋文公之父，春秋时晋国君主。
11 **宿**：夙，早。
12 **骊姬**：春秋时骊戎国君之女。晋献公伐骊戎(居今山西晋城西南)，让史苏占卜，史苏占卜的结果是"胜而不吉"，因为其兆形裂似齿牙交错衔骨，就像谗口搬弄是非、挑拨离间一样，并象征着夏(晋)、戎交替得胜。献公不听，攻灭骊戎，获骊姬而归，立之为夫人，十分宠信。骊姬生奚齐，想立奚齐为太子，于是在献公面前说太子、公子的坏话，太子申生被迫自杀，公子重耳、夷吾皆出奔。公元前651年，献公死，奚齐立为国君，为晋大夫里克所杀，骊姬也被杀。　**竖牛**：叔孙豹的家臣，相传是叔孙豹出走时的私生子。叔孙豹回鲁国后立为卿，牛随其母(叔孙豹私通之妇人)来见叔孙豹，被任为竖，深得叔孙豹之宠爱而长期主管家政。他进谗言陷害叔孙豹的儿子，结果叔孙豹杀了长子孟丙，赶走了次子仲壬。后来叔孙豹因病而被竖牛饿杀。竖，小臣，此指年轻的家臣。

原文

圣人甚重卜筮,然不疑之事,亦不问也;甚敬祭祀,非礼之祈,亦不为也。故曰:"圣人不烦卜筮。"[1]"敬鬼神而远之。"[2] 夫鬼神与人殊气异务,非有事故,何奈于我?故孔子善楚昭[3]之不祀河,而恶季氏之旅泰山[4]。今俗人策[5]于卜筮,而祭非其鬼,岂不惑哉?

译文

圣人非常看重占卜算卦,然而对没有疑问的事情,也不去问卜;圣人非常敬重祭祀,但是违背礼义的祈求,也是不干的。所以说:"圣人不过多地占卜算卦。""敬重鬼神而不去巴结他们。"那鬼神和人元气不同而事务各异,如果没有意外的不幸,又能拿我怎么样呢?所以孔子赞美楚昭王不祭祀黄河,而厌恶季康子祭祀泰山。现在那些平庸的世人全靠占卜算卦来谋划事情,又祭祀那些不是他们应该祭祀的鬼神,难道不是迷惑了吗?

注释

1 此语见《左传·哀公十八年》。
2 远:疏远,指不巴结,不去从事非礼的淫祀。此语见《论语·雍也》。
3 楚昭:楚昭王。公元前489年,吴国攻打陈国,楚昭王前往援救,临战时昭王生病,占卜的结果说:"黄河作祟。"大夫请求在郊外祭黄河之神,昭王说:"祭祀的传统是只祭国内的山川。楚国受封以来,祭祀的河川不过是长江、汉水、雎水(今作"沮水")、漳水而已。祸福的发生,不会超出这些河川。我虽无德,也不可能得罪黄河。"于是就禁止大夫祭黄河。孔子赞扬曰:"楚昭王知大道矣。其不失国也,宜哉!"《礼记·王制》:"诸侯,祭名山大川之在其地者。"昭王遵行礼制不祭封地之外的山川,所以孔子称赞他。
4 季氏:指鲁国大夫季康子。 旅:祭祀名,一般用于祭祀上帝及名山大川。 泰山:在今山东中部,古代帝王常在泰山举行封禅大典。据《礼记·王制》,当时天子可以祭天下的名山大川,诸侯只能祭国内的名山大川。至于大夫,只能祭五祀(司命神、中霤神、门神、国行、厉鬼)。季氏位在卿大夫而去祭泰山,是一种超越了名分的非礼之行,所以孔子恶之。

5 策:策划,谋划。

原文

亦有妄传姓于五音[1],设五宅之符第[2],其为诬也甚矣。古有阴阳,然后有五行[3]。五帝右据行气以生人[4]。民载[5]世远,乃有姓名敬[6]民。名字者,盖所以别众猥[7]而显此人尔,非以纪五音而定刚柔也。今俗人不能推纪[8]本祖,而反欲以声音言语定五行,误莫甚焉。

译文

还有人胡乱地把姓氏牵强附会地和五音相配合,设想了五方住宅与太岁的相合以及与五音相对的次第,他们进行欺骗也够厉害的了。古代有了阴阳,然后才有五行。天上五帝各自占有了那一行之气,从而创造出人来。民众生育世代久远,才有姓名用来区别人民。名字这种东西,不过是用来与众人相区别而显示出它所代表的这个人罢了,并不是用来记录五音而确定刚柔的。现在那些平庸的世人不能利用姓氏推求、弄清自己的始祖,却反而想用声音言语来论定五行,谬误没有比这更厉害的了。

注释

1 传:当作"傅"。 五音:即宫、商、角、徵(zhǐ)、羽五个音级,相当于简谱中的1、2、3、5、6。汉代术数家把人的姓氏牵强附会地与五音相配,如洪姓属宫,钱姓属商,孔姓属角,田姓属徵,冯姓属羽。

2 五宅:东、南、中、西、北五个方位的住宅。 符:符合,指和太岁所在位次相合。 第:次第,指和五音相对应。

3 五行:指构成世界万物的五种物质元素,即金、木、水、火、土。"行"是运行变化的意思。古人认为这五种物质元素在不断地运行变化着,从而造成万物,所以称之为"五行"。

4 五帝:指纬书所说的天上五方之帝,即东方青帝,名灵威仰;南方赤帝,名赤熛怒;中央黄帝,名含枢纽;西方白帝,名白招拒;北方黑帝,名汁光纪。他们是五行之神。 **右**:为"各"之形讹。 **行气**:即五行之气。古人认为万物都是由五行之气形成的。气,是我国古代思想家使用的一个哲学概念,指构成宇宙万物的基础。

5 **载**:生。
6 **敬**:当为"别"字之误。
7 **众猥**:众人。猥,众多。
8 **纪**:丝的头绪,引申指理清头绪。

原文

夫鱼处水而生,鸟据巢而卵。即[1]不推其本祖,谐音而可,即[2]呼鸟为鱼,可内之水乎[3]?呼鱼为鸟,可栖之木邪?此不然之事也。命驹曰犊,终不为马?是故凡姓之有音也,必随其本生祖所王也。太皞木精[4],承岁[5]而王,夫其子孙咸当为角。神农[6]火精,承荧惑而王,夫其子孙咸当为徵。黄帝土精,承镇[7]而王,夫其子孙咸当为宫。少皞[8]金精,承太白[9]而王,夫其子孙咸当为商。颛顼水精,承辰[10]而王,夫其子

译文

那鱼住在水里生育,鸟盘踞巢中产卵。如果不去推究它们的始祖,只要使名称的声音相和合就可以了,那么把鸟称为鱼,就可以把它放入水中了吗?把鱼称为鸟,就可以使它栖息在树上了吗?这是不可能有的事啊。把马驹子叫作牛犊子,最终它就不成马了?所以凡是姓氏所具有的声音,必定依顺其最先诞生的始祖在称王时所对应的乐音。太皞是五行中木德的精灵,承奉木星而称王天下,那么他的子孙的姓氏都应当属于角音。神农是五行中火德的精灵,承奉火星而称王天下,那么他的子孙的姓氏都应当属于徵音。黄帝是五行中土德的精灵,承奉土星而称王天下,那么他的子孙的姓氏都应当属于宫音。少皞是五行中金德的精灵,承奉金星而称王天下,那么他的子孙的姓氏都应当属于商音。颛顼是五行中水德的精灵,承奉水星而称王天下,那么他的子孙的姓氏都应

孙咸当为羽。虽号百变，音行不易。

当属于羽音。即使名号改变千百次,其姓氏所对应的五音、五行是不会改变的。

注释

1 **即**:犹"若"。
2 **即**:犹"则"。
3 **内**:同"纳"。
4 **太皞**:传说中的古代帝王,即伏羲氏。传说他以木德而王,主春季时令,与东方相配。　**木精**:秦、汉时方士把金、木、水、火、土五行比附为帝王受命之符,认为太皞帝秉受了木之精气,所以说他是木精。
5 **岁**:岁星,即木星。
6 **神农**:传说中的古代帝王。相传他以火德而王,故称王后号炎帝。
7 **镇**:镇星,即土星。
8 **少皞**:传说中的古代帝王,以金德王,故也称金天氏。
9 **太白**:即金星。因为它光色银白,在诸星中最明亮,故称太白。
10 **辰**:辰星,即水星。

原文

俗工又曰:"商家之宅,宜西出门。"此复虚矣。五行,当出乘其胜¹,入居其隩²,乃安吉。商家向东入,东入,反以为金伐木,则家中精神日战斗也。五行皆然。又曰:"宅有宫商之第、直符之岁³。"既然者,于其上增损门

译文

庸俗的方士又说:"姓氏属于商音的人家,他们的住宅应该将大门向西开。"这又是虚妄之说了。就五行来说,应该是外出时利用它的相克,入内时使它安居于室内的西南角,这才平安吉利。现在姓氏属于商音的人家向东进门,向东进门,反而可以认为是金攻伐木,那么家中的精气就天天在战斗了。五行都是这样。他们又说:"住宅具有宫、商等不同的次第,还有正对的太岁需要避忌。"既然这样,那么在宅上增添或减少门的数

数,即可以变其音而过其符邪?今一宅也,同姓相代,或吉或凶;一官也,同姓相代,或迁或免;一宫也,成、康居之日以兴[4],幽、厉居之日以衰。由此观之,吉凶兴衰不在宅明矣。

量,就可以改变它所对应的五音并超越它与太岁相合的位置了吗?现在同一个住宅,同姓的人互相替代着居住,有的吉利、有的凶险;同一个官府,同姓的人互相接替,有的升官、有的免职;同一个王宫,成王、康王住了它就一天比一天兴盛,幽王、厉王住了它就一天比一天衰落。由此看来,吉利凶险、兴盛衰落不取决于住宅也就很明显的了。

注释

1 **出乘其胜**:出门利用它的相克。例如,商家属五行之金,出门时应该向东才吉利,因为东配五行之木,商家向东出门,正好是金克木,象征着商家外出无敌。乘,凭借,利用。胜,战胜,指五行之相胜,即水胜火,火胜金,金胜木,木胜土,土胜水。

2 **隩(ào)**:屋子里的西南角,古时候为尊位,由尊长居之,也是祭神的方位。

3 **宅有宫商之第**:汉代术数家将五宅与五音、五行配合成相应的次第,即东配角、木,南配徵、火,中配宫、土,西配商、金,北配羽、水。他们根据五行相生(金生水,水生木,木生火,火生土,土生金)和相克(金克木,木克土,土克水,水克火,火克金)的观点,来推算住户的吉凶。例如住宅的方位在东,与五音相配属角,与五行相配属木,那么姓田的人住它就吉利,因为田属徵音,徵配火,而木能生火;如果姓洪的人住它就不吉利,因为洪属宫音,宫配土,而木能克土。 **直符**:直接符合,正对。 **岁**:指太岁。古代天文学家把由西向东运行的木星叫岁星,并用它来纪年。由于岁星的运行方向与黄道所分的十二支方向相反,为了避免这种不方便,就又虚构了一个和岁星运行方向相反(即由东向西运行)的假岁星来纪年,这虚构的假岁星就叫太岁。古代术数家把太岁说成岁神,简称为"岁"。他们以太岁所在方位为凶方,忌动工造房或搬迁。若在"太岁头上动土",就会遭殃。

4 **成**:指周成王。 **康**:指周康王,成王之子。相传成王、康王都是守成的贤君,在他们统治时期,天下安宁,刑罚置于一边,长达四十多年不用,史称"成康之治"。

原文

及诸神祇——太岁、丰隆、钩陈、太阴将军之属[1],此乃天吏,非细民所当事也。天之有此神也,皆所以奉成阴阳而利物也,若人治之有牧、守、令、长矣[2]。向之何怒?背之何怨?君民道近,不宜相责,况神致[3]贵,与人异礼,岂可望[4]乎?

译文

至于那天神地祇——太岁、丰隆、钩陈、太阴将军之类,这些乃是天帝的官员,并不是平民百姓应该侍奉祭祀的啊。上天有这些神祇,都是为了辅助成全阴阳之气而造福万物的,就像人类统治时有州牧、郡守、县令、县长而已。向着他们,他们有什么愤怒?背对他们,他们又有什么怨恨?君主和民众遵行的政治原则相近,尚且不应该互相责怪,更何况神祇极其尊贵,和人类的礼法不同,哪会责怪人呢?

注释

1 **太岁**:原为虚设的星名,后附会成神名。 **丰隆**:原为星名,后附会成云神、雷神。 **钩陈**:原为星名,后附会成神名,象征天帝正妃。 **太阴将军**:神名,主杀伐。
2 **矣**:犹"耳"。
3 **致**:极。
4 **望**:责怪。

原文

且欲使人而避鬼,是即道路不可行,而室庐不复居也。此谓贤人君子秉心方直、精神坚固者也。至如世俗小

译文

再说,要想使人们避开鬼,那就是道路不能去行走,房屋也不能居住。这只能对那些正确把握自己思想、意志坚强的贤人君子来说说的啊。至于那种世俗小人、丑陋的小妾婢女,孤陋寡闻愚蠢无知,习染已

人、丑妾婢妇，浅陋愚懃，渐染¹既成，又数扬²精破胆。今不顺精诚所向³，而强之以其所畏，直⁴亦增病尔。何以明其然也？夫人之所以为人者，非以此八尺之身也，乃以其有精神也。人有恐怖死者，非病之所加也，非人功之所辜⁵也，然而至于遂不损者⁶，精诚去之也。孟贲狎猛虎而不惶⁷，婴人畏蝼蚁而发闻⁸。今通士⁹或欲强赢病之愚人，必之其所不能，吾又恐其未尽善也。

经形成，而且多次被吓得魂飞魄散、心胆俱裂。现在不让他们心里所追求的目标顺利实现，却拿他们所害怕的东西去强迫他们，那也就只能给他们增添毛病罢了。用什么来说明他们会这样呢？人之所以成为人，不是靠了这八尺长的身躯啊，而是因为他们有精神。有的人因为恐怖而死了，这并不是因为病变落到了他们身上，也不是因为其体力的枯竭，然而一直落到病情不断加重而不见减轻的地步，是因为其灵魂离开了他们的身体啊。孟贲戏弄猛虎也不恐惧，婴儿害怕蝼蛄、蚂蚁而放声大叫惊动别人。现在那些所谓通达事理的人之中竟有人要强迫瘦弱有病的蠢人，一定要他们做那些他们不能做的事情，我又怕这种做法不够完善啊。

注释

1. **渐**(jiān)**染**：浸泡而沾染，指长期接触而受到影响，此指沾染恶习。
2. **扬**：飞起。
3. **顺**：顺（心），如（意），使动用法。　　**精诚**：精心与真心，此指人的精神、灵魂。下同。　　**向**：向往，追求。
4. **直**：只。
5. **辜**：同"枯"(kū)，枯萎干瘦而死。
6. **遂**：事情进一步发展，此指恐怖症不断加重。　　**损**：减。
7. **孟贲**：战国时勇士。　　**狎**(xiá)：戏弄。
8. **发闻**：发出声音而让人听见。
9. **通士**：此指那些自命为通士的卜筮者。

原文

移风易俗之本,乃在开其心而正其精。今民生不见正道,而长于邪淫诳惑之中。其信之也,难卒[1]解也。唯王者能变之。

注释

1 卒(cù):同"猝",突然。

译文

移风易俗的根本措施,就在于打开人们的心窍而端正他们的精神。现在人们生下来就看不到正确的思想原则,而成长于邪恶、淫乱、欺骗、迷惑之中。他们对占卜算卦的信从,是难以一下子消除的。只有圣王才能够改变这种状况。

巫列

导读

巫列:论列巫师。文章的主旨是说明巫师祈祷的作用有限,想要却灾致福,主要得靠自己修身积德,而不能依赖巫师。

作者认为,人的吉凶祸福取决于人的品行与命运。两者之中,品行尤为重要,因为神只会享用有德者的祭品而赐福给有德者。至于巫师的祝祷,至多只能补救一些小过失,并不能改变人的根本命运。所以,人如果无德,那么即使频频让巫师祈祷,也毫无作用。命运由天决定,是不可知的;而品行则取决于自己,完全可以有所作为。因此,想求福免祸,不如提高自己的品德修养而不触犯法令。对于国君来说,一味迷信鬼神,就会亡国;一心听从人民,国家才会兴盛。因此,君主不应该忌此畏彼,迷信巫觋,而应该修身正己,严明赏罚,把国家治理好,使民众太平安乐。

原文

　　凡人吉凶,以行为主[1],以命为决[2]。行者,己之质也;命者,天之制也。在于己者,固可为也;在于天者,不可知也。巫觋祝请,亦其助也,然非德不行。巫史[3]祈祝者,盖所以交鬼神而救细微尔,至于大命,末如之何。譬民人之请谒于吏矣,可以解微过,不能脱正罪。设有人于此,昼夜慢侮君父之教,干犯先王之禁,不克己心、思改过迁善,而苟骤发请谒,以求解免,必不几矣。不若修己,小心畏慎,无犯上之必令也。故孔子不听子路[4],而云:"丘之祷久矣。"[5]《孝经》云:"夫然,故生则亲安之,祭则鬼享之。"[6]由此观之,德义无违,鬼神乃享;鬼神受享[7],福祚乃隆。故《诗》云:"降福穰穰,降福简简,威仪板板。既醉既饱,福禄来

译文

　　大凡人的吉凶,由品行作主,由命运决定。品行这种东西,是自己的资质;命运这种东西,是上天的安排。取决于自己的东西,当然可以由人造成;取决于上天的东西,就不可能知道了。巫婆、神汉祷告祈求,也有所帮助,但如果没有德行也就没有用了。巫婆、巫师祈求祷告,不过是用来和鬼神交流以补救那些细小的失误罢了,至于根本的命运,就不能拿它怎么样了。好比民众向官吏求情一样,可以赦免微小的过错,但不能免去触犯法律的大罪。假如有个人在这儿,日夜轻视、怠慢君主和父亲的教导,触犯古代圣王的禁令,不克制自己的欲望,不想改正过错而变好,而只是苟且地频频前去求情,以求解脱赦免,那就一定没有什么指望了。不如提高自己的品德修养,小心谨慎,不触犯上面制定的必须遵行的法令。所以孔子不听从子路,而说:"我孔丘早就祈祷过了。"《孝经》说:"因为如此有德行,所以赡养父母时父母就安乐地接受其供养,祭祀鬼神时鬼神就享用其祭品。"由此看来,不违背道德仁义,鬼神才会享用他的祭品;鬼神接受祭祀,福气才大。所以《诗经》说:"幸福纷纷从天降,天赐幸福宽又广,威严仪容多端庄。酒醉饭饱德无量,福禄来归

反。"⁸ 此言人德义茂⁹美,神歆¹⁰享醉饱,乃反报之以福也。

万年长。"这是说人的道德仁义优秀美好,神灵享用其祭品而吃得酒醉饭饱,于是就拿福祚来回报他啊。

注释

1 **以行为主**:以品行为主宰。意为:从根本上来说,吉凶是由品行决定的。主,主宰,指根本性的决定因素。
2 **以命为决**:以命运为决断。意思是:决定吉凶的最终因素是命运。若用现在的观念来比方,此文的"主""决"可以这样理解:一个人取得功业,其德才是"主",而当时具体的形势、机遇便是"决"。命,命运,天命。
3 **巫史**:巫婆、巫师,都是自称能见到鬼神而掌管祭祀的人,其中"巫"负责接神,"史"根据鬼神的尊卑来负责安排鬼神受祭时的位次,因属于史官之一种,所以称"史"。
4 **子路**:孔子弟子,名仲由,字子路,有勇力,粗野正直。
5 引文见《论语·述而》。当时孔子病重,子路请求祈祷,孔子便说了这句话,表示用不着去祈祷,因为在孔子看来,求福的关键在修德,而不在祈祷。
6 **然**:这样,指《孝经》上文所说的天子、诸侯、大夫尽孝道、有德行。　**生**:使……生活,赡养。引文见《孝经·孝治章》。
7 **享**:用食物供奉鬼神。
8 **禳禳**(ránɡránɡ):同"穰穰",很多的样子。　**板板**:慎重和善的样子。引诗见《诗经·周颂·执竞》。
9 **茂**:秀。
10 **歆**(xīn):祭祀时鬼神吸取祭品的气味。

原文

虢公¹延神而亟亡,赵婴²祭天而速灭,此盖所谓"神不歆其祀,民不

译文

虢国迎接神灵而快速灭亡,赵婴祭天而迅速灭亡,这大概就是古人所说的"神祇不享用他的祭祀,民众不去为他做

即其事"³也。故鲁史⁴书曰:"国将兴,听于民;将亡,听于神。"楚昭不禳⁵云,宋景⁶不移咎,子产距裨灶⁷,邾文公⁸违卜史,此皆审己知道、身⁹以俟命者也。晏平仲有言:"祝有益也,诅亦有损也。"季梁¹⁰之谏隋侯,宫之奇¹¹说虞公,可谓明乎天人之道、达乎神民之分¹²矣。

事"吧。所以鲁国的史官写道:"将要兴盛的国家,国君听从人民;将要灭亡的国家,国君听从神灵。"楚昭王不禳祭怪云,宋景公不把灾祸转移掉,子产拒绝裨灶的请求,邾文公违背占卜的史官,这些都是既了解自己又明白天道、修养自身来等待命运安排的人啊。晏子说过:"向神祈求福祚有益处,而民众的诅咒也有损害啊。"季梁对随侯的劝谏,宫之奇对虞公的劝说,可说是明白了上天与人类社会的规律、通晓了神与人之间的分际了。

注释

1 **虢(guó)公**:指虢仲的后代虢公丑。公元前662年秋,有神降于莘(虢地,今河南三门峡陕州区),虢公叫祝应、宗区、史嚚(yín)祭神,神答应赐给他土田,史嚚与周大夫内史过都断言虢将灭亡,因为虢公对人民暴虐,无德而祭神。公元前658年,晋用荀息之计,以良马与璧向虞国借路去攻打虢国,灭下阳(即北虢,在今山西平陆东北)。公元前655年,晋又借路于虞攻占上阳(即南虢,在河南三门峡陕州区东南李家窑),虢国彻底灭亡。

2 **赵婴**:晋国大夫。公元前587年,赵婴与侄媳赵庄姬通奸。次年春,其兄赵同、赵括将他放逐至齐国。他梦见天使对他曰:"祭我,我使你得福。"他派人去问士贞伯,士贞伯说:"神灵使仁德之人得福而使淫乱之人遭殃。他即使祭天,大概也只能得到灭亡吧。"赵婴祭天,次日就死了。

3 **即**:就,前去从事。此语出自刘定公,见《左传·昭公元年》。

4 **鲁史**:鲁国的史官,指左丘明。下面的话见《左传·庄公三十二年》。

5 **禳(ráng)**:祭祀名,一种驱邪消灾的祭祀。公元前489年,楚昭王援救陈国,看见云像一群红色的鸟一样,夹着太阳飞了三天。他派人去问周太史。周太史说:"这灾祸是对着楚王本身的。如果举行禳祭,就可以将灾祸移到令尹、司马身上。"昭王说:"要除心腹(喻指自己)之疾,把它移于股肱(喻指令尹、司马),有什么好处? 我如果没有大错,上天哪会夭折我? 如果我有了罪要受罚,又何必嫁祸于人?"于是未举行禳祭。

6 **宋景**:宋景公。公元前480年,火星居于心宿。心宿是宋国的分野,预示宋君将有灾祸,主管星占的子韦说:"可将灾祸移于宰相。"景公说:"宰相是我的股肱,要一起治国的,不可移祸于他。"子韦说:"可移于民众。"景公说:"民众死了,我做谁的君主呢? 宁愿我一个人死。"子韦说:"可移于收成。"景公说:"收成不好,则民众饿死。我当君主却为了自己而虐杀民众,还会有谁把我当成君主呢? 您别再说了。"由于景公有了这三句至德之言,火星受感动而转移,使景公避免了灾祸。

7 **子产距裨**(pí)**灶**:公元前525年冬天,有扫帚星出现在大火(心宿二),古人以为宋、卫、陈、郑将有火灾。裨灶对子产说:"如果我们用玉爵、玉勺来祭祀,郑国一定不会发生火灾。"子产不听。次年,四国都发生了火灾。裨灶说:"不听我的话,郑国还将发生火灾。"子产还是不同意祭祀。子大叔说:"珍宝玉器是用来保民的,可用来救国,您为什么要吝啬呢?"子产说:"天道幽远,人道切近,两不相及,裨灶又从哪里知道天道的呢? 此人也真是太啰唆了。"子产始终未同意祭祀,郑国也没再发生火灾。裨灶,春秋时郑国大夫,星占家。

8 **邾文公**:春秋时邾国国君。公元前614年,邾文公为迁都于绎占卜,占卜的史官说:"迁都于绎,有利于民而不利于君。"文公曰:"只要民众有利,我就干。"迁都后,邾文公卒。君子称他"知命"。

9 **身**:当作"修身"。

10 **季梁**:春秋时随国的贤臣。他曾谏隋侯说:"民众是神的主宰,所以圣王先养民,然后致力于祭神。只有这样,才能使民众和睦而神降福祚。"

11 **宫之奇**:春秋时虞国大夫。公元前655年秋,晋国再次向虞国借路攻虢,他劝谏说:"虢、虞两国唇齿相依,唇亡齿寒,虢亡,虞也将被晋所灭。"虞公说:"我祭祀丰洁,神灵一定保佑我。"宫之奇说:"鬼神不亲人,只依德。如果没有德,那么民众不和,神也不会享用祭品。如果晋灭掉虞,又彰明德义而祭神,神就会保佑晋,所以祭祀丰洁并不能使虞幸免于难。"虞公不听从,宫之奇率家族离开虞国。这年冬天,晋灭虢后又灭了虞。

12 **分**(fèn):职分,分际。

原文

夫妖不胜德,邪不伐正,天之经也。虽时有违,然智者守其正道,而不近于淫鬼[1]。所谓淫鬼者,闲邪精物,非有守司真神灵也[2]。鬼之有此,犹人之有奸言卖平以干求者也[3]。若或诱之,则远来不止,而终必有咎。鬼神亦然,故申繻曰:"人之所忌,其气炎以取之。人无衅焉,妖不自作。"[4]是谓人不可多忌,多忌妄畏,实致妖祥。

译文

怪异敌不过德行,邪恶攻不了正直,这是上天的常规。虽然有时候有所违反,但是明智的人遵行那正确的原则,而不去巴结不合正道的鬼。所谓不合正道的鬼,是些闲散邪恶的精怪,并不是有一定职掌的真神灵啊。鬼中有这些精怪,就像人中有那些依靠奸诈的谎言乱定物价来求取财利的官吏一样。如果有人引诱他们,他们就会远道而来没有休止,而最终一定会有灾祸。一般的鬼神也是这样,所以申繻说:"人所顾忌的妖怪,是由人的气势导致的。人如果没有什么过失,妖怪是不会自行产生的。"这是说人不可以多顾忌,过多地顾忌、胡乱地害怕,就会招致怪异的征兆。

注释

1 **近**:指巴结,从事非礼的淫祀。　**淫**:僭越,指不合正道。

2 **守**:掌管。　**司**:掌管。　**神灵**:天神地祇。

3 **卖平**:指管理市场物价的官吏因受贿而妄依奸商乱定物价,这里用来喻指那些见祭品即来的淫鬼的行径。卖,指通过某种不法行径换取实利。平,指平定物价,使物价公平统一。　**干**:求取。

4 **申繻**(xū):春秋时鲁国大夫。　**气炎**(yàn):火开始燃烧时的气势,比喻人的气势。炎,通"焰"。　**衅**(xìn):缝隙,过失。申繻的话实是说:人们所顾忌的妖怪并非是客观存在的东西,而只是人们想象中的东西,它的产生主要是由于人的气势不能胜过某些事物,所以把它说成是妖怪。人如果没有什么过失,就不会有什么畏忌,也就不会设想有什么妖怪了。引文见《左传·庄公十四年》。

原文

且人有爵位,鬼神有尊卑。天地山川、社稷五祀、百辟卿士有功于民者[1],天子诸侯所命祀也。若乃巫觋之谓独语,小人之所望畏,土公、飞尸、咎魅、北君、衔聚、当路、直符七神,及民间缮治微蔑[2]小禁,本非天王所当惮也。

译文

再说,人有爵位的差别,鬼神有尊贵和卑微的不同。上天大地名山大川、土神谷神以及句芒、蓐收、玄冥、祝融、后土等五种神祇、诸侯以及在朝执政的卿士中有功于民众的,是天子、诸侯授命祭祀的啊。至于巫婆、神汉所说能独自与之交谈的,小人望而生畏的,如土公、飞尸、咎魅、北君、衔聚、当路、直符等七个神,以及民间修缮房屋时那种微小的禁忌,本来就不是皇帝应当害怕的啊。

注释

1 **五祀**:古代祭祀的五种神,即句芒(木德之神)、蓐收(金德之神)、玄冥(水德之神)、祝融(火德之神)、后土(土德之神)。 **百辟**(bì):指诸侯。辟,君主。
2 **蔑**:微小。

原文

旧时京师不防动功造禁以来,吉祥应瑞,子孙昌炽,不能过前。且夫以君畏臣,以上需下[1],则必示弱而取陵,殆非致福之招也。

译文

过去京城不阻止人们花费人力制造各种禁忌以来,吉利的预兆、应验的祥瑞,子孙的昌盛兴旺,并不能超过从前。再说,凭借着君主的身份去害怕臣子,凭借着在上的地位却在下人面前畏怯懦弱,那就一定会显示出自己的软弱而招致欺凌,这恐怕并不是取得幸福的招数啊。

注释

1 **需下**:懦于下。需,"懦",软弱,懦弱。

原文

尝¹观上记,人君身修正、赏罚明者,国治而民安;民安乐者,天悦喜而增历数²。故《书》曰:"王以小民受天永命。"³孔子曰:"天之所助者,顺也;人之所助者,信也。履信思乎顺,又以尚贤,是以'自天祐之,吉,无不利'。"⁴此最却凶灾而致福善之本也。

译文

看一下从前的记载,君主本身善良正派、赏罚分明的,国家就治理得好而民众也安乐;民众安乐的,上天就高兴而增加他的统治年代。所以《尚书》说:"大王依靠平民百姓来接受上天赐予的长久天命。"孔子说:"天所赞助的,是顺理;人所赞助的,是诚实。履行诚实的原则时考虑到顺理,又能尊重贤能的人,因此'从上天这一方来佑助他,是吉祥的,没有不吉利的'。"这是最能退去凶险灾难而招致幸福美满的根本措施啊。

注释

1 **尝**:试。
2 **历数**:天数,指由上天确定的王朝统治年代。
3 引文见《尚书·召诰》。
4 以上几句是孔子解释《周易·大有·上九》"自天祐之,吉,无不利"的话,见《周易·系辞上》。

相列

导读

相：看相，即观察人的相貌来推测其命运。相列：论列看相。文章主要论述了看相的依据与方法，同时宣扬了人的命运不但取决于其相貌而且取决于其德行的思想，以勉励人们修善积德而改掉过错。

作者一方面受到当时阴阳五行家的影响，认为人的身体、相貌、骨骼、气色是五行八卦之气的体现，具有不同的类别，而这些因素便是每个人寿夭贵贱的标志，所以可以通过看相来推测其命运。看相的方法，主要是观察人的骨骼、气色、面相、手脚以及走路的样子与说话的声音等，因为它们能显示其命运。但另一方面，作者又认为，人的吉凶、祸福、贫富、贵贱不但取决于相貌，还取决于其德行，所以看相时的预测有时不一定能成为事实。当然，一个人的天性、命运由不得自己，但其德行则完全取决于自己。从这种意义上来说，一个人的吉凶、祸福也掌握在他自己手中。所以，聪明的人看到了吉兆，便修善积德来使这吉祥成为现实；看见了凶兆，便改掉过错来避免灾祸。而蠢人则相反，所以即使有美好的征兆出现在他的相貌上，那福气也会转变为灾祸。因此，君子应该谨慎修行为是。

原文

《诗》所谓"天生烝民，有物有则"[1]，是故人身体形貌皆有象类，骨法角肉各有分部，以著

译文

正如《诗经》所说的"上天降生众百姓，有了物象有法则"，所以人的躯体、相貌都有相像的东西，骨骼的模式以及额角、肌肉各有不同的类别，以此来显示各人生命的

性命之期,显贵贱之表。一人之身,而五行八卦之气具焉。故师旷[2]曰"赤色不寿",火家[3]性易灭也。《易》之《说卦》:"巽,为人多白眼。"[4] 相扬四白者兵死[5],此犹金伐木[6]也。《经》曰:"近取诸身,远取诸物。"[7]"圣人有见天下之至赜,而拟诸形容,象其物宜。"[8]此亦贤人之所察、纪[9]往以知来而著为宪则也。

期限,显现出该人是尊贵还是卑贱的标志。一个人的身上,便具备了五行八卦的因素。所以师旷说"红红的脸色不长寿",因为火族的本性容易熄灭啊。《周易》的《说卦》说:"巽,象征人眼白多。"现在看到眼珠四面都露白的人而推断他死于兵器,这就如同五行中的金攻伐木一样啊。《易经》说:"近的取法于身体,远的取法于外物。""圣人能够看见天下极其深奥玄妙的道理,从而用形象来模拟它,同时也用这形象来象征那事物所适宜的特性。"这也是贤能的人所看清楚的、记住了过去从而能知道未来且写成了法则的东西啊。

注释

1 **烝**:众。引诗见《诗经·大雅·烝民》。

2 **师旷**:春秋时晋国主管音乐的太师。《逸周书·太子晋解》载师旷之言曰:"汝色赤白,火色不寿。"

3 **家**:族,事物有某种共同属性的大类。

4 **《说卦》**:《周易》篇名,主要内容为解说八卦象征的事物。 **巽**(xùn):《周易》中的卦名,八卦之一,象征风、木、白、长、高、气味等。

5 **扬四白**:指眼珠的四面皆露白。扬,露出。 **兵死**:用兵器杀死。兵,兵器,这里作状语。

6 **金伐木**:在五行中,金克木,所以说"金伐木"。此文喻指上句所说的兵器杀死"扬四白者"。兵器用金属制成,故属五行之"金";"扬四白"即《说卦》所说的"多白眼",与"巽"对应,而"巽"又象征"木",所以"扬四白者"与"木"为一类,属五行之"木"。

7 **《经》**:指《周易》。引文见《周易·系辞下》,是陈说伏羲作八卦时的根据。

8 **拟诸形容**:用形象(卦体)来模拟它(深奥的道理)。例如,见到刚健之理,就用乾的卦体☰来模拟它;见到柔顺之理,就用坤的卦体☷来模拟它。诸,之,指代"赜"。形容,形象,指卦体,即☰、☷之类的符号。引文见《周易·系辞上》,文字与今本《周易》稍有不同。

9 **纪**:通"记"。

原文

人之相法,或在面部,或在手足,或在行步,或在声响。面部欲溥[1]平润泽,手足欲深细明直[2],行步欲安稳覆载,音声欲温和中宫[3]。头面手足身形骨节皆欲相副[4]称。**此其略要也**。

译文

人们看相的方法,有的注重于面部,有的注重于手脚,有的注重于步行的姿势,有的注重于说话的声音。面部要宽阔、平坦、滋润而有光泽,手脚要长得修长、精细、利索、笔直,走路要稳重得像上天覆盖世界、大地承载万物一样,说话的声音要温柔、平和合乎宫音。头、脸、手、脚、体形、关节都要相称。这便是看相的大致要领。

注释

1 **溥**(pǔ):广。
2 **深**:长。 **明**:明了,干净利落。
3 **中**(zhòng):符合。 **宫**:五音之一。
4 **副**:符合,相称。

原文

夫骨法为禄相[1]表,气色为吉凶候,部位为年时[2],德行为三者招[3],天授性命决然。表有显微,色有浓淡,行有薄

译文

骨骼的样式是实际所得禄位的标志,血气、脸色是吉凶的征兆,身体各部分的位置是年龄的迹象,德行是这三者的总标准,上天授予人天性与命运时便取决于这些。骨骼的样式作为一种标志有显著的也有隐蔽的,血气、脸色有浓重的也有浅淡的,德行有刻薄的也有淳

厚,命有去就。是以吉凶期会[4],禄位成败,有不必[5]。非聪明慧智,用心精密,孰能以中?

厚的,命运有已经过去了的也有将要来到的。因此,对吉凶的预卜,对禄位成败的推测,有的不一定成为事实。如果不是聪明有智慧的人,在使用脑子推断时既细心又严密,又有谁能凭借这些征兆来猜中呢?

注释

1 **禄相**:禄位的质地,即实际的禄位。相,质。
2 **年时**:当作"年时征"。
3 **招**:箭靶的中心,引申为标准。
4 **期会**:约期会合,引申指预测、预卜。
5 **必**:当作"必至"。

原文

昔内史叔服过鲁[1],公孙敖[2]闻其能相人也,而见[3]其二子焉。叔服曰:"谷也食子[4],难[5]也收子。谷也丰下,必有后于鲁。"及穆伯之老也,文伯居养;其死也,惠叔典哭[6];鲁竟立献子[7],以续孟氏之后。及王孙说相乔如[8],子上幾商臣[9],子文忧越椒[10],叔姬恶食我[11],单襄公察晋厉[12],子贡观郕、鲁[13],臧文听御说[14],陈咸[15]见张□,贤人达士察

译文

从前内史叔服出访鲁国,公孙敖听说他会相面,就让自己的两个儿子拜见他。叔服说:"谷嘛将供养您,难嘛将殓葬您。谷啊长得下巴丰满,一定会有后代在鲁国继承他。"等到穆伯年老了,果然是文伯在家奉养;他死了,果然是惠叔主持丧事;而鲁国终究立了献子,让他来延续孟氏的后代。至于王孙说端相侨如,子上考察商臣,子文担心越椒,叔姬厌恶食我,单襄公洞察晋厉公,子贡观察郕、鲁之君,臧文仲听见御说的话后作的判断,陈咸见到张某后作的推测,这些都是贤能之人、通达之士用善于思考的脑子来审察,所以其推测就没有不得当的了。至

以善心,无不中矣。及唐举之相李兑、蔡泽[16],许负之相邓通、条侯[17],虽司命班禄追叙行事,弗能过也。

于唐举给李兑、蔡泽看相,许负给邓通、条侯看相,即便是司命神确定俸禄等级时追述功臣过去所做的事,那准确度也不能超过他们啊。

注释

1 **内史**:官名,协助天子管理爵禄废置等政务。　**叔服**:周襄王至周定王时的内史,善于占星相面。　**过**:访问。

2 **公孙敖**:鲁国大夫,鲁桓公之孙,孟氏,谥穆,故又称"孟穆伯"。

3 **见**:使动用法。

4 **谷**:鲁国大夫,公孙敖之子,名谷,谥文,为长子,故史称文伯、孟文子。　**食**(sì):供养。

5 **难**:鲁国大夫,公孙敖之子,谥惠,为次子,故史称惠叔。

6 **哭**:当作"丧"。

7 **竟**:终,结果。文伯死后,其子蔑年幼,所以鲁国同意文伯的请求而先立了其弟惠叔,后来才立了蔑,故此文说"竟"。　**献子**:鲁国大夫,文伯之子,名蔑,死后谥献,故又称孟献子。

8 **王孙说**:周王朝的大夫,善于相面。公元前578年,叔孙侨如至周,王孙说见到后对周简王说:"叔孙侨如的容貌长得上方而下尖,大概会冒犯人的。"　**乔如**:又作侨如,叔孙氏,鲁国大夫,他淫荡奢侈,因想驱逐季氏、孟氏以独霸鲁国政权而被驱逐出境。

9 **子上**:楚国大夫。楚成王想立商臣为太子的时候,曾征求过子上的意见。子上说:"商臣这个人,眼睛长得像胡蜂,说话的声音像豺狼,是个残忍之人,不可以立为太子。"　**幾**(jī):通"讥",考察。　**商臣**:楚成王之长子,先被成王立为太子。公元前626年,成王想立王子职为太子而废掉商臣,商臣发现后起兵攻打成王,迫使成王自杀。商臣于是自立为王,即楚穆王。

10 **子文**:即斗谷於菟,曾任楚国令尹。其弟司马子良生子越椒时,子文说:"必须杀死他!这小子长得像熊、虎,说话的声音像豺狼。若不杀,一定会灭掉若敖氏。谚语说:'狼子野心。'这小子就是狼,怎么能养他呢?"子良未杀,子文一直为此忧虑。　**越椒**:即斗椒,字子越。令尹子文死后,他先任司马,接着任令尹,后来又当司马。他心怀不满,就在公元前605年率领若敖氏家族攻打楚庄王,结果若敖氏被灭。

11 **叔姬**:指叔向的母亲。　**食我**:春秋时晋国大夫,叔向的长子。食我出生时,叔向的嫂子去告诉叔姬说:"叔向生了儿子。"叔姬去看他,走到堂屋,听见食我的哭声转身便走,说:"这是豺狼的声音啊。狼子野心。除他之外,是没有人能灭掉羊舌氏家族的。"后来,食我因帮助祁盈杀祁胜而被晋君所杀,羊舌氏同时被灭。

12 **单(shàn)襄公**:周王朝的卿士。公元前575年,诸侯会师伐郑,单襄公见晋厉公视远步高,便对鲁成公说:"晋将有乱。因为与诸侯相会是件大事,如果国中没有什么灾难,国君的步、言、视、听,一定没有什么可挑剔的。现在晋君眼观远方而步子跨得高高的,目光脚步不相合,他的心一定在想其他事情了,哪能持久呢?"　**晋厉**:晋厉公,因内乱而被栾书、中行偃所杀。

13 **子贡**:孔子弟子,能言善辩,曾任鲁、卫相。　**邾**:指邾国国君邾隐公,公元前488年被鲁国打败而被俘,次年获释后因荒淫无道又被吴国所囚。吴国拥立太子革为邾君。后来他又奔鲁,奔齐。公元前473年奔越,越国人送他回国重新执政。公元前471年,因无道而被越国人抓了去,越国拥立公子何(太子革之弟)为邾君。　**鲁**:指鲁定公。公元前495年春,邾隐公到鲁国朝见定公,子贡在旁观看,见邾隐公抬着头,将玉器(礼品)拿得高高的;而定公低着头,卑身接受玉器。子贡说:"这二君会死去逃亡,因为正月朝见,而二君的做法都不合法度。好事做得不得体,哪能长久呢?抬头高举,是骄傲,将会有变乱;低头卑身是自弃,将会有疾病。定公是主人,大概会先死吧。"结果定公过了四个月就死了。

14 **臧文**:即臧文仲,春秋时鲁国大夫。　**御说(yuè)**:宋闵公之弟,后来被立为宋国国君,即宋桓公。公元前683年,宋国发生严重水灾,鲁庄公派人去慰问,宋闵公回答曰:"孤实不敬,所以上天降灾,蒙您牵挂,实不敢当。"臧文仲听说后说:"宋国要兴盛了! 因为诸侯碰到凶年灾荒而自称孤,是合乎礼的,而且说话又那样戒惧。"后来听说此言出自公子御说,臧孙达(臧文仲的祖父)说:"这个人应该做君主了,因为他有体恤民众之心。"

15 **陈咸**:成帝、哀帝间为尚书,熟《易经》。

16 **唐举**:战国时梁(魏国)人,善于相面。　　**蔡泽**:战国时燕国人,曾游说各国诸侯而不被赏识,就去唐举处相面,说:"我听说先生给李兑看相时说:'百日之内就能掌握国家大权。'有这种事吗?"唐举:"有。"蔡泽说:"像我这个人会怎么样呢?"唐举细看后笑着说:"先生鼻孔朝天,肩膀宽阔,额角凸出,眉毛连到鼻子上,膝部弯曲内盘腿。我听说圣人是没有什么相貌的,大概就像先生这样吧。"并推测他可以再活四十三年。后来他入秦说范雎,因而见到昭王,被用为客卿。公元前255年,范雎谢病免相,他任秦相,不久辞去相位,封纲成君。

17 **许负**:汉初老妇人,善于相面,汉高祖封她为鸣雌亭侯。周亚夫尚未封侯时,许负曾给他相面,说他三年后封侯,再过八年为将相,掌握国家大权,再过九年会饿死。结果果然如此。　　**条侯**:即周亚夫。许负给他相面后三年,封为条侯。他当将军驻扎细柳时,军令严明,文帝称他为真将军。景帝时任太尉,平定吴楚七国叛乱,迁为丞相。因为几次劝阻景帝而得罪景帝,谢病免相。后被诬谋反,绝食五日,呕血而死。

原文

虽然,人之有骨法也,犹万物之有种类、材木之有常宜[1]。巧匠因象,各有所授[2]。曲者宜为轮[3],直者宜为舆,檀宜作辐,榆宜作毂[4],此其正法通率[5]也。若有其质,而工不材[6],可如何?

译文

虽然如此,人有骨骼的模式,就像万物有种类、木材有一定的用处一样。技艺高超的工匠根据其形状来施工,各种木材都有一定的安排。弯曲的适合做轮辋,平直的适合做车厢,檀木适合做辐条,榆木适合做轮毂,这是那正常的法度与通常的准则。如果有了理想的质料,但工匠不进行加工,又能怎么样呢? 所以凡是看相的人,只能

故凡相者,能期其所极[7],不能使之必至。十[8]种之地,膏壤虽肥,弗耕不获;千里之马,骨法虽具,弗策不致。

预测命运的趋向,却不能使它一定成为事实。多年耕种的土地,那养分丰富的土壤虽然肥沃,但是不耕种就不会有收获;日行千里的骏马,骨骼的样子虽然具备了,但是不鞭策就不能到达目的地。

注释

1 **常**:符合常规的,一定的。 **宜**:适合,合用。此用作名词,表示合宜的用处。
2 **授**:委任。
3 **轮**:指轮辋(wǎng),即车轮周围的边缘部分。
4 **毂**(gǔ):车轮中心的圆木,其周围与车辐的一端相接,中有圆孔用以插轴。
5 **率**(lǜ):规格,准则。
6 **材**:通"裁",裁制,指加工制造。
7 **极**:至。
8 **十**:非实数,泛指多。

原文

夫瓠[1]而弗琢,不成于器;士而弗仕,不成于位。若此者,天地所不能贵贱、鬼神所不能贫富也。或王公孙子,仕宦终老,不至于谷[2];或庶隶厮贱[3],无故腾跃,穷极爵位。此受天性命,当必然者也。《诗》称"天

译文

瓠如果没经过雕琢,就不会成为器皿;士人如果不去做官,就不会有地位。像这样的情况,是天地也不能使之贵贱、鬼神也不能使之贫富的啊。有些天子诸侯王的子孙,混迹于官场一直到老,也没能弄到爵禄;有些平民奴隶仆人下等人,无缘无故地飞黄腾达,取得了最高的爵位。这是秉受了上天赋予的天性、与命运,是一定会这样的啊。《诗经》说"上天预示难相信",可见天

难忱斯",性命之质[4],德行之招,参错授[5],不易者也。

性、命运所确定的人的归宿,德行所确定的人的归宿,这两者是交错地作用于人的,这可是不会移易的天经地义啊。

注释

1 觚(gū):古代一种酒器,形体呈长圆形,口部与底部呈喇叭状,由木工雕琢而成。
2 至:得。 谷:禄。
3 庶:百姓,平民。 隶:奴隶,供贱役的人。 厮:干粗杂活的奴仆。 贱:卑贱,指地位低微的人。
4 质:质的,箭靶的中心,引申为目标、归宿。
5 参(cēn)错:参差交错。 授:当作"授之",指授予人。

原文

然其大要,骨法为主,气色为候。五色[1]之见,王废有时[2]。智者见祥,修善迎之;其有忧色,循[3]行改尤。愚者反戾,不自省思,虽休征见相,福转为灾。於戏君子,可不敬哉?

译文

这样看来,看相的要点是,骨骼的样式是命运的主宰,血气、脸色是命运的征兆。五种颜色的显现,其兴旺与衰败都有一定的时节。明智的人看到吉利的征兆,就增进自己的美德来迎接这吉利的前途;他如果有了值得忧虑的血气、脸色,就讲求德行改掉过错。愚蠢的人反常乖戾,不自己反省反省考虑考虑,所以即使有美好的征兆出现在他的相貌上,那福气也会转变为灾祸。哎,君子,能不谨慎吗?

注释

1 五色:青、黄、赤、白、黑五种颜色,此指脸色而言。古代五行家将五色与五行相配合,即青配木,黄配土,赤配火,白配金,黑配水。
2 王废有时:兴旺与衰败有一定的时节,即:春季青色王,赤色相,白色囚,黄色、黑色死。夏季赤色王,白色、黄色相,青色死,黑色囚。秋季白色王,黑色相,赤色死,青色、黄色囚。冬季黑色王,青色相,白色死,黄色、赤色囚。王,汉代阴阳五行家认为,在不同的季节,木、火、土、金、水五行的兴旺衰败是不同的。他们用"王""相""死""囚""休"等概念来描述其兴衰。"王"原指帝王,引申指五行中的一行在该时占统治地位、旺盛;"相"原指宰相,是"王"的得力助手,引申指"王"所生的一行开始壮大;"死"指"王"所反对的一方死亡,引申指"王"所克的一行丧失生命力;"囚"指"相"所反对的一方被禁锢,引申指"相"所克的一行开始受到制约而生命力渐弱;"休"原指"王"的父亲年老退休,引申指生"王"的一行生命力衰退而罢休。废,衰败,指"死""囚"之类。

3 循:当作"修"。

第七卷

梦 列

导读

梦列：论梦。文章主要论述了梦的类型及圆梦的方法，认为人的吉凶祸福并非只取决于梦，而最终还是取决于其德行。

文章首先论述了十种类型的梦：直接应验之梦、象征之梦、精诚之梦、思念之梦、因人而异之梦、气候感化之梦、顺应季节之梦、相反之梦、病症之梦、性情之梦。这些是圆梦时必须掌握的要点。至于对梦境的分析要领是：梦境的好坏直接象征着现实的吉凶。但是，梦境毕竟是一种神志不清醒时的模糊意象，所以有的梦并没有什么应验，因此不能只凭梦境来判断事情。只有鬼魂和神灵的托梦才有应验。当然，即使是这些神奇的梦，或因为做梦者不能把它们全说出来，或因为占梦者不能触类旁通地应用占梦书上的原理，所以有时候占梦也会出现差错。占梦时只有谨慎地对待梦中出现的事故，弄清其征候，考察做梦者的情绪、意念以及五行的兴替，才能大致准确地推断出吉凶。当然，这推断出来的吉凶也并不是确定不移的，它的实现与否还取决于人的德行。修德戒惧者能逢凶化吉，放纵怠慢者会因福得祸。所以，无论做了什么梦，不必去占问善恶，只要修身反省，以德迎之，就会上上大吉。可见，本篇的主旨不过是劝人修身积德而已。

原文

凡梦：有直，有象，有精，有想，有人，有感，有时，有反，有病，有性。

译文

凡是梦：有直接应验之梦，有象征之梦，有精诚之梦，有思念之梦，有因人而异之梦，有气候感化之梦，有顺应季节之梦，有相反之梦，有病症之梦，有性情之梦。

原文

在昔武王，邑姜方震太叔[1]，梦帝谓己："命尔子虞，而与之唐[2]。"及生，手掌曰"虞"[3]，因以为名。成王灭唐，遂以封之。此谓直应之梦也。

《诗》云："惟熊惟罴，男子之祥。惟虺惟蛇，女子之祥。"[4]"众惟鱼矣，实惟丰年。旐惟旟矣，室家溱溱。"[5] 此谓象之梦也。

孔子生于乱世，日思周公之德，夜即梦之。此谓意精之梦也。

人有所思，即梦其到；有忧，即梦其事。此谓记想之梦也。

今事，贵人梦之即为祥，贱人梦之即为妖；君子梦之即为荣，小人梦之即为辱。此谓人位之梦也。

晋文公于城濮[6]之战，梦楚子伏己而盬其脑[7]，是大恶也。及战，乃

译文

在过去周武王统治的时候，邑姜刚怀太叔，梦见上帝对自己说："我给你的儿子取名为虞，并且给他唐国。"等到孩子生下来，手掌上的纹路成"虞"字，就把它作为孩子的名字。成王消灭了唐国，就把它封给了叔虞。这叫作直接应验的梦。

《诗经》上说："梦中所见是熊罴，那是生男的吉兆。梦中所见是虺蛇，那是生女的吉兆。""梦见人众和鱼啦，定是丰收年成佳。梦见龟旗与鸟旗，家庭兴旺人增加。"这叫作象征性的梦。

孔子生在混乱动荡的时代，整日思念周公的仁德，夜里就梦见了他。这叫作意念精诚招致的梦。

人有了思念的人或物，就会梦见他们的到来；有了忧愁，就会梦见忧愁的事。这叫作记忆思念导致的梦。

现在有一件事情，地位高贵的人梦见它就被认为是吉利的征兆，地位低下的人梦见它就被认为是凶险的征兆；有德的君子梦见它就被认为是一种光荣，无行的小人梦见它就被认为是一种耻辱。这叫作人的地位所决定的梦。

晋文公在城濮之战中，梦见楚国国君趴在自己身上吸自己的脑浆，这是很凶险的啊。但到打仗的时候，却取得了重大的

大胜。此谓极反之梦也。

阴雨之梦使人厌[8]迷,阳旱之梦使人乱离[9],大寒之梦使人怨悲,大风之梦使人飘飞。此谓感气之梦也。

春梦发生,夏梦高明,秋冬梦熟藏。此谓应时之梦也。

阴病[10]梦寒,阳病[11]梦热;内病[12]梦乱,外病[13]梦发;百病之梦,或散或集。此谓病气之梦也。

人之情心好恶不同,或以此吉,或以此凶。当[14]各自察,常占[15]所从。此谓性情之梦也。

胜利。这叫作极其相反的梦。

阴天下雨时的梦使人感到压抑迷茫,晴天干旱时的梦使人感到烦乱松散,十分寒冷时的梦使人感到怨恨悲伤,刮大风时的梦使人感到飘忽似飞。这叫作被气候感化的梦。

春季里梦见发芽生长,夏季里梦见高空明亮,秋季、冬季里梦见庄稼成熟收藏。这叫作顺应季节的梦。

阴盛阳衰的病人会梦见寒冷,阳盛阴衰的病人会梦见炎热;内伤七情的病人会梦见心慌意乱,外受六淫的病人会梦见症状并发;各种病人的梦境,有的较为分散,有的较为集中。这叫作得病于邪气而做的梦。

人们的好恶并不相同,有人认为这个梦吉利,有人认为这个梦凶险。就像这样各人自己进行审察,并常常根据自己所依从的观念来预测吉凶。这叫作根据自己的性情来解释的梦。

注释

1. **邑姜**:周武王的王后,齐太公姜尚之女。 **震**:通"娠",怀孕。 **太叔**:周武王之子,周成王将他封为唐侯,称唐叔虞。
2. **唐**:古国名,地在今山西太原西南古晋阳城。
3. **手掌曰"虞"**:指手掌上的纹路成"众(虞)"字形。曰,犹"有"。
4. **羆**(pí):棕熊。 **虺**(huǐ):古代传说中一种生有多个头的毒蛇。以上四句见《诗经·小雅·斯干》,原为占梦之辞。
5. **旐**(zhào):画有龟蛇的旗。 **旟**(yú):画有鸟隼的旗。 **蓁蓁**(zhēnzhēn):众多的样子。以上四句见《诗经·小雅·无羊》,原为占梦之辞。

6 **城濮**:春秋时卫国的城邑,在今山东鄄城西南之临濮。公元前632年,晋文公联合齐、宋、秦等国,败楚军于此。

7 **楚子**:指楚成王。 **盬**(gǔ):模拟吸饮之声的象声词,这里用作动词。

8 **厌**(yǎn):"魇"(yǎn)的古字,梦中受到惊骇而感到压抑、呼吸困难。

9 **离**:分散,指心不在焉而精力不能集中。

10 **阴病**:因为人体阴盛阳衰而出现阴症(如四肢发冷,面色青白,口唇淡白,口不渴,舌苔湿润,声低气微,脉搏沉细,小便清长,大便稀溏)的病。

11 **阳病**:因为人体阳盛阴衰而出现阳症(如身上发热,面色潮红,口唇干燥,舌苔干燥,声高气粗,脉洪大而快,小便发红,便秘)的病。

12 **内病**:由内因造成的疾病。中医把一切致病因素分为内因、外因、不内外因三类。所谓内因,就是喜、怒、忧、思、悲、恐、惊等七情的总称。如果人受到的刺激太大,会内伤七情而致病。

13 **外病**:由外因造成的疾病。所谓外因,就是风、寒、暑、湿、燥、火等六淫的总称。风、寒、暑、湿、燥、火等六种"气"在一定的限度内变化,对人是无害的,但它们变化反常的时候就会成为致病的邪气,被称为"外邪"或"六淫"。

14 **当**:语助词,犹"乃"。

15 **占**:根据某些迹象(如梦境、星象、云气、卦象、龟甲的兆纹等)来预测吉凶。

原文

故先有所梦,后无差忒[1]者,谓之直。比拟相肖,谓之象。凝念注神,谓之精。昼有所思,夜梦其事,乍吉乍凶,善恶不信者,谓之想。贵贱贤愚,

译文

所以先有了梦境,后来发生的事情和它毫无差错的,我称它为直接应验之梦。将梦境与事实比较一下十分相像,我称它为象征之梦。聚精会神地思念而导致的梦,我称它为精诚之梦。白天有所思念,夜里就梦见了那件事情,忽而吉利忽而凶险,其好坏并不真实的梦,我称它为思念之梦。高贵者与卑贱者、贤人与蠢才、男人和女人、成人和少年的梦意义各不相同,我称它为因人而

男女长少,谓之人。风雨寒暑,谓之感。五行王相,谓之时。阴极即吉[2],阳极即凶,谓之反。观其所疾,察其所梦,谓之病。心精[3]好恶,于事有验[4],谓之性。凡此十者,占梦之大略也。

异之梦。刮风时、下雨时、寒冷时、炎热时做的梦各不相同,我称它为气候感化之梦。随着木、火、土、金、水这五行的更迭兴旺新生而所梦不同,我称它为顺应季节之梦。梦中阴气达到了极点却反而吉利,阳气达到了极点却反而凶险,我称它为相反之梦。按照他所患的疾病,来察见他所梦见的东西,我称它为病症之梦。人的情怀好恶不同,对梦见的事情也就有不同的体验,我称它为性情之梦。所有这十个方面,便是圆梦的大要。

注释

1 **差忒**(tè):差错,失误。
2 **阴**:阴气,指祸。 **即**:犹"则",表示转折。
3 **精**:通"情"。
4 **验**:考察。

原文

而决吉凶者,之类以多反[1],其何故哉?岂人觉为阳,人寐为阴,阴阳之务相反故邪?此亦谓其不慎者尔。借如使梦吉事而己意大喜乐,发于心精[2],则真吉矣。梦凶事而己意大恐惧,忧悲发于心精,即真恶[3]矣。所谓"秋冬梦死伤

译文

然而,判断梦境吉凶的人,也大多违反了这些法则,那是什么缘故呢?难道是人醒着时属于阳,人睡着了属于阴,阴阳的事情不相一致的缘故吗?这不过是针对那些对梦境毫不在意的人所出现的情况而说的啊。假如梦见了吉利的事而自己心中十分喜悦快乐,喜悦快乐从心里产生出来,那就真的吉利了。假如梦见了凶险的事而自己心中十分恐怖害怕,忧愁悲哀从心里产生出来,那就真的凶险了。通常所说的"秋天、冬天

也吉"者,顺时也。虽然,财⁴为大害尔,由弗若勿梦也。

梦见死亡受伤的事是吉利的",这是因为这种梦顺应了季节。但即使这样,它也只是一种很大的祸害罢了,还不如不梦见它。

注释

1 **之**:这。　**类**:法式,条例。　**以**:犹"亦"。
2 此句当作"喜乐发于心精"。
3 **恶**:凶。
4 **财**:通"才",只。

原文

凡察梦之大体:清洁鲜好,貌坚体健,竹木茂美,宫室器械新成方正,开通¹光明,温和升上,向兴之象,皆为吉喜,谋从事成。诸臭污腐烂,枯槁绝雾²,倾倚攲邪³,剸刵⁴不安,闭塞幽昧,解落⁵坠下,向衰之象,皆为⁶,计谋不从,举事不成。妖孽怪异⁷,可憎可恶之事,皆为忧患。图画胎卵,刻镂非真,瓦器虚空,皆为见欺绐。倡优俳儛⁸,侏⁹小儿,所戏弄

译文

大致说来,考察梦境来推测吉凶的要点是:梦见物品清洁、新鲜、美好,人的外貌结实、身体健壮,竹木茂盛、肥美,宫殿、房屋、器具刚刚造好而方正不歪,社会开化,气候温和、自身上升,以及各种趋向于兴旺的情景,都是吉利喜庆的,预示着计谋会被听从、事情会办成功。梦见各种东西腥臭、肮脏、腐烂,人的形貌憔悴、体质衰弱,竹木倾倒歪斜,宫殿、房屋动摇不安,社会闭塞黑暗,从高处掉下来,以及各种趋向于衰败的情景,都是凶险而值得忧虑的,预示着计谋不会被听从,做事不会成功。梦见妖孽怪异,以及可恨可恶的事物,都是值得忧虑的。梦见图画胚胎、禽蛋,以及雕刻之类不真实的东西,与陶器之类空虚的东西,都是要受欺骗的象征。梦见唱歌、演戏、说滑稽、跳舞的演员,供人戏弄的侏儒小孩,以

之象,皆为观笑。此其大部[10]也。

及各种被戏弄的情形,都是要被观赏调笑的象征。这些就是考察梦境来推测吉凶的要点。

注释

1 **开通**:指交通便利、思想解放、社会开化。
2 **绝**:断绝,没有。 **雾**:通"敄"(wù),强。
3 **邪**:通"斜"。
4 **劓刖**(yìyuè):动摇。
5 **解**(xiè)**落**:高地。
6 "为"下当脱"凶忧"二字。
7 **妖孽怪异**:指反常奇异而不吉利的事物。
8 **倡**(chāng)**优**:歌唱演杂戏的艺人。 **俳**(pái):演滑稽戏的艺人。
9 **侯**:"偄"字之形讹,其上当脱"侏"字。偄,同"儒"。"侏儒"即发育异常而身材特别矮小的人,古代常用来供人取乐。
10 **大部**:大体。

原文

梦,或甚显而无占[1],或甚微而有应,何也?曰:本[2]所谓之梦者,困不了[3]察之称,而懵愦冒名也[4]。故亦不专信以断事。人相对计事,起而行之,尚有不从,况于慌忽[5]杂梦,亦可必乎?唯其时有精诚之所感薄、神灵之所告者[6],乃有占尔。

译文

人们的梦,有的很明显却没有应验,有的很隐微却有应验,这是为什么呢?这是因为:推究通常所说的梦,本来就是一个表示困倦而并不明白清楚的名称,是一个表示懵懂、昏乱、糊涂的名词。所以,也就不能专门相信用它来判断事情。人们面对面地谋划好了事情,起身去做,尚且还有不如愿的,更何况是模糊不清、杂乱无章的梦境,哪能一定成为现实呢?只有在做梦的时候有鬼魂感动迫临而导致的梦以及神灵来告语而导致的梦,才有应验啊。

梦列 | 263

注释

1 **占**:验。
2 **本**:原,推究根源。
3 **了**:明白。
4 **懵**(měng):懵懂,糊涂。　**愦**(kuì):昏乱。　**冒**:通"瞀"(mào),眼睛不明亮,引申为昏愦、糊涂。
5 **慌忽**:即"恍惚",神志不清,糊涂。
6 **精诚**:精神、灵魂,此指鬼魂。古代"魂""魄"有别,"魂"是能离开身体而存在的精神,"魄"是依附于躯体的精神。古人认为,人的身躯死了,灵魂不死而化成了鬼魂。　**薄**:迫近。

原文

是故君子之异梦,非妄而已也,必有事故焉。小人之异梦,非桀[1]而已也,时[2]有真祥焉。是以武丁[3]梦获圣而得傅说,二世梦白虎而灭其封[4]。

译文

所以有德的君子做了鬼神所托的奇异的梦,并不是一种虚妄啊,在那梦境中一定会有那事实出现的。无行的小人做了鬼神所托的奇异的梦,并不是一种离奇啊,在那梦境中实会有真实的征兆出现的。因此武丁梦见获得圣人而得到了傅说,秦二世梦见白虎而自己的国家灭亡了。

注释

1 **桀**:当为"乖"字之误,是背离、不一致的意思。
2 **时**:犹"乃"。
3 **武丁**:商代帝王。殷商自盘庚死后,国势衰落。武丁即位后,一心想复兴殷朝,但没有一个得力的辅佐,所以三年沉默不言而留意于访求贤人,结果梦见自己找到一个圣人名为"说"。他审视朝廷百官,均非梦中所见,于是命百官四处寻找,结果找到了傅说。武丁一见,果然是梦中之人;再与他一谈,果真是圣人。于是任命他为宰相,勤修政事,殷朝又强盛了。

4　**二世梦白虎而灭其封**：公元前207年,秦二世梦见一只白虎咬死了他的左骖马,便去占梦。占梦的人说:"这是泾水的水神在作怪。"于是他去望夷宫斋戒,想将四匹白马作为祭品沉入泾水中来祭其神,结果被赵高设计逼死在望夷宫。封,邦。

原文

夫奇异之梦,多有故而少无为者矣。今一寝之梦,或屡迁化,百物代至,而其主不能究道之,故占者有不中也。此非占之罪也,乃梦者过也。或言梦审矣,而说者不能连类博观,故其善恶有不验也。此非书之罔,乃说之过也。是故占梦之难者,读其书为难也。

译文

那些奇异的梦,大多有一定的根由而很少是无缘无故的。现在睡一觉所做的梦,有的多次发生变化,各种事物交替来临,而那做梦的人不能够彻底地把它们全说出来,所以圆梦的人有时候就说不准了。这并不是圆梦者的罪过,而是做梦者的过失啊。有的做梦者陈述梦境已经很周详清楚了,但是解说的人却不能够联系类似的情况广泛地考察,所以他们推断的善恶有时候不能应验。这并不是占梦之书在骗人,而是解说者的过错啊。所以占梦的困难,难在读懂那些占梦的书啊。

原文

夫占梦,必谨其变故,审其征候,内考情意,外考王相,即吉凶之符、善恶之效,庶可见也。

译文

占梦,一定要谨慎地对待梦中所出现的灾难事故,弄清楚它的征候,对内考察做梦者的情绪意念,在外考察五行的兴旺新生,那么吉凶的征兆、善恶的效验,差不多就可以看出来了。

原文

　　且凡人道,见瑞而修德者,福必成;见瑞而纵恣者,福转为祸;见妖而骄侮者,祸必成;见妖而戒惧者,祸转为福。是故太姒[1]有吉梦,文王不敢康[2]吉,祀于群神,然后占于明堂[3],并拜吉梦,修发[4]戒惧,闻喜若忧,故能成吉以有天下。虢公梦见蓐收[5]赐之土田,自以为有吉,囚史嚚[6],令国人贺梦,闻忧而喜,故能成凶以灭其封。

译文

　　再说,大凡人类社会中的规律是:看见了吉祥的征兆而修身积德的,那福气就一定会成为现实;看见了吉祥的征兆而放纵恣睢的,那福气就会转变成灾祸;看见了凶险的征兆而骄纵怠慢的,那灾祸就一定会成为现实;看见了凶险的征兆而警惕畏惧的,那灾祸就会转变成福气。所以太姒做了吉利的梦,文王不敢沾沾自喜于这吉利的征兆,因而祭祀群神,然后在庙堂占卜,和太子姬发一起为神灵托给如此吉利的梦而作揖拜谢,使太子发养成警惕畏惧之心,他们听到了喜讯就像听到了值得忧虑的祸患一样,所以能够成就吉利的事情而拥有了统治天下的大权。虢公梦见蓐收赐给他土地,自以为有了吉利的征兆,就囚禁了史嚚,让全国的人都来庆贺他的美梦,他听到了值得忧虑的祸患却沾沾自喜,所以会酿成凶险的事情而使自己的国家灭亡了。

注释

1 **太姒**(sì):周文王之妻,武王母,也称文母。
2 **康**:乐。
3 **明堂**:古代帝王宣明政教的地方。凡朝会、祭祀、庆赏、选士、养老、教学等大典,均在此举行。
4 **发**:即太子发,就是后来的周武王。
5 **蓐收**:西方主管刑杀的神。
6 **史嚚**(yín):虢国的太史,名嚚。

原文

《易》曰:"使知惧,又明于忧患与故。"[1] 凡有异梦感心以及人之吉凶,相之气色,无问善恶,常恐惧修省,以德迎之,乃其逢吉,天禄永终。

译文

《周易》说:"使人知道戒惧,又明白忧患与事故。"凡是有奇异的梦震动了人的心灵并涉及人的吉凶祸福,只要仔细察看他的面色,不要叫他去占问好坏,使他常常诚惶诚恐地修身反思,用自己的德行去迎接它,那就会使他处处碰到吉利,天赐的福禄将长久地享受到逝世。

注释

1 引文见《周易·系辞下》。

释 难

导读

释难:解释疑难。文章主要针对古人一些有失偏颇的说法在当时所引起的思想混乱和疑惑问难,以问答的形式作了解释和开导,阐明了问题的实质,同时也宣扬了作者的政治思想。

首先,王符针对韩非关于尧、舜不可两誉的说法作了辩驳。他认为,矛要伤人,盾要保护人,它们的本质属性是相互对立的;而尧与舜的关系根本不同于矛与盾,他们都奉行仁爱之道,不但互不妨害,而且能相辅相成而使天下太平,所以他们都是值得赞美的圣贤。韩非用矛盾的比喻来责难尧、舜,实在是不懂得类比。

其次，王符针对陈贾关于周公非不仁即不智的论调作了辩解。他认为，周公任用管、蔡而又诛之，类似于上天让桀、纣做了帝王而又灭之，无所谓不仁不智。周公为了维护王室而秉公执法、大义灭亲，实是遵循了正确的政治原则。

再次，王符针对秦子将学习与耕作对立起来而轻视学习的想法作了开导。他认为，耕作虽是关系到吃饭问题的根本大事，但学习又是耕作的根本，所以贤人君子应该去学习，去培养自己的德行而成为仁义之人，从而致力于使天下太平，让君臣百姓都能安定。当然，这也是为了君子自己的幸福，因为只有保护好了大家，才能同时保护自己。王符就是这样来开导人们，鼓动贤人君子肩负起这利国利民又利己的治国重任，将混乱的国家治理好。

原文

庚子问于潜夫曰："尧、舜道德，不可两美，实若《韩子》戈伐之说邪？"[1]

译文

庚先生问潜夫说："尧、舜两人的道德，不可以同时受到赞美，真像《韩非子》中关于戈矛和盾戵不可以同时被赞美的说法一样么？"

注释

1 **潜夫**：是王符给自己取的号。《**韩子**》：即《韩非子》，战国时韩非所撰，汉代习称《韩子》。　**戈伐之说**：即"矛盾之说"。《韩非子·难一》先叙述了舜以身作则，用道德去感化百姓使之去邪归善的事迹，然后责难说："当时尧为天子。如果尧是英明的圣人，那么天下就不会有奸邪，舜又何必用道德去感化百姓呢？舜去感化百姓使之去邪归善，那就说明尧有过失。如果认为舜贤能，就得否定尧的明察；如果认为尧圣明，就得否定舜的德化。尧、舜不能同时被赞美。楚国有个人卖盾和矛，赞美他的盾说：'我的盾很坚固，没有什么能刺穿它。'又赞美他的矛说：'我的矛很锐利，什么东西都能刺穿。'有人问：'用你的矛刺你的盾，会怎样？'那人也就不能回答了。因为刺不穿的盾和什么都能刺穿的矛是不可能同时存在的。尧、舜不可两誉，犹如这矛盾之说。"戈，是一种有横刃的兵器,与矛不同,但戈在秦以后逐渐消失,所以东汉人不再严加区别而用"戈"指称"矛"。伐,通"瞂"(fá)。

原文

潜夫曰:"是不知难而不知类[1]。今[2]夫伐者,盾也,厥性利;戈者,矛也,厥性害。是戈为贼,伐为禁也。其不俱盛,固其术也。夫尧、舜之相于,人也,非戈与伐也。其道同仁,不相害也。舜[3]、伐何如弗得俱坚?尧、伐[4]何如不得俱贤哉?且夫尧、舜之德,譬犹偶烛之施明于幽室也,前烛即尽照之矣,后烛入而益明。此非前烛昧而后烛彰也,乃二者相因[5]而成大光。二圣相德[6]而致太平之功也。是故大鹏之动,非一羽之轻也;骐骥之速,非一足之力也。众良相德,而积施乎无极也[7]。尧、舜两美,盖其则也。"

译文

潜夫说:"韩非这个人,既不懂得辩难,也不懂得类比。那瞂嘛,就是盾,它的本质属性就是给人好处;戈嘛,就是矛,它的本质属性就是伤害人。这样看来,戈矛是进行杀害的,盾瞂是禁止杀害的。它们不能同时强过对方,本来就是它们的技能所决定了的。至于那尧、舜的相处,是人与人之间的关系,而不是戈矛与盾瞂的关系。他们的思想原则同是仁爱,是不会互相妨害的。盾、瞂为什么不能都坚固?尧、舜为什么不能都贤能?再说那尧、舜的道德,打个比方来说,就像两支蜡烛在黑暗的房间里发出亮光一样,前一支蜡烛就把它全照亮了,后一支蜡烛拿进去以后房间就更加明亮。这并不是前一支蜡烛昏暗而后一支蜡烛明亮,而是两支蜡烛相加才形成了强大的亮光。尧、舜两位圣人也是互相配合才取得了天下太平的功业啊。所以大鹏的飞动,并不是只靠了一片羽毛的轻便;骏马的飞奔,并不是只靠了一只脚的力量。众多的优秀人才互相配合,那么功绩就会流传到无穷。尧、舜两人同时受到赞美,大概是由于这种法则吧。"

注释

1. 是:这,指韩非。 难(nàn):对前人的言论或行事进行辩驳与责难。
2. 今:犹"夫",提示之词。
3. 舜:当作"盾"。
4. 伐:当作"舜"。
5. 因:连接。
6. 德:通"得",合。下同。
7. 积:通"绩",功业。 施(yì):延续。

原文

伯叔曰:"吾子¹过矣!韩非之取矛盾以喻者,将假其不可两立以诘尧、舜之不得并之势,而论其本性之仁与贼,不亦失是譬喻之意乎?"

译文

伯叔说:"您错了。韩非之所以拿矛和盾来作比喻,是要借它们的势不两立来责备尧、舜不得有并列的权势,而您却谈论其本性的仁爱与伤害,不也违背了这比喻的旨意了么?"

注释

1. 子:男子之美称。

原文

潜夫曰:"夫譬喻也者,生于直告之不明,故假物之然否以彰之。物之有然否也,非以其文也,必以其真也。今子举其实文之性¹以喻,而欲使鄙也释其文,鄙也惑焉。

译文

潜夫说:"比喻这种东西,产生于直截了当地述说不能使人明白,所以借助具体事物的是非来显示那述说中所蕴含的道理。事物有是非,并不是取决于对它的文辞解说,而必须依据它的本质。现在您举出它的实质及对它的文辞解说这两方面的特性来说明其比喻,却要让鄙人只去解释其中的文辞解说,鄙人对此实在感到困惑不解。况且我听说:'别人询

且吾闻:'问阴对阳,谓之强[2]说;论西诘东,谓之强难。'子若欲自必[3]以则,昨反思,然后求。无苟自强!"

问阴而你回答阳,这叫作牵强的解说;别人议论西而你责问东,这叫作牵强的辩难。'您如果想要用比喻方面的规则来肯定自己的说法,那还是提前一天好好反省一下,然后再去寻求其结论吧。不要苟且地自高自大来强辩!"

注释

1 **其实文之性**:即"其实之性"与"其文之性"。"其实之性"指矛、盾的本质属性,即上文所说的盾性利、矛性害。"其文之性"指对矛、盾进行解说时所具有的特性,即上文所说的"不可两立"。实,实质,本质。
2 **强**(qiǎng):勉强,牵强。
3 **必**:肯定。

原文

庚子曰:"周公知管、蔡之恶,以相武庚[1],使肆厥毒,从而诛之,何不仁也!若其不知,何不圣也!二者之过,必处一焉。"

译文

庚先生说:"周公知道管叔、蔡叔的邪恶,还让他们去辅佐武庚,使他们放肆作恶,然后再去惩罚他们,这是多么地不仁慈啊!如果他不知道管叔、蔡叔邪恶,那又是多么地不英明啊!这两种过错,必居其一。"

注释

1 **以**:犹"使"。 **武庚**:商纣王之子,字禄父。

原文

潜夫曰:"书,二子挟庚子父[1]以叛。然未知其类之与?抑抑[2]相反?且天知桀恶而帝之夏,又知纣恶而王之殷,使

译文

潜夫说:"据书上记载,管叔、蔡叔二人挟持武庚禄父来叛乱。但不知道他们类似于武庚呢?还是和武庚相反?再说,上天知道夏桀邪恶而让他在夏朝做了帝王,又知道商纣邪恶而让他在殷朝做了帝王,让

虐二国,残贼下民,多纵厥毒,灭其身,亦可谓不仁不知乎?"

他们肆虐两国,残害天下民众,放纵他们作恶多端,然后消灭了他们,这也可以说是不仁慈不明智吗?"

注释

1 **庚子父**:当作"武庚禄父"。
2 **抑抑**:即"抑亦",选择连词,相当于现在的"还是"。

原文

庚子曰:"不然。夫桀、纣者,无亲于天,故天任之而弗忧,诛之而弗哀。今管、蔡之与周公也,有兄弟之亲,有骨肉之恩,不量能而使之,不堪命而任之[1],故曰异于桀、纣之与天也。"

译文

庚先生说:"不对。夏桀、商纣这种人,和上天没有什么亲属关系,所以上天任用他们而不为他们担忧,惩罚他们而不哀怜。现在我说的管叔、蔡叔和周公嘛,有着兄弟间的血缘关系,有着骨肉般的恩情,周公不衡量一下他们的才能而使用他们,他们经不起差遣却委任他们,所以我认为他们跟夏桀、商纣和上天的关系是不同的。"

注释

1 **堪**:经得起,能承当或忍受。 **命**:差使,差遣。

原文

潜夫曰:"'皇天无亲。'[1]帝王、继体之君,父事天。王者为子,故父事天也。率土之民,莫非王臣也。'将而必诛'[2],王法公也。'无偏

译文

潜夫说:"'上天对人无所谓亲疏。'帝王和继承王位的君主,像对待父亲一样来侍奉上天。帝王被称为天子,就是上天的儿子,所以像对待父亲一样来侍奉上天。沿着陆地到水边的民众,无不是帝王的臣民。'谁图谋帝王就一定要惩处',是说帝王制定的法律是为

无颇'[3],亲疏同也。'大义灭亲'[4],尊王之义也。立弊之天为[5]?周公之德因斯[6]也。过此而往者[7],未之或知。"

公的。'没有偏袒、无不公正',是说对亲疏一视同仁。'大义灭亲',是强调尊重帝王的正确原则。上天将确立这些原则呢?还是破坏它们呢?周公的德行便是遵循了这些原则。除此以外的东西,我还没有了解到。"

注释

1 **皇天无亲**:此为《左传·僖公五年》所引《周书》之文。作者引来作答,表示庚子所说的"夫桀、纣者,无亲于天"云云并不妥当,上天并非因为"亲"而任用桀、纣,也并非因为与桀、纣"无亲"而"弗忧",乃至"诛之而弗哀"。

2 **将而必诛**:语见《公羊传·昭公元年》,此文用来指管叔、蔡叔背叛周天子,必须受到严惩。将,欲,指企图谋害。

3 **无偏无颇**:《尚书·洪范》作"无偏无陂"。此文用来指周公秉公执法。颇,不正。

4 **大义灭亲**:语见《左传·隐公四年》,指为了君臣大义而灭掉自己的亲人。此文用来指周公为了维护周王朝的统治而惩处管叔、蔡叔。义,合宜的行为规范,正道。

5 **立弊之天**:是"天立弊之"之倒。之,它们,指"将而必诛""无偏无颇""大义灭亲"等周代的政治原则。 **为**:句末语气词,表示反问。

6 **斯**:这。

7 **过**:超过,超出。 **往**:进一步下去。

原文

秦子问于潜夫曰:"耕种,生之本也;学问,业之末也。老聃有言:'大丈夫处其实,不居其华。'[1]而孔子曰:'耕也,馁在其中;学

译文

秦先生问潜夫说:"耕种,是关系到生活的根本大事;学问,是事业中的末等小事。老聃说过这样的话:'大丈夫立身于朴实,不立身于浮华。'而孔子却说:'去耕作,就会挨饿;去学习,就能得到俸

也,禄在其中。'² 敢问:今使举世之人释耨耒而程相群于学³,何如?"

禄.' 我大胆地问一下:如果让全社会的人都放下农具而将互相结伴去做学问作为自己的行动准则,那将会怎样?"

注释

1 **大丈夫**:大男子,指有志气有才能的杰出人才。　**实**:朴实。此文用来指耕种。　**华**:浮华,花巧。此文用来指学问。引文见《老子·第三十八章》。
2 孔子语见《论语·卫灵公》。
3 **耨**(nòu):锄草的农具。　**耒**(lěi):翻土的农具,形如木叉。　**程**:效法,以……为法式。

原文

潜夫曰:"善哉问!君子劳心¹,小人劳力,故孔子所称,谓君子尔。今以目所见,耕,食之本也。以心原道,即学又耕之本也。《易》曰:'立天之道,曰阴与阳;立地之道,曰柔与刚;立人之道,曰仁与义。'² 夫反德者为灾。"

译文

潜夫说:"问得好啊!君子从事脑力劳动,小人从事体力劳动,所以孔子说的话,不过是对君子而言的。现在根据眼睛所看见的,耕作,的确是关系到吃饭问题的根本大事。但如果用脑力去推究那道理,那么学习又是耕作的根本。《周易》说:'圣人确立了上天的法则,叫作阴和阳;确立了大地的法则,叫作柔和刚;确立了人类社会的法则,叫作仁和义。'那些违反道德规范的人一定会遭殃。"

注释

1 **君子**:有道德或有地位的人。　**劳心**:操劳心神,指施行教化、进行管理等。
2 引文见《周易·说卦》。

原文

潜夫曰:"呜呼!而[1]未此察乎?吾语子。夫君子也者,其贤宜君国[2]而德宜子民也。宜处此位者,唯仁义人。故有仁义者,谓之君子。昔荀卿[3]有言:'夫仁也者爱人,爱人,故不忍危也;义也者聚人,聚人,故不忍乱也。'是故君子夙夜箴规、謇謇匪懈者[4],忧君之危亡、哀民之乱离也。故贤人君子,推其仁义之心,爱之君[5]犹父母也,爱居世之民犹子弟也。父母将临颠陨之患,子弟将有陷溺之祸者,岂能墨[6]乎哉?是以仁者必有勇,而德人必有义。且夫一国尽乱,无有安身。《诗》云:'莫肯念乱,谁无父母?'[7]言将皆为害,然有亲者忧将深也。是故贤人君子,既忧民,亦为身作。夫盖漏于上,沾薄在下[8]。

译文

潜夫说:"哎呀!你还没有弄清楚这些法则吧?我告诉你。君子这种人,他的贤能适合于当国家的君主而他的德行适合于统治民众。适宜于待在这种地位上的人,只能是仁义兼备的人。所以具有仁义之德的人,才可称之为君子。从前荀子说过这样的话:'那具有仁德的人疼爱人民,疼爱人民,所以不忍心危害他们;那讲究道义的人团结人民,团结人民,所以不忍心扰乱他们。'所以君子日夜劝谏君主、忠贞正直而不懈怠,是因为担忧君主的危险灭亡、哀怜民众的动荡流离啊。所以有德才的贤人君子,将自己的仁义之心扩展出去,爱当代的君主就像爱自己的父母一样,爱世上的民众就像爱自己的子弟一样。父母面临跌倒坠落的祸患,子弟将有陷落沉没的灾难,难道能沉默不喊吗?因此仁爱的人一定具有勇敢的品质,而有道德的人一定信守节义。再说,一个国家全都不太平,那就不会有安定的个人。《诗经》上说:'没有人肯考虑一下这动乱,是谁没有父母而如此置若罔闻?'这是说人们即将全部遭受损害,而有父母的人忧虑会更深。所以贤人君子,一方面是为民担忧,另一方面也是为自己而做。那茅草屋顶在上面渗漏,在它下面就会全部淋湿。正梁折断椽子崩裂,就怕有

栋折榱崩,惧有厌[9]患。故大屋移倾,则下之人不待告令,各争其[10]柱之。仁者兼护人家者,且自为也。《易》曰:'王明,并受其福。'[11] 是以次室倚立而叹啸[12],楚女揭幡而激王[13]。仁惠之恩,忠爱之情,固[14]能已乎?"

被压的祸患。所以众人聚会的房屋走样倾斜了,那么房屋下的人不等发号施令,便各自抢着去支撑它了。仁爱之人全面地保护别人,同时也为了保护自己啊。《易经》上说:'帝王英明,臣民都享受到他的福分。'因此次室的女子因为担忧祖国危亡而靠着柱子长吁短叹,楚国的少女高举旗帜去激励楚王。仁慈的恩爱,忠爱的情感,难道能抑制吗?"

注释

1 **而**:通"尔",你。
2 **国**:君于国,当国家的君主,统治国家。
3 **荀卿**:名况,战国时赵国人,时人尊而号为"卿",故称荀卿。下面的引文见《荀子·议兵篇》,今本《荀子》文字有所不同。
4 **謇謇**:忠贞正直,不阿谀奉承。謇,通"謇"。 **匪**:不。
5 **之君**:当作"当世之君"。
6 **墨**:通"默"。
7 引诗见《诗经·小雅·沔水》。
8 **沾**:浸湿。 **溥**:普遍。
9 **厌**(yā):通"压"。
10 **其**:犹"而"。
11 引文见《周易·井卦·九三》。
12 **次室**:春秋时鲁国邑名,在今山东枣庄东南。此文指代次室邑之女,该女子因担忧鲁国危亡而倚柱叹息,为人传颂。 **立**:当作"柱"。 **啸**:撮口发出悠长的声音。
13 **揭**:举。 **幡**(fān):一种直挂的长条形旗帜。 **王**:指楚顷襄王。据《列女传·辩通·楚处庄侄》载,楚顷襄王只顾玩乐,四十岁了还没有立太子。

当时庄侄才十二岁,她担心楚王出游而亡国,于是拿了旗埋伏在南郊路旁。楚王的车一到,她举起旗帜。楚王看见后就停了下来。庄侄便劝阻楚王远游,并断言楚王危在旦夕。楚王听从了她的劝告,立即返回国都,从而避免了亡国之祸。

14 **固**:通"顾",犹"岂"。

第八卷

交际

导读

　　交际:交往接触。文章主要剖析了交际方面的种种社会现象,尖锐地抨击了世俗社会重利轻义、巴结富贵嫌弃贫贱的风气,同时论述了交际时应该遵循的正确原则及道德规范。

　　文章指出,人与人之间的亲疏,取决于交往后有利还是有害。和富贵者结交,可得到推荐提拔或钱财资助,而且也光荣;与贫贱者结交,则不但要接济他们,而且也不光彩。人们出于利益的考虑,所以交际时都巴结富贵而嫌弃贫贱,根本不考虑对方的德行。因而富贵者即使罪恶累累,也会朋党隆盛而能处处得意、飞扬跋扈;贫贱者即使品行高洁,才能卓越,也因不能给人好处而日益被世人疏远遗弃,乃至举步维艰而被埋没。

　　作者认为,正确的交际之道,应该是注重对方的德行,讲道义,守信用,不论贵贱,善始善终,所以他对那些一诺千金、始终如一的义士表示了极大的仰慕。他又指出,在交际中,感情的因素极其重要,必须谨慎地处理好。至于富贵与贫贱,和志向节操并无必然的联系,所以当官的不能以其富贵来傲视贫贱者。在交际中,人们只有具备了"恕""平""恭""守"四种品德,才是真正的君子。

　　文章最后又指出,当今世风日下,世俗之人都无德,他们在交际时都不重德行,不讲道义,不守信用,而只注重眼前利益,一旦无利可图或已达到目的,即使当初信誓旦旦,也会将对方抛弃。他们口是心非,表面上推崇德行道义,实际上注重官爵、门第,这只能使德才兼备的处士长期埋没而不得进用。对于这种世道人心,作者表现出无比的愤懑与哀痛,一篇之中感慨再三,这无疑是出于其身世之悲与切肤之痛。

原文

语曰:"人惟旧,器惟新。昆弟世疏,朋友世亲。"此交际之理,人之情也。今则不然,多思远而忘近,背故而向新,或历载而益疏,或中路而相捐,悟[1]先圣之典戒,负久要[2]之誓言。斯何故哉? 退而省之,亦可知也。势有常趣[3],理有固然。富贵,则人争附之,此势之常趣也;贫贱,则人争去之,此理之固然也。

译文

常言道:"人只要旧的,器物要新的。兄弟之间一代比一代疏远,朋友之间一代比一代亲近。"这是交际的道理,是人之常情。现在却不是这样,人们大多思慕远方的人而忘记了近处的人,背弃了故交旧友而接近新交,有的随着年岁的流逝而渐渐疏远了,有的在半路上就互相抛弃了,违反了古代圣人的准则和告诫,违背了早就约定的誓言。这是什么缘故呢? 回过头来仔细想想这些事情,也就可以明白了。情势有通常的趋向,道理有本来就如此的。富裕高贵了,那么人们就争着依附他,这是通常的趋势;贫穷卑贱了,那么人们就争着离弃他,这是必然的道理。

注释

1 悟:当作"牾",逆。
2 要(yāo):约。
3 趣(qū):趋向。

原文

夫与富贵交者,上有称举之用,下有货财之益[1]。与贫贱交者,大有赈贷[2]之费,小有假借之损。今[3]使官人虽兼桀、跖之恶,苟结驷而过士[4],

译文

和富裕高贵的人结交,高档一点的则有被推荐的效用,低档一点的也有钱财的资助。和贫穷卑贱的人结交,严重一点的则有救济施舍的破费,轻微一点的也有出借钱物的损失。假如是当官的人,即使兼有夏桀、盗跖的罪恶,但只要隆重地驾上四

士犹以为荣而归焉,况其实[5]有益者乎?使处子虽苞颜、闵之贤[6],苟被褐而造门[7],人犹以为辱而恐其复来,况其实有损者乎?

匹马拉的车去探望士人,士人还是会以此为光荣而归附他,更何况那钱财方面还有资助的呢?假如是不做官的士人,即使兼具颜回、闵子骞的贤德,但只要穿着粗布衣服去登门拜访,人们还是会以此为耻辱而怕他再来,更何况那钱财方面还有损失的呢?

注释

1 **益**:增益,资助。
2 **贷**:施与,施舍。
3 **今**:犹"夫"。
4 **结驷(sì)**:将四匹马套在一辆车上驾驭。结,连接。驷,同驾一辆车的四匹马。 **过**:访问,探望。
5 **实**:财货。
6 **处子**:处士,居家不仕之人。 **苞**:包括,引申为兼有。
7 **被(pī)**:通"披",穿。 **褐(hè)**:粗布衣服。 **造**:到。

原文

故富贵易得宜,贫贱难得适[1]。好服,谓之奢僭;恶衣,谓之困厄。徐行,谓之饥馁;疾行,谓之逃责[2]。不候[3],谓之倨慢;数来,谓之求食。空造,以为无意[4];奉贽,以为欲贷。恭谦,以为不肖;抗扬[5],以为不德。此处子之羁薄[6],贫贱之苦酷[7]也。

译文

所以富裕高贵的人容易得当,贫穷卑贱的人难以得体。穿上好衣服,人们就会说你奢侈僭越;穿上破衣服,人们又会说你穷困窘迫。慢慢地走,就会说你饿了;快步走,又会说你逃债。不去探望,就会说你傲慢;去得多了,又会说你想找口饭吃。空手前去,会认为你不把他放在心上;献上礼物,又会认为你想得到施舍。恭敬谦逊,会认为你无能;昂首挺胸,又会认为你无德。这是未官家居之士的精神枷锁和思想包袱,是贫穷卑贱之人的苦恼和哀愁啊。

交际 | 283

注释

1 **适**：宜。
2 **责**(zhài)：同"债"。
3 **候**：探望,问候。
4 **意**：思念。
5 **抗**：举高,抬高。 **扬**：举起,振作。
6 **羁薄**：犹"羁绊",比喻所受到的牵制束缚。
7 **酷**：惨痛,痛恨。

原文

夫处卑下之位,怀《北门》之殷忧[1],内见谪[2]于妻子,外蒙讥于士夫[3],嘉会不从礼[4],饯御不逮众[5],货财不足以合好,力势不足以杖急,欢忻久交,情好[6],旷[7]而不接,则人无故自废疏矣。渐疏,则贱者逾自嫌而日引[8],贵人逾务党而忘之。夫以逾疏之贱,伏于下流,而望日忘之贵,此《谷风》所为内摧伤[9],而介推所以赴深山也。

译文

处于卑贱低下的地位,胸怀《北门》中所提到的那种深深的忧愁,在家中受到妻子儿女的责备,在外面受到大小官吏的指责,吉庆的宴会不能根据礼仪来操办,饯行敬酒不能遍及众人,钱财货物不够用来与人和好,威力权势不够用来支撑危急,对于心欢意悦的老朋友,虽然心里很喜欢,也长时间分离而不接触,那么人们就会无缘无故、自然而然地废弃疏远他了。渐渐被疏远了,那么卑贱者就会更加鄙弃自己而日益退避,达官贵人就会更加拉帮结派而忘记他。以更加疏远的卑贱身份,趴在社会下层,又怪怨日益忘记自己的达官贵人,这就是《谷风》的作者所以会内心悲伤的原因,也是介子推所以要逃进深山的缘故啊。

注释

1 **《北门》**：《诗经·邶风》中的一篇,它是一篇地位卑下、政事繁重、处境穷困、愁苦满怀的小官吏所写的怨诗。其开头两句云："出自北门,忧心殷殷。" **殷**:深。

2 **谪**(zhé):谴责。
3 **讥**:谴责,非议,指责。　**士夫**:士大夫,指有官职的人。
4 **不从礼**:指其家境贫穷,不能根据礼仪来大办宴席。从,依。
5 **饯**:用酒食送行。　**御**:敬酒劝食。　**逮**:及。
6 **情好**(hào):心爱。
7 **旷**:间隔时间长久。
8 **嫌**:厌恶,不满意。　**引**:退去,避开。
9 **《谷风》**:《诗经·小雅》中的一篇,其内容是指责朋友情意之薄,患难时则拉拢自己,安乐时则"忘我大德,思我小怨"而抛弃了自己。　**摧**:伤心,悲痛。

原文

夫交利相亲,交害相疏。是故长誓而废,必无用者也;交渐而亲,必有益者也。俗人之相于也,有利生亲,积亲生爱,积爱生是,积是生贤,情苟贤之,则不自觉心之亲之、口之誉之也;无利生疏,积疏生憎,积憎生非,积非生恶,情苟恶之,则不自觉心之外之、口之毁之

译文

交往有利就互相亲近,交往有害就互相疏远。所以,立下了永久的誓言而又把他抛弃的,那一定是对自己毫无用处的朋友;交往逐步发展而亲近密切的,一定是对自己有益的朋友。平庸的人相处,得到了好处就会派生出亲近,不断地亲近就会产生出喜爱之心,喜爱之心不断积累就会萌生出对方做事正确的意念,认为对方做事正确的意念积累起来就会产生出对方是贤能的观念,心里如果认为他贤能了,那就会不知不觉地打心里亲近他、在口中赞誉他了;如果没得到好处就会派生出疏远,不断地疏远就会产生出憎恶之心,憎恶之心不断积累就会萌生出对方做事错误的意念,认为对方做事错误的意念积累起来就会产生出对方是邪恶的观念,

也。是故富贵虽新,其势日亲;贫贱虽旧,其势日疏。此处子所以不能与官人竞也。世主不察朋交之所生,而苟信贵臣之言,此洁士所以独隐翳[1],而奸雄所以党飞扬也。

心里如果认为他邪恶了,那就会不知不觉地从心里排斥他、在口中诋毁他了。所以富裕高贵的人即使是新交,那交往的趋势也是日益亲密;贫穷卑贱的人即使是旧友,那交往的趋势也是日益疏远。这就是不做官的士人没法同当官的人竞争的原因啊。当代的君主不明白朋友世交产生的根由,而苟且听信权贵大臣的言论,这就是廉洁之士孤孤单单地被埋没的原因,也是奸雄拉帮结派而飞扬跋扈的缘故啊。

注释

1 隐:隐瞒。 翳(yì):遮蔽,掩盖。

原文

昔魏其[1]之客,流于武安[2];长平之吏,移于冠军[3];廉颇、翟公[4],载盈载虚。夫以四君之贤,借旧贵之风[5]恩,客犹若此,则又况乎生贫贱者哉?

译文

从前魏其侯窦婴的门客,流向武安侯田蚡门下;长平侯卫青的下属官吏,转移到冠军侯霍去病那里;廉颇和翟公,宾客再次盈门、门庭再度空空。凭这四名先生的贤能,又借助于他们旧日尊贵时对待门客的旧恩,门客尚且如此,那么更何况是生来一直贫穷卑贱的人呢?

注释

1 **魏其**(jī):指西汉大臣魏其侯窦婴。他于武帝建元元年(前140)任丞相,推崇儒术,反对黄老学说,次年为喜好黄老之言的窦太后贬斥。

2 **武安**:指西汉大臣武安侯田蚡(fén),汉景帝王皇后之弟。景帝崩,武帝立,他因为是太后之弟而被封为武安侯,并任太尉。他推崇儒术,建元二年(前139)与窦婴同时为窦太后免职,但田蚡因王太后的关系而受到皇上宠信,所以天下势利的士吏都离开魏其侯而归附武安侯。
3 **冠军**:指西汉名将冠军侯霍去病。霍去病开始只是随从卫青出征,后来屡建战功,不断得到加封,公元前119年,他的秩禄已与卫青相等。从此以后,卫青的权势日衰,而霍去病日益显贵,卫青门下之人多去侍奉霍去病而往往得到官爵,只有任安不肯离开卫青。
4 **廉颇**:战国时赵国名将,因战功任上卿。长平之役,坚壁固守三年,后来赵国中秦国之反间计,用赵括为将,廉颇被免职,门客都离开了他。公元前251年,燕攻赵,赵又以廉颇为将,门客又回来了。廉颇拒绝他们,门客说:"天下人以经商之道交往。您得势,我们就跟从您;您不得势,就离开您。这本来就是合理的,有什么可埋怨的呢?" **翟(zhái)公**:西汉大臣。他当廷尉时,宾客盈门;等到免职后,门外无人至,沉寂得可置网捕雀。后来他复职时,宾客又想回来,于是他在大门上写道:"一死一生,乃知交情;一贫一富,乃知交态;一贵一贱,交情乃见。"
5 **夙**:旧有的,素有的。

原文

唯有古烈之风、志义之士为不然尔。恩有所结[1],终身无解;心有所矜,贱而益笃。《诗》云:"淑人君子,其仪一兮,心如结兮。"[2] 故岁寒,然后知松柏之后凋也[3];厄隘,然后知其人之笃固也。侯嬴、豫让[4],出身以报恩;鱄诸、荆轲[5],奋命以效用。故死可为也,处[6]之难尔。庞勋、勃貂[7],一

译文

只有那些具有古代烈士的风操、有志向讲义气的士人才不会这样啊。别人和自己一结下了恩情,那么一辈子也不和他们分离;心里有了同情的对象,那么他们卑贱了就对他们更加忠诚厚道。《诗经》上说:"那些善人君子啊,坚持道义真专一,思想就像打了结。"所以一年到了最冷的时候,才知道松树、柏树是最后落叶的;人到了穷困的时候,才知道他的意志是坚定的。侯嬴、豫让,献出身躯来报恩;专诸、荆轲,拼出性命来发挥自己的作用。所以拼死是可以做到的,只是做到它很难啊。庞勋、勃貂,

旦见收,亦立为义报,况累旧乎?故邹阳[8]称之曰:"桀之狗可使吠尧,跖之客可使刺由[9]。"岂虚言哉?

一旦被收留,也立刻作了道义上的报答,更何况是结交多年的旧友呢?所以邹阳曾称道这种报恩之情说:"夏桀的狗可以使它对尧狂吠,盗跖的门客可以派他去刺杀许由。"这难道是空话么?

注释

1 **恩有所结**:(别人的)恩惠(和自己)有所结合,即对自己有恩。
2 **结**:凝聚不散开,比喻专心一致,坚定不移。引诗见《诗经·曹风·鸤鸠》。
3 此语为孔子之言,见《论语·子罕》。
4 **侯嬴**:战国时魏国的守门小吏,后被信陵君迎为上客。曾献计信陵君,设法窃得兵符,并推荐勇士朱亥击杀晋鄙,使信陵君夺得兵权,胜秦救赵。他当时因年老不能随往,于是与信陵君约定,在信陵君到达晋鄙军的时候,自杀来为信陵君送行,以报答其厚待之情。　**豫让**:春秋战国之际晋国人,受到智伯的尊宠。赵襄子联合韩、魏灭掉智伯后,他一再谋刺赵襄子未成,被围后自杀。
5 **鱄诸**:即专诸,受到吴公子光(即阖闾)的礼遇而为他刺杀吴王僚,自己也被僚之左右所杀。　**荆轲**:战国末卫国人,后被燕太子丹尊为上卿,受命至秦刺杀秦王政(即秦始皇),未刺中而被杀。
6 **处**:处理,安排。
7 **庞勋**:当作"冯谖",孟尝君门客,得到孟尝君优待后,主动去为孟尝君收债,将其封地之民的欠债全部免除来获取民心,使孟尝君为相数十年而无祸。　**勃貂**:即"勃鞮",合音为"披",指寺人(侍人)披,春秋时晋国宫内近侍。公元前655年,晋献公派寺人披追杀重耳,重耳曾被寺人披折断袖口。后来重耳返国立为文公,寺人披前来求见说:"过去追杀您是为了尽力奉行君命。您若用我,也不会辜负君命。"文公接见了他,他便告发了吕甥、郤芮,晋文公因而免于其难。
8 **邹阳**:西汉人,为人耿介,故为人谗害而被梁孝王关入监狱。下面两句便是他在狱中上梁孝王书的话,意谓受了厚恩,则将一切听命以报恩。

9 **由**：指许由，上古的廉洁之士。传说尧要把帝位让给他，他以为可耻，便逃走隐居。

原文

俗士浅短，急于目前。见赴有益，则先至；顾无用，则后背。是以欲速之徒，竞推上而不暇接下，争逐前而不遑恤后。是故韩安国能遗田蚡五百金[1]，而不能赈一穷；翟方进称淳于长[2]，而不能荐一士。夫安国、方进，前世之忠良也，而犹若此，则又况乎末涂[3]之下相哉？此奸雄所以逐党进，而处子所以愈拥[4]蔽也。非明圣之君，孰能照察？

译文

庸俗的士人目光短浅，只着急于眼前。看见前去投奔有好处，就率先赶到；回头看看对自己没有用处，就在后来把他背弃了。因此想快一点爬上去的人，都争着推崇上司而无暇接待下属，争着赶向前而无暇顾及身后。所以韩安国能送给田蚡五百斤黄金，却不能救济一个穷人；翟方进能称誉淳于长，却不能推荐一个士人。那安国、方进，是前代的忠诚善良之臣，也尚且如此，更何况是王朝衰亡时期那些低劣下等的丞相呢？这就是奸雄争着拉帮结派的原因，也是不做官的士人更加被遮蔽埋没的缘故啊。如果不是英明圣哲的君主，谁能洞察呢？

注释

1 **韩安国**：西汉人，田蚡任太尉时，他送田蚡五百金，田蚡便在窦太后面前提起他，于是他被召为北地都尉，又升迁大司农。田蚡任丞相后，他为御史大夫。　**遗**(wèi)：赠送。　**金**：货币单位，汉代以黄金一斤为一金。
2 **翟**(zhái)**方进**：汉成帝时为御史大夫、丞相。外戚淳于长为卫尉当权时，他独与淳于长交往，并称赞推荐淳于长。　**淳于长**：王政君姊王君侠的儿子，曾任卫尉，后犯大逆不道之罪，下狱死。
3 **末涂**：末路，指朝代末期。
4 **拥**：障蔽，遮盖。

原文

且夫怨恶[1]之生,若二人偶焉。苟相对也,恩情相向,推极其意,精诚相射[2],贯心达髓,爱乐之隆,轻相为死,是故侯生、豫子刎颈而不恨。苟相背也,心情乖互,推极其意,分背奔驰,穷东极西,心尚未快,是故陈余、张耳老相吞灭而无感痛[3]。从此观之,交际之理,其情大矣。非独朋友为然,君臣、夫妇亦犹是也。当其欢也,父子不能间[4];及其乖也,怨仇不能先。是故圣人常慎微以敦其终。

译文

再说恩怨的产生,就像两个人合在一起那样。如果两个人互相投合,在恩德情谊方面互相敬仰,并把自己的这种意念推向极点,真诚相待,彻底打动了对方的心而深入到对方的骨髓,互相喜爱到这样的高度,就不在乎为对方献身,正因为这样,所以侯嬴、豫让自杀而无憾。如果两个人相互不合,思想感情不一致,又把自己的这种意念推向极点,背道而驰,一个向东走到尽头而一个向西走到尽头,心里也还感到不痛快,正因为这样,所以陈余、张耳最后消灭了对方也不感伤悲痛。由此看来,在交际的道理中,感情是很重要的啊。不但朋友之间是这样,君臣之间、夫妇之间也是像这样的啊。当他们喜欢的时候,就是父子之间的亲密感情也不能和他们比出多少差距;等到他们背离的时候,就是冤家仇敌之间的仇恨也不能超过他们。正因为如此,所以圣人常常谨慎地对待细微的事情来督促自己善始善终。

注释

1 **怨恶**:当作"恩怨"。
2 **射**:把箭发向目标。此喻指把精诚施加于对方。
3 **陈余**:秦末人,年少时与张耳为刎颈交,曾与张耳立赵歇为赵王。后与张耳有隙,击走张耳,为代王。　**张耳**:战国末为魏国信陵君门客,秦末与陈余跟从武臣北定赵地,怂恿武臣背叛陈胜自立为赵王,他任右丞相。项羽分封诸侯王时他被封为常山王,后与陈余有隙,投奔汉王刘邦,与韩信共破赵军,杀陈余,被汉封为赵王。 **老**:"卒"字之误。

4 **间**(jiàn):间隙,指微小的差别。这里用作动词。

原文

富贵未必可重,贫贱未必可轻。人心不同好,度量相万亿。许由让其帝位,俗人有争县职;孟轲辞禄万钟[1],小夫贪于升[2]食。故曰:鹌鹦群游,终日不休,乱举聚跱,不离蒿茆;鸿鹄高飞,双别乖离,通千达万,志在陂池;鸾凤翱翔黄历[3]之上,徘徊太清之中,随景风[4]而飘飖,时抑扬以从容,意犹未得,喈喈然长鸣,蹶号振翼,陵朱云,薄斗极,呼吸阳露,旷旬不食,其意尚犹嗛嗛如[5]也。三者殊务,各安所为。是以伯夷采薇[6]而不恨,巢父[7]木栖而自愿。由斯观诸[8],士之志量,固难测度。凡百君子,未可以富贵骄贫贱,谓贫贱之必我屈也。

译文

富裕高贵的人未必值得尊重,贫穷卑贱的人未必可以看轻。人们的心里爱好并不相同,衡量事物的标准相差亿万。许由推让帝位,世俗之人却有争抢县官职位的;孟轲辞去俸禄万钟的卿位,小人却贪图每日一斗俸禄的小官职。所以说:鹌鹦雀成群游玩,终日不停,胡乱地举翅飞翔或聚集站立,不离开蓬蒿茅草;鸿鹄则高高地飞翔,双双分别而远离,经过几千里高达上万里,志向在于到达天池;鸾鸟凤凰翱翔于黄云之上,徘徊于太空之中,随着和顺的景风飘荡,从容地时而飞低时而飞高,但它心里还不满意,喈喈地长声鸣叫,紧张地呼啸着挥动翅膀,跃上红色的飞云,迫近北斗星和北极星,呼吸着正午的阳刚之气和早晨那清澈的露珠,隔了十天不吃凡俗的食物,它的心里还是没有满足。这三种飞禽追求不同,而各自乐意于它们的所作所为。因此伯夷采摘野豌豆糊口而毫不怨恨,巢父在树上栖息而心甘情愿。由此看来,士人的志向抱负,本来就难以估量。所有的大小官吏,还不可以凭借其富裕高贵来傲视贫穷卑贱的人,认为贫穷卑贱的人一定会向我屈服啊。

注释

1 孟轲:习称孟子,孔子以后儒家学派中的代表人物。孟子辞去齐国的卿位回乡,齐王准备用万钟供养他及其门徒,他拒绝了。 钟:先秦时齐国的量器,六石四斗为一钟。万钟相当于现在的12800石。
2 升:当作"斗"。"斗食"指俸禄很少的小官吏。
3 历:"云"字之误。
4 景风:有利于四季作物生长与劳作的和顺吉祥之风。
5 嗛嗛(qiànqiàn)如:不满足的样子。
6 薇:野豌豆,茎、叶可生食或作羹。
7 巢父:尧时的隐士。
8 诸:相当于"之"。

原文

《诗》云:"德輶如毛,民鲜克举之。"[1]世有大男者[2]四,而人莫之能行也。一曰恕,二曰平,三曰恭,四曰守。夫恕者,仁之本也;平者,义之本也;恭者,礼之本也;守者,信之本也。四本并立,四行乃具;四行具存,是谓真贤。四本不立,四行不成;四行无一,是谓小人。

译文

《诗经》上说:"道德轻得像毛发,民众很少能德化。"世上有男子汉应该奉行的重大道德规范四种,但人们却没有谁能奉行它们。第一种是恕道,第二种是公平,第三种是恭敬,第四种是操守。恕道,是仁爱的根本;公平,是道义的根本;恭敬,是礼仪的根本;操守,是信用的根本。这四种根本的道德都能确立起来,行仁爱、讲道义、顾礼仪、守信用这四种品行也就具备了;这四种品行都存在于身上,就叫作真正的贤人。这四种根本的道德不能确立起来,行仁爱、讲道义、顾礼仪、守信用这四种品行也就不能养成;这四种品行一样都没有,就叫作小人。

注释

1 輶(yóu)：轻。　鲜(xiǎn)：少。　克：能。　举：举起，此指成就德行。引诗见《诗经·大雅·烝民》。
2 大男者：指男子汉大丈夫有责任去实行的重大道德规范。男，任。

原文

所谓恕者：君子之人，论彼恕于我，动作消息于心[1]；己之所无，不以责下；我之所有，不以讥彼；感己之好敬也，故接士以礼；感己之好爱也，故遇人有恩；己欲立而立人，己欲达而达人；善人之忧我也，故先劳[2]人；恶人之忘我也，故常念人。凡品[3]则不然，论人不恕己，动作不思心；无之己而责之人，有之我而讥之彼；己无礼而责人敬，己无恩而责人爱；贫贱则非人之不我忧也，富贵则是我之不忧人也。行己若此，难以称仁矣。

译文

所谓恕道，就是：有道德的君子，议论别人时把他们当作自己来考虑，采取行动时先在心里想一想；自己没有的品德，不拿来要求下属；自己具备的品德，不用来指责别人；感到自己喜欢被人尊敬，所以按照礼仪去接待士人；感到自己喜欢被人爱抚，所以对待别人就有恩典；自己想在社会上站住脚，也让别人在社会上站住脚；自己想显贵，也使别人显贵；赞赏别人为自己担忧，所以先为别人担忧；憎恨别人忘记自己，所以常常惦记别人。平庸的人就不是这样，议论别人时不想想自己，采取行动时不在心里考虑一下；自己身上没有那种品德，却拿它去要求别人；自己有了那种品德，就拿它去指责别人；自己对人没有礼节却要求别人尊敬自己，自己对人没有恩典却要求别人爱抚自己；贫穷卑贱时便责怪别人不为自己担忧，富裕高贵了就认为自己不为别人担忧是正确的。立身行事像这个样子，就难以称之为仁爱了。

注释

1 消：衍文。　息："思"之形讹。

2 劳：忧。

3 品：众人。

原文

　　所谓平者：内怀尸鸠之恩[1]，外执砥矢[2]之心；论士必定于志行，毁誉必参于效验[3]；不随俗而雷同，不逐声而寄论；苟善所在，不讥贫贱；苟恶所错，不忌富贵；不谄上而慢下，不猒[4]故而敬新。凡品则不然，内偏颇于妻子，外僭惑于知友；得则誉之，怨则谤之；平议无埻[5]，讥誉无效验；苟阿贵以比党，苟剿声以群吠；事富贵如奴仆，视贫贱如佣客；百至秉权之门，而不一至无势之家。执心若此，难以称义矣。

译文

　　所谓公平，就是：对家里的人怀着布谷鸟那种一视同仁的恩爱之情，对外人则坚持公平正直的态度；议论士人时一定根据他的志向品行来评定，毁谤或赞誉时一定先对事实证据进行检验考察；不随从世俗去附和，不跟着别人的论调去搭腔；如果善行在他身上，就不因其贫穷卑贱而加以指责；如果罪恶在他身上，就不因其富裕高贵而避忌不说；不奉承上级而怠慢下级，不厌弃旧友而敬重新交。平庸的人就不是这样，在家中则偏爱妻子儿女，在外则过分地迷信知己朋友；满意就称赞他，怨恨就诽谤他；评议士人时没有一定的标准，指责或赞誉时没有事实根据；苟且地阿谀逢迎权贵而拉帮结派，苟且地掠取别人的论调而成群结队地狂吠乱叫；侍奉富裕高贵的人时就像奴仆一样，对待贫穷卑贱的人则如同对待雇佣来的外人一样；成千上百次到掌权的人家去，却一次也不到无权无势的人家。居心如此，就难以称之为讲道义了。

注释

1 **尸鸠之恩**：《诗经·曹风·鸤鸠》："鸤鸠在桑，其子七兮。淑人君子，其仪一兮。"这是说鸤鸠养其子，不偏爱而平等对待，一视同仁。此即本文所谓"尸鸠之恩"。尸鸠，也作"鸤鸠"，布谷鸟。

2 **砥矢**:磨刀石与箭,后因《诗经·小雅·大东》有"周道如砥,其直如矢"之句,故喻指平直。
3 **效**:成效,效果。 **验**:证据,凭证。
4 **猒**:同"厌"。
5 **平**:通"评"。 **埻**(zhǔn)**的**:箭靶,引申指标准。

原文

所谓恭者:内不敢傲于室家,外不敢慢于士大夫;见贱如贵,视少如长;其礼先入,其言后出;恩意无不答,礼敬无不报;睹贤不居其上,与人推让[1];事处其劳,居从其德,位安其卑,养甘其薄。凡品则不然,内慢易于妻子,外轻侮于知友;聪明不别真伪,心思不别善丑;愚而喜傲贤,少而好陵[2]长;恩意不相答,礼敬不相报;睹贤不相推,会同不能让;动欲择其佚[3],居欲处其安,养欲擅其厚,位欲争其尊;见人谦让,因而嗤之;见人恭敬,因而傲之;如是而自谓贤能

译文

所谓恭敬,就是:在家中不敢傲视家里的人,在外不敢怠慢大小官吏;见到卑贱的人就像见到尊贵的人一样,对待年少的就像对待年长的一样;他的礼节比别人先行,他的话比别人后说;对别人的恩惠情意没有不酬答的,对别人的礼遇敬重没有不报答的;看见了比自己贤能的人就不再处在他的上位,聚会时能和别人推让;做事待在那劳苦的地方,居住跟随那有德的人,在职位方面安心于那卑微的,在给养方面甘心于那菲薄的。平庸的人就不是这样,在家中怠慢看不起妻子儿女,在外轻视怠慢知己朋友;耳朵眼睛不能分别真假,脑子不能分辨善恶;自己愚蠢却喜欢傲视贤人,自己年轻却喜欢凌辱长者;对别人的恩惠情意不去酬答,对别人的礼遇敬重不去报答;看见贤人不去推举,与人聚会不能谦让;做事要挑那安逸的,居住要住在那安稳处,在给养方面要霸占那丰厚的,在职位方面要争夺那尊贵的;看见别人谦让,就去嗤笑他;看见别人恭敬,就高傲地对

智慧。为行如此,难以称忠矣。

待他;像这样却还自以为贤能聪明。所作所为像这个样子,就难以称之为忠厚了。

注释

1 **与人推让**:当作"会同与人推让"。
2 **陵**:通"凌"。
3 **动**:劳动,指工作。　**佚**:通"逸",安闲,舒适。

原文

所谓守者,心也。有度之士,情意精专,心思独睹,不驱于险墟[1]之俗,不惑于众多之口,聪明悬[2]绝,秉心塞渊[3],独立[4]不惧,遁世无闷,心坚金石,志轻四海,故守其心而成其信。凡器则不然,内无持操,外无准仪[5],倾侧险诐[6],求同于心[7],口无定论,不恒其德,二三其行。秉操如此,难以称信矣。

译文

所谓操守,是指思想意志而言。有法度的士人,情感意念精诚专一,思想有独到的见解,不为险恶的世俗观念所驱使,不被众人的言语所迷惑,他的聪明与众人相差极远,他所具有的思想充实而又深远,独自立身行事而毫不畏惧,隐居避世而不忧愁苦闷,思想意志像金石一样坚不可摧,志向高洁得把拥有天下都看得很轻微,所以能保持自己的思想观念而成全自己的信用。平庸的人就不是这样,内心没有执着的操守,在外没有一定的仪表,品行不端险恶邪僻,只求为所欲为以逞其意,口中没有确定不移的言论,不能保持自己的德行经久不变,常使自己的行为反复无常。把握自己的操行像这个样子,就难以称之为讲信用了。

注释

1 **墟**:当作"巇",与"险"同义。
2 **悬**:悬殊,差距。

3 秉:操持。　塞:充实。　渊:深。
4 独立:指政治黑暗时保持节操,不迎合世俗随波逐流。
5 无准仪:没有定准的仪表,指反复无常,常常翻脸无情。准,标准,规范。
6 倾侧:偏邪不正。　诐(bì):邪僻,偏颇不正。
7 求同于心:务求合于心意,指为所欲为以逞其意。

原文

夫是四行者,其轻如毛,其重如山;君子以为易,小人以为难。孔子曰:"仁远乎哉?我欲仁,仁斯至矣。"[1]又称:"知德者鲜。"[2]俗之偏党,自古而然,非乃今也。凡百君子,竞于骄僭,贪乐慢傲,如贾一倍以相高[3]。苟能富贵,虽积狡恶,争称誉之,终不见非;苟处贫贱,恭谨[4],祇[5]为不肖,终不见是。此俗化之所以浸败,而礼义之所以消衰也。

译文

这四种德行,可以说轻得像毛发,也可以说重得像山陵;君子认为做到它们是容易的,小人认为做到它们是困难的。孔子说:"仁德远吗?我想要仁德,仁德就来了。"又说:"明了道德的人不多。"世俗的偏袒不正、拉帮结派,自古以来就是如此,并不只是今天的事。所有的大小官吏,都争着骄横放纵、贪图享乐、简慢高傲,至如做买卖能成倍赚钱的事,他们也拿来互相标榜。只要他能够富裕高贵,即使有很多狡诈罪恶的行径,人们也争着去称赞他,始终不会被人非议;如果他处在贫穷卑贱的境地,即使保持着恭敬谨慎,也只被人们认为没有德才,始终不会被人称是。这就是习俗风气逐渐败坏的原因,也是礼仪道义逐渐消失衰微的缘故啊。

注释

1 引语见《论语·述而》。
2 引语见《论语·卫灵公》。
3 贾(gǔ)一倍:做买卖而得利一倍。　高:认为高尚,夸耀。当官的应该重义不重利,"凡百君子"因为得利一倍的买卖就已拿来互相夸耀,说明官僚阶层已腐败透顶。

4 恭谨：当作"虽积恭谨"。
5 秪(zhǐ)：同"祇"，只。

原文

世有可患者三。三者何？曰：情实薄而辞称厚，念实忽而文想忧[1]，怀不来而外克[2]期。不信，则惧失贤；信之，则诖[3]误人。此俗士可厌之甚者也。是故孔子疾夫言之过其行者[4]，《诗》伤"蛇蛇硕言，出自口矣。巧言如簧，颜之厚矣"[5]。

译文

世上有令人发愁的情况三种。这三种情况是什么呢？就是：对别人的情意实际上很薄却说成非常深厚，心里头对别人实际上并不关心却粉饰成十分想念担忧，心里不想去却在外和人约定了日期。对这种人不相信吧，则怕丢了贤人；相信他们吧，则又耽误了别人。这是世俗之士中最可恶的人。正因为如此，所以孔子痛恨那些嘴上说得好、实际做不到的人，而《诗经》也伤心地唱道："浅薄浮夸的大话，竟然能够说出口。花言巧语像簧片，脸皮竟然这样厚！"

注释

1 念：思念，考虑。 忽：忽略，漫不经心。 文想忧：指脸上装出想念忧愁的样子。文，文饰。
2 克：限定。
3 诖(guà)：误，连累。
4 《论语·宪问》："子曰：'君子耻其言而过其行。'"
5 蛇蛇(yíyí)：浅薄自大的样子。蛇，通"訑"。 簧：装在笙、竽等乐器中的一种有弹性的薄片，吹之使其振动即可发出悦耳的声音，所以用来比喻花言巧语。引诗见《诗经·小雅·巧言》。

原文

今世俗之交也，未相照察而求深固，探怀[1]扼腕，拊心祝诅[2]，苟欲相护论议而已；分背之日，既得之后，则相弃忘。或受人恩德，先以济度[3]，不能拔举，则因毁之，为生瑕衅[4]，明言我不遗力，无奈[5]自不可尔。《诗》云"知我如此，不如无生。"[6]先合而后忤，有初而无终，不若本无生意、强自誓也。

译文

现在世俗的交往，还没有互相了解就要求友谊深厚而牢靠，于是抓着胸脯恨不得要掏出心来，紧握手腕激动万分，捶着胸口祈祷发誓，其实只是想要对方袒护吹捧自己罢了；当他们分居两地不再碰头的时候，或者自己已经达到目的之后，就把对方遗忘了。有的人得到了别人感恩戴德，先依靠他们的拥戴而达到目的做了官，结果不能提拔推荐他们，却反而因此诋毁他们，给他们编造一些过错，而明说自己已不遗余力，只可惜他们自己不行罢了。《诗经》上说："早知自己像这样，那还不如不出生。"起先抱成一团而后来针锋相对，有开头而没有结果，那还不如本来就没有产生什么情意而勉强地自己对自己发誓啊。

注释

1 **探怀**：在胸怀摸取，形容要掏出心来的样子。
2 **拊(fǔ)心**：捶胸，形容激动的样子。拊，拍，敲。 **祝**：以言告神求福，祈祷。**诅(zǔ)**：盟誓，特指就小事或往事发誓。
3 **济度**：渡水而到达彼岸，喻指达到目的，成功。度，通"渡"。
4 **瑕衅**：瑕疵裂缝，比喻过错。
5 **无奈**：用在转折句之首，引出无可奈何的原因，说明上文所说的意图为什么没能实现，有"可惜"的意思。
6 引诗见《诗经·小雅·苕之华》。该诗悲叹自己遭到饥荒的煎熬，"知我如此，不如无生"的意思是："早知自己生活像这样，那还不如当初没生下我。"此文断章取义，意思是：早知自己像这样，那还不如当初没对他产生情意。

原文

"君子屡盟,乱是用长。"[1]大人之道,周而不比[2],微言相感,掩若同符[3],又焉用盟?孔子恂恂,似不能言者,又称訚訚言唯谨也。[4]士贵有辞,亦憎多口。故曰:"文质彬彬,然后君子。"[5]与其不忠,刚毅木讷尚近于仁[6]。

译文

"国君屡次结盟誓言,祸乱因此更加增添。"君子的原则,是周密地团结而不暂时地亲近,用精微的语言来互相感化,两人合在一起就像信符相合一样默契,又哪里用得着盟誓呢?孔子在家乡非常恭敬谨慎,好像不会说话似的,但人们还称说他正直恭敬地说话而十分谨慎。士人的可贵在于有自己的言论主张,但也讨厌多嘴多舌。所以说:"文采和质地搭配适当,这才是个君子。"与其不忠诚老实,还不如刚强、果敢、质朴、言语迟钝倒与仁德接近些。

注释

1 以上是《诗经·小雅·巧言》中的诗句。
2 《论语·为政》:"子曰:'君子周而不比,小人比而不周。'"
3 掩:覆盖,引申指合在一起。 同:合。
4 恂恂(xúnxún):恭敬谨慎的样子。 訚訚(yínyín):正直而恭敬的样子。此段杂采《论语》而成。《论语·乡党》:"孔子于乡党,恂恂如也,似不能言者。其在宗庙朝廷,便便言,唯谨尔。朝,与下大夫言,侃侃如也;与上大夫言,訚訚如也。"
5 文:文采,指表达的形式。 质:质地,指表达的内容。 彬彬(bīnbīn):参杂搭配适当。以上两句是孔子的话,见《论语·雍也》。
6 《论语·子路》:"子曰:'刚、毅、木、讷,近仁。'"

原文

呜呼哀哉!凡今之人,言方行圆,口

译文

哎呀,真令人悲痛啊!所有现在的人,说起话来都方正规矩而行为却圆滑狡诈,嘴里

正心邪,行与言谬,心与口违;论古则知称夷、齐、原、颜,言今则必官爵职位;虚谈则知以德义为贤,贡荐则必阀阅[1]为前。处子虽躬颜、闵之行,性劳谦之质,秉伊、吕之才,怀救民之道,其不见资于斯世也亦已明矣[2]。

说得公正中肯而心里却邪恶狠毒,行为和言论之间有差错,心里想的和口中说的相违背;谈论起古代来倒也知道称颂伯夷、叔齐、原宪、颜回,但一说到当今就一定是谈些官爵职位了;务虚地谈论时倒也知道把仁义道德看作贤能,但推荐人才时就一定要把门阀家世作为前提。所以,家境清寒的处士即使本身具备了颜回、闵子骞那样的德行,本性中具有勤劳谦虚的品质,拥有伊尹、吕尚那样的才能,怀有拯救民众的方略,他们在这个社会里不会被取用也就已经很明白了。

注释

1 **阀阅**:本作"伐阅",本指功劳和资历,引申指祖先建立的功劳及祖先的资历,即门阀家世。
2 **见**:被。 **资**:取。 **斯**:这。

明 忠

导读

明忠:英明与忠诚。文章主要论述了君主的英明与臣下的忠诚之间的相依关系,同时也论述了英明君主的统治方法。

作者认为,君主的英明与臣子的忠诚是相辅相成的,如果君臣同心同德,就能成就君明臣忠的美德。这其中的关键,则在于君主。如果君主牢握权柄,利用法术,信赏必罚,那就能形成一种谁也无法扰乱的政治形势,臣子就会效忠,君主就能获得成功而使国家太平。否则,就会形成一种混乱的政治形势,权贵大臣就会隐瞒下情而压制忠臣,臣子的忠言尚未上达,就被权贵大臣陷害了,以致贤人不敢再进言,君主就被蒙蔽而孤立乃至危亡。由此可见,臣子的忠诚,取决于君主的英明。所以,这里的成败得失,君主应该在自己身上找原因而不能去责求臣下。

文章最后进一步论述了君主掌权用术时应注意的问题,即应该独揽大权,表面上显现出自己的仁爱宽厚,暗中则神奇地使用术。从中我们可以明显地看出王符对法家法术势兼治思想的继承与改造。因此,这实是一篇体现我国阳儒阴法之传统统治思想的代表作。

原文

人君之称,莫大于明;人臣之誉,莫美于忠。此二德者,古来君臣所共愿也。然明不继踵、忠不万一者,非必愚暗不逮而恶名扬也,所道[1]求之非其道之尔。

译文

对君主的称赞,没有什么比英明更伟大的了;对臣子的赞誉,没有什么比忠诚更美好的了。这两种德行,是自古以来君臣所共同追求的。然而英明的君主并不能脚跟紧接着脚跟似的接连出现,忠臣还不到万分之一,这不一定是因为他们愚昧得做不到或厌恶自己名誉远扬,而只是因为他们求取英明、忠诚时所遵循的并不是正确的途径啊。

注释

1 所道:所由,指遵循的途径。

原文

夫明据下起,忠依上成。"二人同心,则

译文

君主的英明依靠臣下产生,臣子的忠诚依靠君主养成。"两个人同心同德,那就锋利

利断金。"[1] 能如此者，两誉俱具。要在于明操法术，自握权秉[2]而已矣。所谓术者，使下不得欺也；所谓权者，使势不得乱也。术诚明，则虽万里之外，幽冥之内，不得不求效；权诚用，则远近亲疏，贵贱贤愚，无不归心矣。周室之末则不然，离其术而舍其权，怠于己而恃于人。是以公卿[3]不思忠，百僚不尽力，君王孤蔽于上，兆黎冤乱于下，故遂衰微侵夺而不振也。

得可以截断坚硬的金属。"君臣双方能够像这个样子，那么两种赞誉就都有了。这里的关键就在于君主英明地掌握好法度和统治手段，亲自抓住权柄罢了。所谓统治手段嘛，可以用来使臣下不能欺骗自己；所谓权柄嘛，可以用来使局势不能被搞乱。统治手段如果真的很英明，那么即使在万里之外，或黑暗之中，臣下也不得不前来请求效忠；权柄如果真的使用了，那么不论是远方的还是近处的，是亲密的还是疏远的，是高贵的还是卑贱的，是贤能的还是愚蠢的，就没有谁不由衷地归附自己了。周王朝的末年却不是这样，天子不利用那统治手段而放弃了自己的权力，怠慢自己而依靠别人。因此公卿不想效忠，百官不肯尽力，天子孤立地在上边被蒙蔽，百姓冤屈地在下边被骚扰，所以就衰落下去被侵占、篡夺而不可挽救了。

注释

1 以上两句为《周易·系辞上》之语。
2 **秉**：通"柄"。
3 **公卿**：此泛指朝廷主要大臣。

原文

夫帝王者，其利[1]重矣，其威[2]大矣。徒悬重利，足以劝善；徒设严威，可以惩奸。乃张

译文

帝王这种人，他进行奖赏时所带来的利益是很大的啊，他施行刑罚时所造成的威势也是很大的啊。只出具这很大的利益，就足够用来激励好人；只设立这严厉的威势，就

重利以诱民[3],操大威以驱之,则举世之人,可令冒白刃而不恨、赴汤火而不难,岂云但率之以共治而不宜哉?若鹰,野鸟也,然猎夫御之,犹使终日奋击而不敢怠,岂有人臣而不可使尽力者乎?

可以用来儆戒坏人。如果摆出这很大的利益来引诱民众,掌握这很大的威势来驱使他们,那么全社会的人,都可以使他们冒着雪白的刀刃拼死作战而毫无遗憾、赴汤蹈火而毫不为难,难道说只率领他们来共同治理国家还不行吗?就像那鹰,不过是野鸟,但是猎人控制了它,也还能使它整天尽力搏击而不敢懈怠,哪会有成了自己的臣子却不能使他们尽力的事呢?

注释

1 利:利益,指奖赏爵禄所带来的好处。
2 威:威势,指使用刑罚所造成的威势。
3 乃:犹"若"。 张:陈设,摆出。

原文

《诗》云:"伐柯伐柯,其则不远。"[1]夫神明之术,具在君身,而君忽之,故令臣钳口结舌而不敢言。此耳目所以蔽塞、聪明所以不得也。制下之权,日陈君前,而君释之,故令群臣懈弛而背朝。此威德所以不照[2],而功名所以不建也。

译文

《诗经》上说:"砍斧柄啊砍斧柄,它的标准在近旁。"那神奇英明的统治手段,都在君主手里,而君主却忽略了它,所以使臣下闭口结舌而不敢说话。这就是其耳朵、眼睛被蒙蔽、堵塞的原因,也是听觉、视觉不能发现情况的缘故啊。控制臣下的权力,天天都摆在君主的面前,而君主却放弃了它,所以使群臣懈怠而背弃了朝廷。这就是威力、仁德不能影响四方的原因,也是功业、名声不能建立的缘故啊。

注释

1　柯:斧柄。引诗见《诗经·豳风·伐柯》。
2　照:照射,照耀,指君主的统治力像太阳一样遍及四方。

原文

《诗》云:"我虽异事,及尔同僚。我即尔谋,听我嚣嚣。"¹夫恻隐,人皆有之。是故耳闻啼号之音,无不为之惨凄悲怀而伤心者;目见危殆之事,无不为之灼怛²惊而赴救之者。君臣义重,行路礼轻。过耳悟³目之交,未恩未德,非富非贵,而犹若此,则又况于北面⁴称臣被宠者乎?

译文

《诗经》上说:"我的职务虽不同,和你总归是同僚。我来和你共商议,听我说话竟倨傲。"怜悯同情之心,人人都有。正因为如此,所以耳朵听见了啼哭的声音,无不为之凄怆悲痛而伤心;眼睛看见了危险的事情,无不为之焦灼震惊而前去解救。君臣之间道义重大,过路人之间礼节轻微。仅仅是哭声飘过耳朵、险情映入眼帘的交往,既没有恩情也没有德惠,既不是富人又不是贵人,也尚且如此,那么更何况是向北称臣、受到君主宠爱的人呢?

注释

1　嚣嚣:傲慢。嚣,"傲"。引诗见《诗经·大雅·板》。
2　灼怛(dá)惊:当作"灼炟怛惊"。灼炟,焦灼。怛,惊。
3　悟:通"晤",遇。
4　北面:面向北。古代君主见群臣时面向南,臣下面向北,所以"北面"指处在臣位上。

原文

是故进忠扶危者,贤不肖之所共愿也。诚皆

译文

所以进献忠诚而扶持危难,是贤能之人与无能之辈的共同愿望。他们真的都愿

愿之而行违者,常苦[1]其道不利而有害、言未得信而身败尔。历观古来爱君、忧主、敢言之臣,忠信未达而为左右所鞫按、当世而覆被、更为否愚恶状之臣者[2],岂可胜数哉?孝成终没之日,不知王章之直;孝哀[3]终没之日,不知王嘉[4]之忠也。此后贤虽有忧君哀主之情、忠诚正直之节,然犹且沉吟[5]观听行己者也。

意进献忠诚、扶持危难而实际行动却与此相反,是因为他们常常担心自己的主张对自己不利而有害、意见还没有被听信而自身已被毁了。——观察自古以来热爱国君、担心人主、敢于进言的臣子,当他们的忠心诚意还没有进献到君主那里就被君主身边的近臣审问追查、当时就被权贵大臣一手遮天加以诬陷、结果反而被看成是鄙陋愚蠢作恶多端的臣子的,哪能数得清呢?孝成皇帝直到死的那一天,也没有认识到王章的正直;孝哀皇帝直到死的那一天,也没有认识到王嘉的忠诚。这就是后来的贤人虽然有了担心国君、怜悯人主的心情和忠诚正直的节操,但还是叹息徘徊、观望打听以后再决定自己行动的原因啊。

注释

1 **苦**:患。
2 **鞫**(jū):审问,追查。 **按**:审查,查验。 **更**(gèng):反而。
3 **孝哀**:即汉哀帝刘欣,"孝哀"是其谥号。他即位后为了增强君主的威势,曾屡诛大臣。
4 **王嘉**:汉哀帝时为御史大夫,又为丞相。他为人刚直。哀帝宠爱侍中董贤,封董贤为高安侯,后又给董贤增加封户,王嘉上书反对,哀帝发怒,他被诬为"迷国罔上",下狱,绝食而死。直到汉平帝时才下诏书追录他为忠臣。
5 **沉吟**:沉重地叹息,形容遇到复杂或疑难的事情时反复思考而犹豫不决的样子。

原文

"鸣鹤在阴,其子和之。"[1]"相彼鸟矣,犹求友声。"[2] 故人君不开精诚以示贤忠,贤忠亦无以得达。《易》曰:"王明,并受其福。"[3] 是以忠臣必待明君乃能显其节,良吏必得察主乃能成其功。君不明,则大臣隐下而遏忠,群司舍法而阿贵。

译文

"鸣叫之鹤在暗处,其子和它来应和。""看看那些鸟儿啊,尚且寻找朋友音。"所以,如果君主不展示出自己的真诚给贤良忠诚的人看,那么贤良忠诚的人也就没有办法将自己的才能和忠诚进献到君主那里了。《易经》上说:"帝王英明,臣民都享受到他的福分。"因此忠贞的臣子一定要依靠英明的君主才能表现出自己的节操,优秀的官吏一定要碰上明察的君主才能成就自己的功业。君主不英明,那么权贵大臣就会隐瞒下情而阻拦忠臣贤士,各部门的专职官吏就会抛弃法律而阿谀逢迎权贵。

注释

1 和(hè):应和,呼应。引文见《周易·中孚·九二》。
2 相(xiàng):看。以上两句是《诗经·小雅·伐木》中的诗句。
3 引文见《周易·井卦·九三》。

原文

夫忠言,所以为安也,不贡必危;法禁,所以为治也,不奉必乱。忠之贡与不贡,法之奉与不奉,其秉皆在于君,非臣下之所能为也。是故圣人求之于己,不以责[1]下。

译文

忠直之言,是用来促成安定的,不进献上来国家一定会有危险;法律禁令,是用来进行治理的,不遵照执行国家一定会混乱。忠直之言是进献上来呢还是不进献上来,法律禁令是遵照执行呢还是不遵照执行,对它们的把握全在于君主,并不是臣下所能操纵的。所以圣明的君主在自己身上找原因,而不去责求臣下。

注释

1 责:与"求"同义。

原文

凡为人上,法术明而赏罚必者,虽无言语,而势自治[1]。治势一成,君自不能乱也,况臣下乎?法术不明而赏罚不必者,虽日号令,然势自乱。乱势一成,君自不能治也,况臣下乎?是故势治者,虽委[2]之不乱;势乱者,虽勤之不治也。尧、舜恭己无为而有余,势治也;胡亥[3]、王莽驰骛而不足,势乱也。故曰:善者求之于势,弗责于人。是以明王审法度而布教令[4],不行私以欺[5]法,不黩教以辱[6]命,故臣下敬其言而奉其禁,竭其心而称其职。此由法术明而威权任也。

译文

凡是做了君主之后,法度禁令彰明、统治手段高明而赏罚一定能实行的,即使他不讲话,那局势也自然而然地会太平。太平的政治趋势一旦形成,君主自己也不能搞乱,更何况是臣子呢?法度不彰明、手段不高明而赏罚不一定实行的,即使天天发号施令,那局势也自然而然地会混乱。混乱的政治趋势一旦形成,君主自己也不能治理好,更何况是臣子呢?所以政治趋势太平的,即使把政事放在一边不管也不会混乱;政治趋势混乱的,即使尽心竭力地料理政事也不会太平。尧、舜让自己恭敬地朝南坐着、清静无为而时间绰绰有余,这是因为其局势太平的缘故啊;胡亥、王莽奔驰疾驱而时间不够,这是因为其局势混乱的缘故啊。所以说:善于治国的人在政治趋势上找出路,而不去责求人。因此英明的帝王彰明法度而发布命令,不凭私意办事来践踏法律,不亵渎教令来糟蹋自己的命令,所以臣下敬重他的讲话而遵守他的禁令,费尽自己的心思来使自己称职。这是由于法度禁令彰明、统治手段高明而权势被利用的缘故啊。

注释

1 **势**：局势，政局的发展趋势。　**治**：治理得好，太平。
2 **委**：委弃，弃置。
3 **胡亥**：即秦二世。
4 **审**：明。　**教**：与"令"同义。
5 **欺**：欺负，践踏。
6 **辱**：玷辱。

原文

夫术之为道也，精微而神；言之不足¹，而行有余²；有余，故能兼四海而照幽冥。权之为势也，健悍以大³；不待贵贱，操之者重；重，故能夺主威而顺当世。是以明君未尝示人术而借下权也。孔子曰："未可与权。"⁴是故圣人显诸仁，藏诸用，神而化之，使民宜之，然后致其治而成其功。⁵功业效于民，美誉传于世，然后君乃得称明，臣乃得称忠。此所谓"明据下作，忠依上成；二人同心，其利断金"也。

译文

统治手段作为一种方法，是精细隐微而又神奇的；说起来它有不足之处，而实行起来它的作用却超过了通常的办法；因为它的作用超乎寻常，所以能用它来兼并天下而洞察暗中的阴谋活动。权力作为一种威势，刚劲凶猛而强大；它不依赖地位的高低，掌握了它的人就会被尊重；被人尊重，所以能夺过君主的威势而使当代的人都顺从。因此英明的君主从来不把统治手段显示给人看，也不把权力借给臣下使用。孔子说："不可以给人权力。"所以圣明的君主表现出他的仁德，而隐藏起他的治国手段，神奇地变化它，使人民都认为它很适宜，然后才达到那天下大治的局面而建成他的功业。功业献给了人民，美好的声誉流传于天下，然后君主才能称得上英明，臣子才能称得上忠诚。这就是我所说的"君主的英明依靠臣下产生，臣子的忠诚依靠君主形成；两个人同心同德，它的锋利可以截断坚硬的金属"啊。

注释

1 **言之不足**:指其理论上有不足之处。
2 **有余**:超过了标准,指它的实际作用超过了标准的办法,即超过了汉武帝以来在理论上占正统地位的儒家倡导的仁义道德之法。
3 **健**:刚强有力。 **悍**:强劲凶猛。 **以**:相当于"而"。
4 **未可与权**:原是"未必可以和他一起权衡轻重"的意思。此文断章取义,表示"不可给人权力"。孔子的话见《论语·子罕》。
5 **显诸仁,藏诸用**:为《周易·系辞上》之语,原指"道"而言。此文断章取义,指圣人而言,所以"用"指"术"。**宜**:意动用法。"神而化之,使民宜之"是《周易·系辞下》之语。

本 训

导读

本训:对本原的解说。文章主要给人形象地描述了宇宙的本原,但其主旨并不局限于此,而是认为人天之情相通,圣明之君应该遵循天道而建立功业。

作者认为,远古时代,元气混沌,不受什么制约,过了很长一段时间,它自行分化成阴阳两气,从而产生了天地。天地之气的交融,产生了万物,而中和之气则生成人类。天、地、人各行其道,相辅相成。人之道是有所作为,君主应该顺应天道,治好政事,感动阴阳,招致祥瑞,建立功业。

接着,作者进一步论述了道与气的关系。他认为,世间的万事万物,所有正常的或反常的现象,都是气造成的,但气的作用,归根结底是道产生的。道是气的本原,气只是道的物质外壳,所以气的作用,实际上是道的作用的一种具体体现罢了。作者认为,道与气两者是相辅相成的。一方面,如果没有道,也就不会有气;必有其道,"其气乃生"。另一方面,如果没有气,道的作用也无法体现,因为道是一种看不见摸不着的东西,它的功用虽然极其强大,但它本身不能直接产生作用,所以必须有其气,才能促成各种变化。

作者论述"气"的最终目的还是为了"人",所以文章最后指出,君主不能只着眼于法令刑赏,而必须追本寻源,立足于德化,招致和气,让中和的正气和良好的社会风气孕育出一代敦厚的人民,从而进入太平盛世。

原文

上古之世,太素[1]之时,元气窈冥[2],未有形兆,万精合并,混而为一,莫制莫御。若斯久之,翻然[3]自化,清浊分别,变成阴阳。阴阳有体,实生两仪[4];天地壹郁,万物化淳;[5]和气[6]生人,以统理之[7]。

译文

在远古时代,原始的物质元素形成的时候,元气高远渺茫,还没有形状,千万种精气合在一起,混合成一体,没有什么制约它们,也没有什么支配它们。像这样过了很长一段时间,一下子自行发生了变化,清澈轻盈的和浑浊沉重的分开来了,变成了阴和阳两种元素。阴和阳具有实体,这两种实体分别产生出地和天;天地之气炽盛而交合,万物因此产生出来而呈现出一种质朴的样子;阴阳中和之气产生出人类,让人类来总管它们。

注释

1 **太素**:指构成宇宙的原始物质元素。
2 **元气**:原始之气,即天地未分时的混沌之气。它是构成人和万物的原始物质元素,所以称为"元气"。气,古代哲学概念,指构成宇宙万物的物质性基因。　　**窈冥**:深远玄妙。
3 **翻然**:很快而彻底地改变的样子。
4 **实**:是,此。　　**两仪**:指地和天。

5 壹郁(yīnyù):同"氤氲",形容天地的阴阳之气炽盛而交合的样子。 化:生。 淳:朴。以上两句为《周易·系辞下》之语。
6 和气:中和之气,也简称"和"。它是我国古代的哲学概念,是阴阳二气达到某种和谐程度后生成的一种具有相对稳定性的基因,它是构成各种具体事物的物质性的东西。
7 之:指天地万物。

原文

是故天本诸[1]阳,地本诸阴,人本中和。三才异务,相待而成。各循其道,和气乃臻,玑衡乃平。

译文

所以天来源于阳,地来源于阴,人来源于阴阳中和之气。天、地、人这三才事务不同,相互依赖又相互成全。它们各自遵循自己的规律,中和之气才会到来,象征政权的北斗星才会平正而不倾斜。

注释

1 诸:于。

原文

天道曰施,地道曰化[1],人道曰为。为者,盖所谓感通阴阳而致珍异也。人行之动天地,譬犹车上御驷马、蓬中棹舟船矣[2],虽为所覆载,然亦在我何所之可[3]。孔子曰:"时乘六龙以御天。"[4] "言行,君子所以动天地也,可不慎乎?"[5] 从此观之,天呈其兆,人

译文

上天的规律是施与,大地的规律是化生,人类的规律是作为。作为,就是通常所说的感动沟通阴阳来招致珍贵奇异的好兆头。人类的行为感动天地,打个比方,就像在车子上驾驭拉车的四匹马、在船篷中用长桨划船一样,虽然自己被上天所覆盖、为大地所运载,但是也在于自己要到什么地方去啊。孔子说:"按时驾驭拉车的六条龙而运行于天空中。" "说话做事,是君子用来感动天地的,可以不谨慎吗?"由此看来,上天呈现出那征兆,而人类重演那功

序其勋⁶,《书》故曰:"天功⁷,人其代之。"如盖理其政以和天气⁸,以臻⁹其功。

勋,所以《尚书》上说:"上天的功勋,人应当代替它来建成。"既然如此,那就应该治理好自己的政事去应和天象,去招致上天安排好的功劳。

注释

1 **化**:化生,造化,创造化育。
2 **蓬**:用同"篷"。 **棹**(zhào):划船的长桨,此文用作动词,表示用棹划。
3 **可**:当作"耳"。
4 **时**:按时。 **乘**:驾驭。 **御**:行。古代传说太阳每天乘在六条龙拉的车子上,由它母亲羲和驾驭,从东到西运行于天空中。引文见《周易·乾卦·象》。
5 引文见《周易·系辞上》。
6 **人序其勋**:指人建立功勋不过是对上天所呈征兆的一种复制。序,重复,重演。
7 **天功**:本书《思贤》《忠贵》《述赦》均作"天工",指上天安排的官职,此文故意引作"天功",与上下文的"勋""功"相应,实为断章取义,当随文解为"天的功勋"。
8 **如盖**:犹"然盖",相当于"然则"。 **和**(hè):应和。 **天气**:即上文所说的"其兆"。
9 **臻**:至,此用作使动词,表示"使……到来",取得。

原文

是故道德之用,莫大于气。¹道者,气之根也;气者,道之使也。必有其根,其气乃生;必有其使,变化乃成。是故道之为物也,至神以妙;

译文

所以,道的作用,没有比气表现得更充分的了。道,是气的本原;气,是道的使者。一定要有了本原,气才能产生;一定要有了使者,天地万物的改变、转化才能完成。所以,道作为一种客观的东西,是极其神奇而玄妙的;它产生的功用,是极其强劲而巨大

其为功也,至强以大。天之以动,地之以静,日之以光,月之以明;四时五行[2],鬼神人民,亿兆丑类[3],变异吉凶,何非气然[4]?

的。上天因为它而运动,大地因为它而静止,太阳因为它而发光,月亮因为它而明亮;还有春、夏、秋、冬四个季节,金、木、水、火、土五大行星,鬼怪、神仙、人民大众,成亿上万类的事物,各种不正常的自然现象及吉利与凶险的征兆,哪一样不是气造成的呢?

注释

1 **道**:古代哲学概念,指天地万物的本原与客观规律。上文"天道""地道""人道""各循其道"的"道"由于带上了限制性的定语,所以指相应领域的规律。此处"道"没有限制语,则指天地万物的根本法则,也就是整个宇宙发展的客观规律。 **德**:是相对于"道"的一个哲学概念,指事物内在的本质属性。此句的"德"是连类而及之词,故下文只说"道"。王符认为,道的作用主要通过"气"来表现,所以说:"道德之用,莫大于气。"

2 **五行**:此文指天之五行,即金、木、水、火、土五大行星。

3 **亿兆**:数词,古代有大小两种计数法,小数以十万为亿,十亿为兆;大数以万万为亿,万亿为兆。"亿兆"用来表示极多。 **丑**:通"俦",同类,种类。

4 **然**:使动用法,使之然,使它们成为这个样子,造成。

原文

及其乖戾,天之尊也气裂之,地之大也气动之,山之重也气徙之,水之流也气绝之,日月神也气蚀之,星辰虚[1]也气陨之。旦有昼晦,宵

译文

等到它错乱反常的时候,上天如此尊严而气使它破裂,大地如此巨大而气使它震动,高山如此沉重而气使它迁移,河水如此奔流而气使它断绝,日月如此神圣而气使它亏缺,星星如此安居而气使它陨落。再如天明后发生白昼昏暗,晚上发生夜里

有², 大风飞车拔树, 偾电为冰, 温泉成汤³, 麟龙鸾凤, 蟊贼蠓蝗⁴, 莫不气之所为也。

明亮, 大风刮倒车子, 狂风、闪电拔起大树, 寒冷的水结成冰, 温泉形成热水, 麒麟、虬龙、鸾鸟、凤凰, 吃庄稼根节的蟊、贼以及大小蝗虫, 无不是气造成的啊。

注释

1 虚:居。
2 宵有:当作"宵有夜明"。
3 以上三句当作:"大风偾车,飞电拔树;寒水为冰,温泉成汤。"偾(fèn),跌倒,倾覆。
4 蟊贼:也作"蝥贼",两种吃庄稼的害虫,蟊食根,贼食节。 蠓:蝗的幼虫。

原文

以此观之,气运感动¹,亦诚大矣。变化之为,何物不能?²所变也神,气之所动也。³当此之时,正气所加,非唯于人,百谷草木,禽兽鱼鳖,皆口⁴养其气。声入于耳,以感于心,男女听,以施⁵精神。资和以兆胚,民之胎,含嘉以成体⁶,及其生也,和以养性,美在其中,而畅于四肢⁷,实于血脉,是以心性

译文

由此看来, 气运行时的影响, 也实在是很大的了。有什么东西它不能使之改变转化呢?气运动的时候, 所产生的变化神奇玄妙。在这个时候, 被正常的气所施加的东西, 不仅是人, 就是各种庄稼、花草树木和禽兽鱼鳖, 也都能在胚胎的阶段受到这种正气的调养。另一方面, 音乐进入耳朵, 便会感动心灵, 男女听了健康的音乐, 会因此影响自己的精神。人处在胚胎的阶段, 如果一方面凭借了中和之气开始成胎, 另一方面又含着美好的精神气质来长成身体, 那么等到他出生的时候, 中和之气便养成了他的本性, 美好的精神气质便蕴涵在他的内心, 而且通畅地到达四肢, 充实到血脉中, 因此而成为心理意志、耳目、

志意耳目精欲无不贞廉、洁怀履行者[8]。此五帝三王所以能画法像而民不违、正己德而世自化也。

情欲无不坚贞清廉、有着纯洁的胸怀而又能身体力行的人。这就是五帝三王能够绘制一些象征刑法的图像而民众就不会违反法律、端正了自己的道德而世人便能自行变好的原因啊。

注释

1 **感动**：使感应而发生变动，影响。
2 **变化之为，何物不能**：搞起变化来，什么东西它不行？变化之为，即"为变化"之倒。
3 **所变也神，气之所动也**：即"气之所动也，所变也神"之倒。
4 **囗**：当为"胎"字之坏误。胎养其气，即"胎养于其气"。
5 **施**：施加，散布。
6 以上三句当作："民之胎也，资和以兆㕦，含嘉以成体。""资和以兆㕦"承"正气所加……皆胎养其气"而言，"含嘉以成体"承"声入于耳……以施精神"而言。资，凭借。和，和气。兆，开始。㕦，通"胚"。
7 **畅于四胑**：指动作恭敬有礼，行为廉洁。胑，同"肢"。
8 **贞**：坚贞，有操守，形容"心性志意"。 **廉**：清廉，不贪，形容"耳目精欲"。

原文

是故法令刑赏者，乃所以治民事而致整理尔，未足以兴大化而升[1]太平也。夫欲历[2]三王之绝迹，臻帝皇之极功者[3]，必先原元而本本[4]，兴道而致和，以淳粹之气，生敦

译文

所以，法律禁令刑罚奖赏之类，只是用来治理民间发生的各种事情而使社会有条不紊罢了，还不能够用来建立起广远深入的教化而步入太平盛世啊。想要干出夏、商、周三代的开国帝王所创造的那种优异卓绝的奇迹、取得三皇五帝那种登峰造极的功业的君主，必须首先追本寻源，振兴道德来招致中和之气，用质朴敦厚而又纯粹完美的风气，孕育出一

庞之民,明德义之表,作⁵信厚之心,然后化可美而功可成也。

代敦厚朴实的人民,表彰道德仁义方面的表率,培养诚实厚道的思想观念,这样做了以后,社会风气才会好起来而功业才可以建成啊。

注释

1 升:登。
2 历:经历,引申指做。
3 臻:使动用法,使……到来,取得。 帝:指五帝。
4 元:本源。王符认为,政治的本源应该是德化而非法令刑赏。 本本:寻求根本。
5 作:兴起。

德化

导读

德化:用道德来感化。文章主要宣扬了作者推崇道德教化的政治思想。作者认为,人的思想情性是本,行为习俗是末,如果思想端正了,就不会有邪恶的事发生。所以治理社会,应该先理顺民众的思想,然后再去管理他们的行为。要改变民众的行为靠政策法令,而要改变民众的思想,就必须搞好教化。有了好的教化,民众就忠厚,天下就太平,否则民众就奸邪,国家会危亡,而社会习俗的刻薄或淳厚,都取决于君主。圣明的君主深知这一点,所以都以身作则,用礼义来教育人民,用良好的道德风尚来感化人民,使民众从怀胎到成长都受到良好的道德熏陶,让仁义廉耻之心深入到民众的灵魂中。这样,人们就不再有粗野污秽的习气和邪恶淫乱的欲望,更不会有违礼犯法的事情了。文章一再强调,圣君注重用仁德、道义、礼制来教育感化民众,其立法也只是为了防范奸邪作恶而不是为了惩处人。至于荒废政事、纵情酒乐、亲近小人、疏远贤臣、妄加赏罚的君主,必将祸国殃民,自取灭亡。当然,这一切的论述,都是为了现实,所以文章实际上是要"世主"以身作则,以道德为本,以仁义为佐,宽以待民,加强教化,使民风归厚而致天下大治。

原文

人君之治,莫大于道,莫盛于德,莫美于教,莫神于化。道者,所以持之也;德者,所以苞[1]之也;教者,所以知之也;化者,所以致之也。民有性,有情,有化,有俗。情性者,心也,本也;化俗者,行也,末也。末生于本,行起于心。是以上君抚[2]世,先其本而后其末,慎[3]其心而理其行。心精苟正,则奸匿无所作,邪意无所载矣。

译文

君主的政治措施,没有什么比正确的思想原则更重要的了,没有什么比仁德更盛大的了,没有什么比教育更美好的了,没有什么比感化更神妙的了。正确的思想原则,是用来控制民众的;仁德,是用来包容民众的;教育,是用来告知民众的;感化,是用来招引民众的。民众有本性,有感情,有风气,有习俗。感情、本性这种东西,是思想意识,是根本性的因素;风气、习俗这种东西,是行为方式,是末梢性的因素。就像树的末梢长在根本上一样,行为方式产生于思想意识。因此,高明的君主治理社会,先抓住那根本,然后再去抓那末梢;先理顺民众的思想意识,然后再去管理他们的行为方式。思想感情如果端正了,那么奸诈邪恶的事就无从产生,邪恶的意图就无处立身了。

注释

1 苞:通"包"。

2 抚:安抚。

3 慎:通"顺"。《说文》:"顺,理也。"《荀子·臣道》:"从命而利君谓之顺。"

原文

夫化变民心也,犹政变民体[1]也。德政加于民,则多涤畅、姣好、坚强、考寿[2];恶政加于民,则多罢癃、尪病、夭昏、札瘥[3]。故《尚书》美"考终命"而恶"凶短折"[4]。国有伤明之政,则民多病目;有伤聪之政,则民多病耳;有伤贤之政,则贤多横夭。夫形体骨干为坚强也,然犹随政变易,又况乎心气精微不可养哉?《诗》云:"敦彼行苇,羊牛勿践履。方苞方体,惟叶柅柅。"[5] 又曰:"鸢飞戾天,鱼跃于渊。恺悌君子,胡不作人?"[6] 公刘厚德,恩及草木,羊牛六畜,且犹感德仁,不忍践履生草,则又况于民萌,而有不化者乎?[7] 君子修其乐易之德,上及飞鸟,下及渊鱼,无不欢忻悦豫,则又况于士庶,而有不仁者乎?[8]

译文

教化改变民众的思想,就像政策法令改变民众的行为一样。仁德的政策法令实施到民众中去,那就会有很多人心情舒畅、容貌美丽、身体强壮、健康长寿;暴虐的政策法令实施到民众中去,那就会有很多人弯腰驼背、跛脚凸胸、短命夭折、死于瘟疫。所以《尚书》赞美"年老享受天年"而厌恶"凶险短命夭折"。国家有了伤害视力的政策法令,那么民众就会有很多人患眼病;有了伤害听力的政策法令,那么民众就会有很多人患耳病;有了伤害贤人的政策法令,那么贤人就多半会横遭夭折。身体骨骼是很坚实强壮的,但还是会随着政策法令而发生相应的变化,更何况是思想气质这种精细隐微而不可以调养的东西呢?《诗经》上说:"那路旁芦苇一团团,牛羊牲畜不践踏。将要茂盛刚成形,郁郁葱葱叶子大。"又说:"老鹰快速飞上天,鱼儿跳跃在深渊。和乐平易的君子,何不做人到这边?"公刘德泽深厚,恩惠施加到草木,就是牛羊等牲畜,也还会被他的仁爱之心感动,因而不忍心践踏正在生长的野草芦苇,更何况是民众,能有不被感化的吗?君王增进那和乐平易的德行,上至飞翔的鸟儿,下至深渊中的鱼儿,无不欢欣愉快,更何况是有身份的人,能有不仁慈的吗?

注释

1 体:行。

2 涤:通"条",通达。　姣:美丽。　考:老。

3 罢(pí)癃:驼背,腰曲而背隆高。　尪(wāng)病:骨骼弯曲病,小腿骨弯曲或脊柱前凸造成的凸胸仰首古代都叫作"尪"。　夭昏:夭折。未成年而死叫"夭",尚未取名而死叫"昏"。　札瘥:因瘟疫而死亡。因大瘟疫而死叫"札",因小瘟疫而死叫"瘥"。

4 引文见《尚书·洪范》。

5 敦(tuán):聚拢的样子。　行(háng):道路。　方:将要。　苞:茂。　体:成形。　梶梶:茂盛的样子。引诗见《诗经·大雅·行苇》。该诗歌颂周之祖先的忠厚仁爱,恩泽遍及草木。

6 䳒(yuān):同"鸢"(yuān),老鹰。　戾:疾飞的样子。　恺悌:和乐平易的样子。引诗见《诗经·大雅·旱麓》。该诗歌颂周之先祖能继承后稷、公刘的事业,奉行德义以求福,结果得到福祚而十分快乐。

7 六畜:牛、马、羊、猪、鸡、狗等六种家畜。此文泛指家畜。　感:感动,感激。　德:认为……有德,感激。此上几句在阐发所引《行苇》之诗。

8 易:平易,和悦。　豫:快乐。　士庶:士族与庶族。从东汉开始,贵族阶层内部的世家大族叫士族,不属于士族的叫庶族。以上几句在阐发所引《旱麓》之诗。

原文	译文
圣深知之,皆务正己以为表,明礼义以为教,和¹德气于未生之前,正表义于咳笑之后²。民之胎也,合中和以成;其生也,立方正以长。是以为³仁义之心、廉耻之志,骨	圣明的君主深刻地了解到这一点,所以都致力于端正自己,使自己成为天下人的表率,彰明礼制道义来进行教育,在婴孩还没有出生之前就汇集良好的道德风尚,在婴儿刚会笑之后便正确地树立好榜样。这样,人的胚胎,就能聚集中和之气而形成;等到他出生之后,便能确立正直的品德而长大。因此,他们的仁爱道义意识、廉洁耻辱观念,就紧紧地

着脉通,与体俱生,而无粗秽之气,无邪淫之欲。虽放之大荒[4]之外,措之幽冥之内,终无违礼之行;投之危亡之地,纳之锋锷之间[5],终无苟全之心。举世之人,行皆若此,则又乌所得亡夫奸乱之民而加辟哉[6]?"上天之载,无馨无臭。仪形文王,万邦作孚。"[7]此姬氏[8]所以崇美于前而致刑错于后也。

附着在骨头上而畅流在血管中,和身体一起诞生,而没有粗野污秽的习气,没有邪恶淫乱的欲望。即使把他们放到边远地区之外,或把他们置于黑暗隐蔽之中,也始终不会有违反礼义的行为;即使把他们丢到危险而濒临死亡之处,或把他们纳入剑锋刀刃之间,也始终不会有苟且地保全自己的念头。全社会的人,品行都像这样,那又从什么地方可以找到罪恶大得无法形容、邪恶捣乱的人而施加惩处呢?《诗经》上说:"上天之事难知情,没香没臭搞不清。只要效法那文王,各国会生信服心。"这就是姬氏在前面推崇美德而在后来使刑罚放在一边不需使用的原因啊。

注释

1 **和**:合。
2 **义**:"仪"的古字,仪范,表率。 **咳**(hái):小儿笑。
3 **为**:犹"其"。
4 **大荒**:四方边远地区,指无人监督的环境。
5 **锋**:兵器的尖端。 **锷**(è):刀剑的刃。
6 **亡**(wú):通"无"。 **夫**:"状"之坏误。
7 **载**:事。 **馨**(xīn):香气。 **仪形**:法式,典范,这里用作意动词,表示效法、以……为榜样。形,通"型"。 **万邦**:万国,指天下为数众多的诸侯国。**作**:生。 **孚**(fú):信。以上四句为《诗经·大雅·文王》中的诗句。
8 **姬氏**:指周室。周族姓姬,故称。

原文

是故上圣故不务治民事而务治民心。故曰:"听讼,吾犹人也。必也使无讼乎!"[1]"导之以德,齐之以礼。"[2] 务厚其情而明则[3]务义,民亲爱则无相害伤之意,动思义则无奸邪之心。夫若此者,非法律之所使也,非威刑之所强也,此乃教化之所致也。

译文

所以最圣明的君主本来就不致力于治理民众所做的事情而致力于治理民众的思想。所以孔子说:"审理诉讼,我像别人一样。一定要使世上没有诉讼啊!""用道德来引导他们,用礼制来规范他们。"君主要致力于使民众情意深厚、明白行动的准则、追求道义,民众相亲相爱了就不会有互相伤害的意图,行动时考虑到道义就不会有奸诈邪恶的心肠。像这种局面,不是法律促成的,也不是威势刑罚强行造成的,这是教化所导致的啊。

注释

1 以上三句是孔子的话,见《论语·颜渊》。它表达了孔子不屑于刑治而主张德化的思想。
2 以上两句是孔子的话,见《论语·为政》。
3 则:准则,指礼制。

原文

圣人甚尊德礼而卑刑罚,故舜先敕契以"敬敷五教"[1],而后命皋陶以"五刑""三居"[2]。是故凡立法者,非以司[3]民短而诛过误,乃以防奸恶而救祸败、检[4]淫邪而内正道尔。

译文

圣人非常看重道德礼制而鄙视刑罚,所以舜先拿"慎重地施行五种德教"来敕命契,然后才拿"五种刑罚""三种流放区域"来敕命皋陶。所以所有的立法,并不是为了窥伺民众的短处而惩处有过失的人,而是为了防范奸诈作恶而解救祸患衰败、限制淫乱邪恶而将民众纳入正轨罢了。

注释

1. 敕:诏命,告诫。 敷:布,施行。 五教:五种伦理德教,即父亲有义、母亲慈爱、兄长友好、弟弟恭敬、儿子孝顺。此下两句所述之事见《尚书·舜典》。
2. 三居:三种住处,指流放犯人时的三种地域,依次为四方极远之地、九州之外、千里之外。
3. 司(sì):通"伺",探察,侦察。
4. 检:约束,限制。

原文

《诗》云:"民之秉夷,好是懿德。"¹故民有心也,犹为种之有园也。遭和气,则秀茂而成实;遇水旱,则枯槁而生孽²。民蒙善化,则人有士君子³之心;被恶政,则人有怀奸乱之虑。故善者之养天民也,犹良工之为曲、豉也。起居⁴以其时,寒温得其适,则一荫⁵之曲、豉,尽美而多量。其⁶遇拙工,则一荫之曲、豉,皆臭败而弃捐。今六合⁷亦由一荫也,黔首之属犹豆麦也,变化云为⁸,在将者尔。遭良吏,则皆怀忠

译文

《诗经》上说:"民众怀有那常道,喜爱这种好情操。"所以民众怀有一定的思想观念,就好像进行栽种时有园子的约束一样。碰上中和之气,庄稼就会吐穗开花十分茂盛而结成果实;遇到水涝干旱,庄稼就会干枯而生出蘗枝。民众蒙受美好的教化,那么人人会有正人君子的思想;碰到恶劣的政策法令,那么人人会怀有奸诈作乱的心思。所以善于治国的人养育民众,就像技术高超的工人做酵母、豆豉一样。在那合适的时候进行翻动或搁置,冷热也得当,那么一地窖的酵母、豆豉,就十全十美而且数量也多。如果碰上笨拙的工人,那么一地窖的酵母、豆豉,就都发臭腐败而被扔掉。现在天地之间也好像一个地窖,平民百姓这一类人好像制作豆豉、酵母的原料豆、麦一样,是让他们渐渐改变呢还是一下子变化,是让他们开口说话呢还是动手做事,全在于领导他们的人啦。

德化 | 323

信而履仁厚;遇恶吏,则皆怀奸邪而行浅薄。忠厚积,则致太平;奸薄积,则致危亡。是以圣帝明王皆敦[9]德化而薄威刑。德者,所以修己也;威者,所以治人也。上智与下愚之民少,而中庸之民多。中民之生世也,犹铄金之在炉也,从笃[10]变化,唯冶所为,方圆薄厚,随镕[11]制尔。

碰到好的官吏,他们就都胸怀忠诚而操行仁厚;遇到坏的官吏,他们就都胸怀邪恶而品行浅薄。忠诚仁厚积累起来,就能获致太平;邪恶浅薄积累起来,就会导致危亡。因此圣哲的皇帝、英明的君王都重视道德感化而鄙视威势刑罚。道德,是用来修养自己的;威势,是用来治理别人的。最明智的和最愚蠢的人少,而资质中等的人多。资质中等的人生活在世界上,就像熔化的金属在冶炼炉中一样,将随着模子而变化,完全取决于冶炼工人的所作所为,结果成方形还是成圆形,是薄还是厚,是由模子造成的啊。

注释

1 **夷**:通"彝",常,常道。 **懿**(yì):美,好。引诗见《诗经·大雅·烝民》。
2 **蘖**:通"糵",树木砍去后又长出来的枝芽,此泛指植物枯萎后由根基长出的分枝。由于这种分枝的发生已错过时节,所以难以开花结果。
3 **士君子**:有志操和学问的人。
4 **起居**:行动与休止。
5 **荫**:后作"窨",地窖。
6 **其**:如果。
7 **六合**:四方上下。
8 **变化云为**:是《周易·系辞下》中的话,分别指渐变、顿化、口说、作为。
9 **敦**:厚,看重。
10 **笃**:"范"之形误,铸造器物的模子。
11 **镕**(róng):铸造器物的模子。

原文

是故世之善否[1],俗之薄厚,皆在于君。上圣和德气以化民心,正表仪以率群下,故能使民比屋可封,尧、舜是也。其次躬道德而敦慈爱,美教训而崇礼让,故能使民无争心而致刑错,文、武是也。其次明好恶而显法禁,平赏罚而无阿[2]私,故能使民辟[3]奸邪而趋公正,理弱乱以致治强,中兴[4]是也。治天下,身处污而放情,怠民事而急酒乐,近顽[5]童而远贤才,亲谄谀而疏正直,重赋税以赏无功,妄加喜怒以伤无辜,故能乱其政以败其民,弊其身以丧其国者,幽、厉是也。

译文

所以社会的美好或邪恶,习俗的刻薄或淳厚,都取决于君主。最圣明的君主汇集良好的道德风尚来感化民众的思想,正确地树立好榜样来领导群臣百官,所以能使平民百姓品德高尚,家家都有资格封为王侯,尧、舜就是这样的君主啊。比他们差一等的君主躬行道德而看重慈爱,赞赏教育而推崇礼让,所以能使民众没有争斗之心而使刑罚放在一边不需使用,周文王、周武王就是这样的君主啊。再差一等的君主彰善瘅恶而申明法律禁令,公正地进行赏罚而没有偏私,所以能使民众避免奸诈邪恶而趋向于公正,治理好衰弱混乱的局面而获致安定强盛,使国家中兴的周宣王就是这样的君主啊。治理天下的时候,立身于腐败之中而放纵自己的情欲,怠慢政事而热衷于饮酒作乐,接近愚昧无知的小人而远离贤能的人才,亲近阿谀奉承的奸臣而疏远正直不阿的忠臣,加重税收来赏赐没有功劳的人,胡乱地凭自己的喜怒来伤害无辜,所以能搞乱自己的政事而败坏自己统治下的人民,毁了自己的身体而丧失了属于自己的国家政权,周幽王、周厉王就是这样的君主啊。

注释

1 否(pǐ):恶。

2 阿(ē):偏袒。

3 辟(bì):通"避"。
4 中兴:中途复兴,即国家由衰微而复兴。此指周宣王而言。
5 顽:愚昧无知。

原文

孔子曰:"三人行,必有我师焉。择其善者而从之,其不善者,我则改之。"[1]《诗》美"宜鉴于殷""自求多福"[2]。是故世主诚能使六合之内、举世之人咸怀方厚之情,而无浅薄之恶,各奉公正之心,而无奸险之虑,则羲、农之俗复见于兹,麟龙鸾凤复畜于郊[3]矣。

译文

孔子说:"几个人一起做事,其中一定有我的老师。我选择他们的优点来遵循,对他们的不良之处,我就作为借鉴加以改正。"《诗经》称颂"应该以殷为借鉴""自己求得大福气"。所以当代的君主如果真能使四海之内、全社会的人都有方正敦厚的情怀,而没有浅陋刻薄的恶行,各自怀着公正无私的心肠,而没有奸诈险恶的打算,那么伏羲、神农时的风俗就又会出现在这个社会上,麒麟龙凤就又会聚集在郊外了。

注释

1 三:约数,并非确指。引文见《论语·述而》。
2 殷:即商,此指商纣王。引诗见《诗经·大雅·文王》。
3 **麟龙鸾凤复畜于郊**:吉祥的征兆,古代常以此形容政治清明而社会安定和乐。

岳麓书社

读名著　选岳麓

古典名著普及文库

周易	荀子	浮生六记
尚书	韩非子	幼学琼林
诗经	鬼谷子	三字经·百家姓·千字文
礼记	商君书	增广贤文（附 弟子规·孝经）
左传	吕氏春秋	楚辞
论语	孙子兵法·孙膑兵法	文选
大学·中庸	山海经	文心雕龙
孟子	黄帝内经	古文辞类纂
春秋繁露	潜夫论	古文观止
国语	人物志	千家诗
史记	搜神记	唐诗三百首
汉书	世说新语	宋词三百首
吴越春秋	了凡四训	元曲三百首
战国策	颜氏家训	曹操集
晏子春秋	近思录	嵇康集
贞观政要	传习录	阮籍集
资治通鉴	明夷待访录	陶渊明集
孔子家语	坛经·心经·金刚经	苏轼集
老子	聊斋志异	欧阳修集
庄子	阅微草堂笔记	柳宗元集
列子	子不语	鸣原堂论文